应用型本科"十三五"规划教材

应用型本科
大学生就业心理辅导

肖　琪　倪春虎
孙士现　温　杰　编著
王　婷　宋佳玲

西安电子科技大学出版社

内 容 简 介

本书遵循应用型本科大学生心理发展规律,从深入研究应用型本科大学生的就业心理及其影响因素着手,以培养学生的就业能力为目标,具有针对性强、视野开阔、资料丰富等特点。

全书包括应用型本科人才培养及就业状况、就业心理、就业心理辅导、就业心理测评、常见就业心理障碍与调适、就业心理咨询、职业生涯规划以及从适应社会到成就事业等内容。

本书适用于应用型本科大学生职业素质与就业能力培养类课程,也可供就业心理或职业辅导、就业指导、职业素质教育、心理咨询等的教学与研究人员参考。

图书在版编目(CIP)数据

应用型本科大学生就业心理辅导 / 肖琪等编著. — 西安:西安电子科技大学出版社, 2019.3
ISBN 978-7-5606-5247-4

Ⅰ. ① 应… Ⅱ. ① 肖… Ⅲ. ① 大学生—就业—心理辅导—研究
Ⅳ. ① G 647.38

中国版本图书馆 CIP 数据核字(2019)第 025205 号

策划编辑　高　樱
责任编辑　王　妍　阎　彬
出版发行　西安电子科技大学出版社(西安市太白南路 2 号)
电　　话　(029)88242885　88201467　　邮　　编　710071
网　　址　www.xduph.com　　　　电子邮箱　xdupfxb001@163.com
经　　销　新华书店
印刷单位　陕西天意印务有限责任公司
版　　次　2019 年 3 月第 1 版　　2019 年 3 月第 1 次印刷
开　　本　787 毫米×1092 毫米　1/16　印　张　11.5
字　　数　247 千字
印　　数　1～3000 册
定　　价　29.00 元
ISBN 978-7-5606-5247-4 / G

XDUP 5549001–1
***** 如有印装问题可调换 *****

前　　言

近年来，随着我国高等教育从精英化到大众化进程的加快，高校学生规模连年递增，我国高等教育正走出象牙塔，当代大学生也将剥离天之骄子的光环，多数高校必将走向应用型教育，肩负起为地方经济建设和社会发展培养应用型人才的重要责任，并充分发挥应用型人才培养基地的作用。应用型本科院校存在着办学时间短、办学经验少、办学特色不鲜明、目标定位尚未完善等不足；多数地处省会之外的地级市，在办学资金、办学理念和师资条件等方面受到的限制较多，在日益激烈的就业市场竞争中，其面临的形势非常严峻。相应地，应用型本科大学生也面临高强度的就业压力，容易产生各种就业心理问题。

在以往诸多关于应用型本科的研究中，主要是围绕应用型本科教育、应用型本科院校的内涵、应用型人才培养模式等方面进行的，而很少有关于应用型本科大学生心理关怀与辅导的内容，尤其是就业方面的。应用型本科大学生产生就业心理问题的原因很多。首先，社会的就业环境对大学生产生了影响，如就业形势严峻、就业观念传统以及就业市场不完善；其次，应用型本科人才培养模式滞后于社会需求，就业心理辅导针对性不强，大学生职业生涯规划的指导相对滞后；最后，大学生综合素质不强，心理承受能力差，自我认识存在偏差，社会适应能力欠缺。在这样的背景下，本书对应用型本科大学生的就业心理辅导进行了有益尝试。心理辅导不仅是一种行之有效的教育方法，更重要的是它体现了以人为本的教育理念，反映了当代进步的教育趋势。

本书站在应用型本科大学生的角度，将应用型本科人才培养、学生就业指导、职业生涯规划与心理健康教育相结合，编写了各章内容。全书共分为八章，各章主要内容如下：

第一章为应用型本科人才培养及就业状况。本章从应用型本科人才培养的时代意义以及应用型本科人才的内涵等方面介绍应用型本科人才发展的时代内涵，并进一步分析了应用型本科人才的就业状况。

第二章为应用型本科大学生的就业心理。本章从专业角度对如何理解大学生就业心理的概念、属性及表现等进行了详细的介绍和讨论。

第三章为走近就业心理辅导。理论是实践的基础，了解与掌握就业心理辅导的相关理论与规律，对有效指导学生就业有着十分重要的意义。

第四章为学会就业心理测评。本章介绍了就业心理测评的科学方法和思路，有利于大学生充分了解自我、把握自我。心理测评在就业辅导中可以发挥预测、诊断、区别、比较、探测和评估六个方面的功能。

第五章为常见就业心理障碍与调适。本章介绍了就业心理障碍的概念以及常见的就业心理障碍，并详细讨论了就业心理障碍的调适方法。

第六章为大学生就业心理咨询。本章主要介绍了大学生就业心理咨询的特点、类型以及过程，详细讨论了就业心理咨询的技术，以及如何评价咨询效果。

第七章为应用型本科大学生职业生涯规划。本章结合应用型本科大学生的特点，阐述了应用型本科大学生职业生涯规划的内涵，并详细介绍了如何科学设计大学生职业生涯规划，以及如何让学业规划与职业规划保持一致。

第八章为从适应社会到成就事业。在前面各章节的基础上，本章引导大学生进行角色转换，顺利度过适应期，以更好的状态投入工作，立足岗位，成就事业，为社会发展做出自己应有的贡献。

本书共八章，第一、二、三、四章由常熟理工学院肖琪编写，第五章由倪春虎编写，第六章由孙士现编写，第七章由温杰编写，第八章由王婷、宋佳玲编写。全书由肖琪统稿并担任主编。

应用型本科大学生的就业是应用型本科建设的一项重要工作，但应用型本科大学生就业心理辅导的研究起步时间不长，还需要做很多艰苦的工作。我们殷切地希望广大从事应用型本科教育的教师，在教书育人的同时，组织起来，共同努力，为不断推出有特色、高质量的应用型本科大学生就业心理辅导教材做出积极的贡献。

由于编者能力有限，书中可能存在诸多不足，敬请广大读者批评指正。

编　者

2018 年 12 月

目　录

第一章　应用型本科人才培养及就业状况

第一节　应用型本科人才培养的时代内涵

随着科学技术和社会经济的不断发展，中国高等教育进入了一个前所未有的历史转型期，教育性质迅速由同质化的精英教育向多样化的大众教育过渡。《国家中长期教育改革和发展规划纲要(2010—2020年)》指出，"要区别不同地区、科类和学校，确定发展目标和重点"，"使各种类型的学校合理分工，在各自的层次上办出特色"。高等学校如何完成时代赋予的使命，如何适应社会对应用型人才的需求，既是教育改革的重要课题，也是我国高等教育进入大众化阶段后落实全面建成小康社会的目标要求。因此，培养符合社会、企业所需要的应用型人才，具有非常重要的时代意义，是当前应用型本科院校教育研究的重点。

一、应用型本科人才培养的时代意义

(一) 顺应国家经济发展的要求

党的十九大报告指出，"经过长期努力，中国特色社会主义进入了新时代，这是我国发展新的历史方位"。当前，我国社会主要矛盾已经转化为人民日益增长的美好生活需要和不平衡不充分的发展之间的矛盾，我国经济已由高速增长阶段转向高质量发展阶段，正处在转变发展方式、优化经济结构、转换增长动力的攻关期。为有效解决不平衡不充分的发展问题，必须坚定不移地推动经济持续健康发展，必须建设现代化经济体系。在着力加快建设实体经济、科技创新、现代金融、人力资源协同发展的现代化经济体系中，需要实现融合发展。实体经济是国民经济的根基，创新是引领发展的第一动力，现代金融是现代经济的血脉，人力资源是我国经济社会发展的第一资源。要通过深化供给侧结构性改革和政策创新，推动科技、人才、资金等要素有效组合并向实体经济融合，形成振兴实体经济的共振合力。从实体经济内部看，既有产业内融合发展，又有产业外融合发展。产业内融合需要市场参与者遵循市场经济制度与秩序，依法参与市场竞争，形成创新、协调、共享、开放、公平的产业内新融合。产业外融合需要推动跨产业的市场经济参与者的共融发展。实现现代化经济体系的产业内外深度融合需要创新来支撑，因而要加强国家创新体系建设，建立以企业为主体、市场为导向、产学研深度融合的技术创新体系；进一步强化基础研究和应用基础研究，拓展实施国家重大科技项目，努力实现重大技术突破和颠覆性创新；

积极倡导创新文化，强化知识产权创造、保护、运用，培养造就一大批具有国际水平的科技人才和高水平创新团队。

根据国家经济发展的客观要求，高等院校要充分发挥科技创新优势，成功推动科学发展，勇做科技创新的排头兵，走应用型创新之路。我国高校在校生达到 2200 万，不可能把他们都培养成科学家、教授这样的学术性人才，所以，要在多样化人才培养上下功夫，要发展多样化的高等教育，实施多样化的办学实体。目前我国相当一部分岗位劳动力供大于求，但应用型人才呈现求大于供的态势，特别是高层次应用型理工科人才，如高级技师和高级工程师十分紧缺。能立足一线工作的应用型本科人才成为当前我国社会急需的人才。应用型人才的出现正顺应了这种要求，因而培养应用型人才是地方本科院校的必然选择。

(二) 服务地方经济发展的需要

大学作为具有公共物品特征的公共企业，其产品——人才和知识与市场需求的对接也要体现一定层面的竞争优势，这一竞争优势首先反映在市场细分上。研究型大学与应用型大学首先通过知识创造结构的差异进行细分，同时这种知识创造结构的差异直接影响其人才培养的目标和定位能力。研究型大学基础研究的拓展和相应知识的创造更有利于外溢到研究型人才培养中，在此过程中，研究型人才培养的边际成本要远低于应用型本科院校。应用型本科院校虽然不具备创造基础知识的能力或创造成本高昂，但其在共性技术研发中的定位能力形成相应的比较优势，这一比较优势还主要来源于应用型本科院校与地方经济发展的紧密联系。一般而言，共性技术的研发需要掌握区域内确切的需求信息，并具备更低的融合成本。因此，应用型本科院校在这方面具有优势，有利于应用型人才的培养。

应用型本科院校的人才培养取向是地方经济发展所必需的"专才"，其主要是把发明创造变为实践，承担着转化应用、实际生产和创造实际价值的任务，直接为地方经济发展服务。地方经济发展对人才需求的层次呈现金字塔形状，了解和掌握基础创新知识并着力向现实生产力转化的应用型人才是金字塔的中坚，需求量很大。因此，地方本科院校转型为应用型大学是服务地方经济发展的客观需要。

服务地方社会是应用型本科院校的理念与职能，这就要求应用型本科院校必须以培养地方需要的人才、服务地方经济社会发展为首要任务，而实现这一任务的主要方式就是产学研合作。产、学、研在服务社会中缺一不可，其中，"研"特别是技术应用与开发研究更是地方政府及行业企业对地方应用型本科高校的需求。如果应用型本科院校没有或者缺乏基于较强科研力量的支撑，必将失去对地方政府及行业企业的吸引力。当下向应用型本科院校转型所倡导的产教融合、校企合作、淡化学科、工学结合等理念与做法对强调生产与教育、学校与企业合作培养应用型人才具有合理性和可借鉴性。但是，这种更适合于专科层次院校及技能型人才培养的理念与做法，如果不能辩证认识，很容易使一些应用型本科院校产生忽视学科建设与科研工作的误解，这不仅会对本科办学甚至专业硕士申报、高层次人才的引进与留用带来不利，更会对全面履行高校职能和深入推进转型发展带来不利。

二、应用型本科人才的基本内涵

从发达国家和地区来看，随着经济发展水平的提高，应用型人才培养的层次逐步提高。比如，美国的工程教育与工程技术教育、德国的技术科学大学、英国的多科技术学院、印度的工程技术学院和技术大学、我国台湾地区的技术学院和科技大学等，都以实施本科应用型教育为主。然而，应用型本科人才在我国提出的时间还不长，是一个急需探讨的教育概念。应用型本科人才培养的基本内涵是以知识为基础、以能力为重点、以服务为宗旨的。只有对应用型本科人才有了一个比较科学的认识，才有可能对应用型本科人才培养目标进行合理的定位。

(一) 应用型本科人才的概念

应用型本科人才概念的提出，是科技发展促进社会分工不断细化的结果。农业和畜牧业分开、手工业从农业中分离出来，商人形成一个独立的社会阶层，是人类历史上三次影响重大的社会分工。科学技术工作成为单独的行业，标志着人类历史上出现了第四次社会大分工。在科学技术工作内部，就所需人才而言，又可以分为发现知识的学术型人才、运用知识的应用型人才和完成具体操作的技能型人才。

应用型人才主要是在一定的理论规范指导下，从事非学术研究性工作，其任务是将抽象的理论符号转换成具体操作构思或产品构型，将知识应用于实践。换言之，应用型人才就是与精于理论研究的学术型人才和擅长实际操作的技能型人才相对应，既有足够的理论基础和专业素养，又能够理论联系实际将知识应用于实际的人才。应用型人才的主要任务是将科学原理直接应用于社会实践领域，从而为社会创造直接的经济利益和物质财富。应用型人才的核心是"用"，本质是学以致用，"用"的基础是掌握知识与能力，"用"的对象是社会实践，"用"的目的是满足社会需求，推动社会进步。

我国正处于经济转型的关键期，特别是党的十九大提出了"新型工业化、信息化、城镇化和农业现代化同步发展"的奋斗目标，"新四化"要求工业化路径转型，即由传统工业化向新型工业化的转型。新型工业化的特征是：科技含量高、经济效益好、资源消耗低、环境污染少、人力资源优势得到充分发挥。经济发展从要素驱动、投资驱动转向创新驱动，必须有大量专业基础扎实、技术实力雄厚、实践能力突出、真正学以致用的高素质应用型人才作为支撑。中国工程院潘云鹤院士指出，我国经济社会发展迫切需要高校培养三类人才：一是将理论、技术实践、多专业知识三方面交叉应用的技术集成创新人才；二是将理论、技术实践、创新设计三方面交叉应用的产品创意设计人才；三是将理论、技术实践、创业市场能力三方面交叉应用的工程经营管理人才。应用型人才的本质内涵是科学技术转化为现实生产力的重要栋梁，是高等教育应用价值的直接载体，是"智慧"转化为"实惠"的关键所在。

(二) 应用型本科人才的特点

1. 复合性、应用性的知识特点

一般而言，对于具有创新潜力的应用型人才来说，首先从知识的类型上要有一定的广度，即不仅要有一定的人文社会与自然科学知识以及扎实的专业基础知识，更要有过硬的专业知识。前者是知识更新的原动力，也是最具迁移性的知识，而后者是知识结构的核心部分，也是知识结构的特色所在。另外，还要有一定的财务、管理、社交等方面的复合性知识以及语言、计算机等方面的工具性知识，因为这些非专业知识恰恰是从事专业活动的背景知识，决定着活动的领域和效率。

其次，不但要有知识广度，而且还要有一定的知识深度，要从工作岗位知识向专业知识体系转变，不仅要掌握职业岗位技能和技术的操作性知识，还要掌握较为完整、系统的专业知识体系。概言之，应用型人才在知识结构类型上具有"复合性"特点。

再次，从知识的性质上，应用型人才不仅要有理论性知识，还要有应用性知识。因为纯粹的研究人才主要是要掌握科学理论知识，纯粹的工人主要要有技能知识和现场操作经验，但是本科应用型这种"中间人才"则要两方面都兼顾，这便是对所谓"灰领"人才知识的"应用性"要求。概言之，相对理论原创人才要求掌握系统的学科知识和坚实的理论知识，应用型人才更强调理论知识的应用，具有"应用性"特点。

2. 综合性、实践性的能力特点

在能力结构上，一般而言，对于以能力培养为本位的应用型人才而言，具有多层次、多元化、综合性的能力结构特点，包括社会能力、专业能力、创新能力、终身学习能力等，而由大学专业教育的本质属性决定，处于核心地位的是专业核心能力——运用专业知识和技能解决实际问题的能力。

在能力的性质上，理论原创人才在理论研究过程中，逻辑推理能力、分析归纳能力等处于非常重要的地位，而操作技能型人才在生产实际过程中，要求技术熟练、操作规范。相比较理论原创人才的学术能力要求，应用型人才更强调实践动手能力，具有较快适应岗位的能力以及解决工作实际问题的能力，具有突出的"实践性"特点；相比较技能型人才的操作能力，应用型人才更强调自主学习能力和岗位适应性，不仅具有胜任某种职业岗位的技能，而且具有技术创新和技术二次开发的能力，具有鲜明的"综合性"特点。

3. 合作意识与踏实作风的素质要求

在素质上，一般而言，对于具有创新潜力的应用型人才来说，应包括思想道德素质、科学文化素质、业务素质和身体心理素质。其中，思想道德素质是灵魂，在人的整体素质中起着主导作用；科学文化素质是基础，是人才素质结构中的基础内容；业务素质是本色，是人才素质结构中的个性化内容；身体心理素质是根本，是正常工作学习的根本保证。现代社会中，用人单位越来越重视学生的团队合作精神以及各种社会交际能力。特别是，应用型人才所从事的大都是生产、管理、服务的实际工作，时时面对工作中的设计、规划、决策及应用和运作,其中任何一项工作单靠个人能力都是无法完成的,都需要团队的创造合作。学会合作成为应用型人才的必备品质。外语专业通过调研提出,不仅要对学生进行专业素质方面的培养,而且要加强培养学生综合素质,特别是对当前企业特别看重的团队精神、沟通能力、诚实守信、苦干精神等素质要加强培养,以加重学生毕业择业时的竞争砝码。汽车服务工程专业通过调查明确得知,企业不单注重就业者的业务能力,更注重就业者的道德水平、敬业精神、能沉得下去的良好心态和交际沟通能力,希望学校能注重思想教育,帮助学生形成正确的价值观和人生观,提高自身修养,缩短进企业之后的不适应期,更快地融入新的企业文化。

概言之,在高等教育大众化阶段,高等学校人才培养目标日趋多样化,少数传统重点大学主要培养理论型人才,高职高专院校主要培养技能型人才,大多数本科院校主要培养应用型人才,其人才培养规格也必然是多元化的。只有加强应用型人才的培养,才能不断提升毕业生的就业竞争力、社会适应力,更好地满足当地经济社会发展的需要。

第二节　应用型本科人才就业状况分析

一、从用人单位角度分析应用型本科人才就业状况

从近几年就业市场的变化情况可以发现,用人单位对人才的需求正在发生多样化的变化,对人才类型有了重新审视,无论在专业需求、人才类型,还是在能力素质要求上都有了新的转变,所青睐的人才总体上已由理论型转向技术型、技能复合型、创新型人才。如企业生产一线需求的主要不是研究开发型人才,而是工程技术人员,要求设计与工艺并重,甚至工艺需求更多一些。关于企业对高等教育人才需求类型问题,清华大学有关人员曾对一些生产企业进行过人才需求类型问题调查,调查结果显示,明确需求人才为应用型人才的企业占 66.2%,需求创新型开拓人才的企业占 13.7%,既需要应用型人才又需要创新型人才的企业占 9.8%。可见,应用型本科人才已经成为我国生产企业需求量最大的人才类型。

一般来说,高校的人才培养质量,既要接受内部质量特征的评价,又要接受社会对高等教育外显质量特征的评价。从一定意义上说,高校毕业生的就业状况及用人单位对毕业生的评价,体现着社会对高校毕业生的认可度。近年来,不少高校更加注重用人单位对毕业生的综合评价,主要表现在以下几个方面:

其一,毕业生政治素质较高,职业素养较好。不少用人单位在对毕业生进行考查时,会把政治素质摆在首位,他们普遍反映毕业生的思想政治素质较高。如常熟理工学院于2017 年对毕业生质量进行跟踪调查,调查结果显示,该学校毕业生的政治素质得到用人单位的认可。又如南京审计学院对毕业生进行了一次质量跟踪调查,他们通过对近 500 个用人单位的问卷调查,了解毕业生走向社会的情况,99.12%的用人单位认为毕业生能较好地

遵守岗位的职业道德以及劳动纪律和国家的法律、法规，99.34%的用人单位反映毕业生的诚信度较好，与"诚信求实、笃学致公"的校训精神相一致。

其二，毕业生专业素质较好，适应社会能力较强。用人单位虽然没有把毕业生的专业素质不放在首位，但也是考查毕业生综合素质的重要方面。近年来，毕业生的专业素质得到了用人单位的肯定。如常熟理工学院的调查显示，94.6%的用人单位反映毕业生专业基础很好或比较好；92.7%的用人单位反映毕业生知识结构很好或比较好；90.7%的用人单位反映毕业生获取新知识的能力很好或比较好。又如南京审计学院的调查显示，毕业生以其扎实的专业基础、较高的社会适应能力赢得了用人单位的普遍好评，94.24%的用人单位认为毕业生的专业知识水平较高，93.14%的用人单位评价毕业生所学知识与工作岗位的适应性较强。同时，用人单位还对毕业生的工作效率、工作质量以及实际贡献给予了充分的肯定。

其三，毕业生爱岗敬业，具有积极进取精神。部分高校的相关调查结果显示，不少用人单位对毕业生的工作态度给予了肯定，特别是工作责任心、敬业精神等方面得到了用人单位的认可。如常熟理工学院经过调查得知，98.88%的用人单位反映毕业生工作态度端正、爱岗敬业；96.89%的用人单位认为毕业生具有很强的探索进取精神；98%的用人单位评价毕业生能够胜任本职工作。又如《大连海事大学毕业生质量跟踪调查报告》显示，企业认为毕业生在校期间已很好地完成了基本素质教育；毕业生具有一定的敬业精神和较强的组织纪律性。学生进入企业后，经过几年的实践锻炼，能够很快走上船舶管理的重要岗位，如做船长、轮机长、部门经理等，特别是公司国际航线上的船员绝大多数是大连海事大学的毕业生，他们已成为企事业发展必不可少的中坚力量。

其四，毕业生实践动手能力较强。高校毕业生特别是地方院校毕业生的动手能力得到了用人单位的肯定，他们普遍反映毕业生到岗位后上手快，适应能力强。如常熟理工学院调查数据统计结果显示，用人单位普遍认为学校十分注重对学生实践能力的培养，能够深入开展社会实践活动，促进学生在实践中"受教育、长才干"；有92.03%的用人单位认为毕业生具有一定的组织管理能力，96.45%的用人单位评价毕业生实践动手能力强，具有开拓进取精神。

二、从高校角度分析应用型本科人才就业状况

应用型本科院校为适应行业与地方区域需求，注重深化教育教学改革，调整学科专业方向，加强实践教学及产学研结合，培养的毕业生比较受社会用人单位的欢迎。

(一) 毕业生大部分选择就业，考研与出国深造率低

应用型本科大都是二类或三类本科院校，这类高校的学生绝大部分毕业后选择直接就业，只有极少数学生考取硕士研究生或出国继续深造。2013—2016 年，某理工学院每年毕业生近 5000 人，但只有两三百名毕业生考上研究生或者出国，占当年毕业生总数的 6%，大部分毕业生选择就业，参加工作，详细数据见表 1-1。

表1-1　某理工学院近几年毕业生出国深造与国内读研的情况

项目	2013 届		2014 届		2015 届		2016 届	
	人数	比例	人数	比例	人数	比例	人数	比例
毕业生总数	4568	5.21%	4905	5.67%	5066	6.34%	4911	6.43%
升学和出国深造	238		278		320		316	

(二) 毕业生就业区域以地方为主，突显地方发展特色

应用型本科的办学定位、培养目标是为地方经济发展培养人才，生源也主要以本地区及周边地区为主，所以本科生毕业后大部分在本地及周边地区就业，只有少数的毕业生到沿海等经济发达地区就业，毕业生就业的区域相对比较集中。如常熟理工学院是江苏省属普通高等院校，地处常熟，招收的生源主要是江苏省的学生，占90%以上，学生毕业后90%以上留在江苏工作。究其原因，第一，该校毕业生生源主要来自江苏，占全校毕业生总人数的93%以上，从生活习惯、心理适应、家庭影响等方面考虑，这部分毕业生多倾向于在省内就业。第二，江苏属于经济较发达地区，与其他省份相比，在生活环境、薪资待遇、发展空间等方面对毕业生有着较大吸引力。第三，江苏地区提供的就业岗位数量较多，能够满足毕业生的需要。值得注意的是，尽管学校没有上海市生源，但在上海的就业比例为7%左右。一方面是由于上海这座发达城市对毕业生的强大吸引力，另一方面因归于学校与上海距离较近，毕业生前往上海就业的交通便利。

(三) 毕业生就业以基层为主，工作稳定性强

应用型本科毕业生就业的单位大多是地方机关事业单位、国有企业、非国有企业、城市基层、农村基层等，其中到非国有企业就业比例逐年增加。就业的岗位主要是生产、建设、管理、服务等实际操作的一线岗位。因受地方经济和行业发展的影响，毕业生就业的单位相对较集中，有的单位连续多年接收同专业的毕业生，形成人才集结点。同时，应用型本科毕业生比较务实，对工作的期望值适中，工作后再考研、出国或跳槽的很少，工作比较稳定，呈现出"下得去、留得住、干得好"的特点。

如常熟理工学院本科毕业生，从就业单位的性质看，到民营企业就业仍然是该校毕业生就业的主渠道，最近三年到民营企业就业的人数占就业总人数的绝大部分。究其原因主要有两方面，一是毕业生就业区域主要集中在苏南地区，而苏南地区正是我国民营个体企业发展的高地。近年来，随着国家"大众创业，万众创新"政策的全面落实，民营个体企业特别是创新型小微企业和初创企业得到了迅速发展，就业空间迅速扩大。与之形成鲜明对比，国有企业、政府机构和事业单位的岗位需求日益萎缩。二是毕业生的就业观念进一步转变。长期以来，学校积极开展毕业生就业教育和职业指导，帮助毕业生树立现代就业观念，越来越多的毕业生将目光瞄准成长型的民营个体企业或初创企业，更多地关注企业的成长空间和个人发展空间，整体就业市场得到拓展。

(四) 部分毕业生选择自主创业, 拓展了就业渠道

1995 年联合国教科文组织关于高等教育的变革与发展的政策性文件中指出："在'学位＝工作'这个公式不再成立的时代，人们希望高等教育的毕业生不仅是求职者，而且也是企业家和工作岗位的创造者"。2010 年教育部在《关于大力推进高等学校创新创业教育和大学生自主创业工作的意见》中提出"在高等学校开展创新创业教育，积极鼓励高校学生自主创业"。随着就业观念的转变和创业教育的加强，部分本科毕业生充分利用党和国家出台的一系列关于大学毕业生自主创业的优惠政策，选择自主创业，实现就业。

应用型本科院校的毕业生在选择自主创业时，主要是根据自身优势、家庭现状及地方区域发展等特点，从事家教、开办小店和创立小公司、教育培训机构等，通常为"生存型"创业，呈现出以下三个特点：项目选择比较单一且偏重于传统的低风险行业，技术含量较低；融资渠道单一，基本局限于亲朋好友；创业准备不足，有独立创业的愿望和热情，但面对激烈的市场竞争时显得底气不足。如常熟理工学院自 2004 年以来，有近 20 位毕业生选择了自主创业。他们有的创立广告公司、婚庆公司，有的开办日用百货小店、服装小店、计算机耗材店、餐馆、少儿英语培训，还有的与人合资创办汽车 4S 店等，有的毕业生创办的企业发展壮大，又返回到学校招聘新的毕业生，拓宽了就业的渠道。

三、应用型本科人才就业存在的问题

目前我国一方面要保证少而精的精英教育承担培养拔尖创新人才的任务，培养在各个领域有创新精神和能力，能在我国、世界领先的带头人和杰出人才。另一方面，还有一大批的高校承担着大众化教育的任务，培养高素质劳动者，培养面向生产、服务、管理一线的应用型人才。据教育部统计数字显示，全国普通高校毕业生逐年增长，2015 年全国普通高校毕业生人数为 749 万人，2016 年达到 765 万人，毕业生总数持续增长，创历史新高。应用型本科人才主要存在以下就业问题：

第一，就业人数总量与就业岗位需求总量不平衡。随着应用型本科院校不断扩招，大学毕业生总数持续增加，而我国正处在经济转型期和战略性结构调整期，能向社会提供的就业岗位严重不足。同时，毕业生面临"工人下岗、农民进城、干部分流、军人转业"等情况，加大了毕业生就业的社会压力，供求矛盾比较突出。

第二，应用型本科毕业生就业出现结构性矛盾。高等学校的专业设置与市场需求脱节，一些高校的学科专业陈旧、老化，不符合新的经济形势下的人才市场需求。随着高新技术产业的迅猛发展和国家对基础设施投资的加大，计算机、通信、电子、土建、机械、自动化、医药、师范等学科的社会需求旺盛，而哲学、社会学、经济学、法学、农学、林学等学科的社会需求时有波动。

第三，区域发展不平衡。经济发达地区的毕业生就业率要高于全国平均水平，东部沿海经济发达地区和中心城市对毕业生的需求比较旺盛，呈现出供需平衡或供不应求的局

面。比如北京、江苏、浙江、广东等地区，经济发达促进了对人才的吸纳能力，大学毕业生需求量较大，而一些边远地区及经济欠发达地区需求明显不足。

第四，学历层次结构失衡。社会对高层次的复合型、外向型和开拓型的人才需求日益迫切，出现了对人才结构、学历层次"重点"上移的现象。在毕业生就业中，形成了研究生需求旺盛，本科生供需基本持平，而专科生、应用型毕业生供大于求的局面。

第五，受品牌效益的影响，重点大学、名牌院校的"名牌"效应呈现出优势，其毕业生就业相对较容易，社会需求呈增长趋势，就业率也较高；而一般院校、一般专业的需求相对较弱，毕业生的就业率相对平稳。

第六，用人单位之间发生变化。作为传统毕业生就业主渠道的国有大中型企业，引进毕业生的比例在逐年下降。政府机关及事业单位用人指标有限，难以接受大量毕业生，而三资企业、民营企业及高新技术产业企业(尤其是信息产业)的需求数量却连年增加。

需要说明的是，目前这种就业压力大、就业形式不好的局面并不表示我国受高等教育的人才过剩。我国 7 亿从业人员中受过高等教育的仅为 5%，美国高达 82%，日、英、法等国均在 50% 以上，印度、菲律宾也在 30% 左右。造成目前大学毕业生就业困难的原因有很多，如社会因素、高等教育结构的影响、人才的结构性矛盾突出等，但重要的原因之一是毕业生自身因素，即就业观错位。正如著名心理学家北京师范大学郑日昌教授所言：大学生就业并不难，难的是找不到符合大学生期望的"好工作"。这种因就业观错位导致毕业生就业难的问题，在转型期的应用型本科院校尤为突出。由于大学生的自我概念尚处于构建阶段，加之受"学而优则仕"等传统观念的影响，许多毕业生不能自觉地形成与社会经济发展相适应的就业观和职业期望。鉴于就业观和职业期望属于人的个性心理特征范畴，传统的"就业形势政策教育"即"就业指导"课程对它的影响不大，单纯地依靠基于管理学视角的"职业生涯规划"课程或基于心理学视角的"心理健康教育"课程也都难以有效地改变它。因此，进行应用型本科大学生的就业心理辅导显得尤为重要。

第二章　应用型本科大学生的就业心理

就业是关系到应用型本科大学生个人前途和全社会稳定发展的大事，是他们人生的一次重大抉择，也是对其综合素质尤其是心理素质的一次检验。就业心理是指应用型本科大学生在就业过程中的心理状态，是影响其正确择业和顺利就业的重要因素，也是大学生价值观的具体体现。随着大学生就业制度的改革，一方面，用人单位对应用型本科毕业生的挑选更为严格；另一方面，应用型本科大学生对职业的选择也更为谨慎。目前，就业形势日趋严峻，就业竞争日益激烈，所以大学生的就业心理也日益复杂，面临的问题也会更多。因此，认识应用型本科大学生就业心理问题与心理调适显得尤为重要。

第一节　大学生就业心理的概念界定及特征

一、大学生就业心理相关概念的界定

(一) 心理

心理是指"感觉、知觉、记忆、思维、想象、情感等心理现象的总称，是人的内心世界或主观世界。心理现象是心理活动的表现形式，是由物质派生出来的精神现象，是人脑对客观物质世界的反映活动。"心理现象是由心理过程、心理状态和个性心理三个方面构成的。这三个方面直接或间接影响着人的思想和行为，也就是心理活动不仅将人自身的行为抑制或表现出来，也可以通过言语为中介支配他人行为。心理与行为相互关联，密不可分。行为是心理的外在表现，人们往往借助于对行为的直接观察和分析，对人的心理活动进行间接的推断。心理现象人皆有之，它是宇宙中最复杂的现象之一，从古至今为人们所关注，历代的哲学家、思想家、科学家以及近代的心理学家们对它进行了不懈探索。儿童的心理处在发展过程中，只有到了成人阶段，心理才发展成熟，在他们身上才能够表现出心理活动最一般的规律。

(二) 就业心理

就业心理是指"人们在对自我、职业和社会的认识基础之上形成的，对待职业和职业行为的一种心理系统，它不但包括个体自身和相关职业的特质和特点，而且还包括在对二者认识的基础上所产生的对待职业的某种价值倾向、兴趣和态度"。就业心理既与求职者的就业价值观、个人的素养和社会适应能力等内在的心理特征有关，也

与求职者的外在行为有关。良好的就业心理能够帮助求职者在遇到种种就业问题时，保持清醒的头脑进行理性分析，找到产生问题的缘由，并以积极的心理去面对就业问题，使得就业问题得到合理有效的解决。同时，良好的就业心理能够使求职者在就业过程中充分调动主观能动性，发挥个人的内在潜质，并结合自身优势，扬长避短，最终顺利就业。

(三) 大学生就业心理

研究应用型本科大学生的就业心理问题，必须首先明确应用型本科大学生就业心理的概念。然而，关于大学生就业心理概念的界定至今尚未有统一论述，目前学者们普遍认为，大学生就业心理是指大学生在考虑就业问题、准备求职以及在求职过程中所产生的各种心理现象，是大学生在对自我、社会和职业岗位等认识的基础上形成的一种心理定势和情感倾向。就业是大学生生活的一部分内容，也是大学生人生中面临的重大抉择之一。对于应用型本科大学生来说，他们的成才目标是应用型人才，他们中的大多数从进校起就开始考虑自己的前途问题，并为未来的就业提早做各种准备。因此，就业心理是大学生学习与生活中的心理现象之一。

大学生群体是个体由青年期到成年期成长过程中的一个特殊群体。该群体处于"第二次心理断乳期"、"心理延续偿付期"等特殊时期，具有多重价值观、人格的再构成等心理内在原因；同时存在着应用型本科院校转型期诱发因素的作用，使得大学生的心理健康状况比处于一生中其他阶段的人群及处于这一时期的其他群体明显要低。

二、大学生就业心理的特征

大学生就业心理表现出极其复杂的特性，而年龄、性别及学习情况等不同也会对大学生就业心理产生很大的影响。我们可以从就业心理倾向、素质和心态三个方面来分析大学生就业心理的特征。

(一) 大学生就业倾向有一定的起伏

对大学生的就业产生推动或者指向性作用的心理因素都可以概括为就业心理倾向，它在很大程度上影响着大学生对就业的认知或态度，极有可能左右大学生的就业选择。通常，大学生就业心理倾向包括兴趣爱好、价值观、职业需求以及就业动机等方面。大学生所处的地区、学校以及个人所学专业的不同，有可能导致大学生的择业标准呈现一定差别，但总体来讲相差不大。大学生在职业选择中对于外部尊重即地位、声望等方面不是特别重视，而经济收入、个人发展机会等比较务实的因素则成为重要的选择指标。发展机会好的工作对大学生就业有着重要的影响作用，但工作的稳定情况、福利情况随着时代的发展也开始受到更多的重视。

(二) 大学生就业的心理素质比较稳定

就业心理素质包括多方面内容，如大学生的人格特点、个人业务能力以及职业的成熟度等。大学生的就业心理素质通常是在大学期间的各种学习、实践活动中锻炼出来的基本能力，它对大学生的就业以及就业成功与否产生基础性的作用。大学生就业心理素质比较稳定，首先，现在大学生的业务能力较为稳定，大学生活包含丰富的学习与实践活动，大学生通过各种形式的培训与锻炼所养成的业务能力比较稳定；其次，现在的大学越来越重视对大学生进行本专业以外能力的培养，大学生的业务能力得到了大幅度提高。

(三) 大学生的就业心态各不相同

大学生个人在能力大小、职业价值观等方面的区别都会导致就业心态的不同，具体有以下几种表现。首先，大学生都希望竞争好的工作岗位，但部分大学生却没有足够的勇气参与竞争。这部分大学生通常缺乏自信心，对自己的能力或者其他条件不自信，害怕面对失败，或者对就业人才运作缺乏信任，不愿成为竞争中的牺牲品等。其次，部分大学生的就业理想脱离现实。在经历大学的锻炼后，许多大学生为了体现个人能力，将自己的择业标准盲目调高，忽视了客观现实条件，通常会面临择业失败的结果。再次，现阶段毕业生与用人单位之间双向选择的竞争机制得不到大学生的信任，部分大学生对竞争的公平性持怀疑态度，甚至放弃了竞争的机会。最后，一些大学生会在学业深造与就业之间、长远利益与眼前利益之间产生矛盾心理，出现情绪不稳定的现象。

第二节　　大学生就业心理的重要属性

一、感觉与知觉

(一) 感觉

感觉是人脑对直接作用于感觉器官的客观事物的个别属性的反映。感觉是最简单的心理现象，是人们认识事物的最低级阶段。感觉是由物体作用于感觉器官引起的，按照刺激来源于身体的外部还是内部，可以把感觉分为外部感觉和内部感觉。外部感觉是由身体外部刺激作用于感觉器官所引起的感觉，包括视觉、听觉、嗅觉、味觉和皮肤感觉。内部感觉是由身体内部刺激引起的感觉，包括运动觉、平衡觉和机体觉。

(二) 知觉

知觉是直接作用于感觉器官的客观物体的整体在人脑中的反映。知觉是各种感觉的结合，它来自于感觉，但又高于感觉。感觉只反映事物的个别属性，知觉却认识了事物的整体；感觉是单一感觉器官活动的结果，知觉却是各种感觉协同活动的结果；感觉不依赖于个人的知识和经验，知觉却受个人的知识和经验的影响。同一物体，不同的人对它的感觉是相同的，但对它的知觉则会有差别。知识和经验越丰富，对物体的知觉越完善、越全面。

显微镜下的血样，只要不是色盲，无论谁看都是红色的，但医生能看出里边的红细胞、白细胞和血小板等，没有医学知识的人则看不出来。

(三) 人的感知能力的发展

心理学的研究证明，人的感知能力是在实践活动中发展起来的。职业、劳动、教育、训练都能使人的感知能力获得高度发展。例如，专门从事黑色纺织工作的工人能够辨别40多种不同的黑色色度，而普通人仅能辨别两三种；长期在面粉厂工作的工人能够单凭手指的触觉分辨面粉的质量，甚至可以辨别出小麦的产地；音乐家具有高度精确的听觉能力；调味师具有高度发达的味觉和嗅觉能力；运动员具有高度发达的运动觉知能力。由此可见，每个人都可根据生活实践的需要，发展自己的感知能力。

二、记忆与思维

(一) 记忆

1. 记忆的概念

记忆是过去的经验在头脑中的反映。所谓过去的经验是指过去对事物的感知、对问题的思考、对某个事件引起的情绪体验，以及进行过的动作操作。这些经验都可以以印象的形式储存在大脑中，在一定条件下，这种印象又可以从大脑中提取出来，这个过程就是记忆。所以，记忆不像感知那样反映当前作用于感觉器官的事物，而是对过去经验的反映。

凡是过去的经验都可以储存在大脑中，需要的时候又可以把它们从大脑中提取出来，因而记忆可以将人过去的经验和当前的心理活动联系起来，在时间上把人的心理活动联系成一个整体，甚至可以把自己一生的经历都联系起来。这样人们就能不断地积累知识和经验，并通过分类、比较等思维活动，认识事物的本质和事物之间的内在联系。同时，人们也通过记忆积累了自己所受到的各种影响，逐渐形成了自己独特的心理面貌。所以可以说，记忆是人类智慧的根源，是人心理发展的奠基石。

2. 记忆的过程

记忆从识记开始，识记是学习与取得知识和经验的过程，念书、听讲、经历某个事件的过程就是识记的过程。

知识和经验在大脑中储存和巩固的过程叫保持。识记不仅能获得知识和经验，而且能把识记过的内容储存在大脑中，识记的遍数越多，知识和经验在大脑中保存得越牢固。

从大脑中提取知识和经验的过程叫回忆，又叫再现。识记过的材料不能回忆，但在它重现时却能有一种熟悉感，并能确认是自己接触过的材料，这个过程叫再认。回忆和再认都是从大脑中提取知识和经验的过程，只是形式不一样罢了。

识记是记忆的开始，是保持和回忆的前提，没有识记就不可能有保持。识记的材料如果没有保持，或保持得不牢固，也不可能有回忆或再认，所以保持是识记和回忆之间的中间环节。回忆是识记和保持的结果，也是对识记和保持的检验，而且通过回忆还有助于巩固所学的知识。

记忆的过程是一个完整的过程，这个过程的三个环节之间是密切联系、不可分割的，缺少任何一个环节，记忆都不可能实现。

3. 遗忘及遗忘规律

对识记过的材料既不能回忆，也不能再认，或者发生了错误的回忆或再认叫作遗忘。遗忘是记忆的反面，记住了就是没有遗忘，遗忘了就是没有记住。

德国心理学家艾宾浩斯是对记忆与遗忘进行实验研究的创始人，他于1885年出版了研究记忆的著作《记忆》。他的研究工作对此后记忆的研究，甚至对整个心理学的实验研究都产生了深远的影响。

艾宾浩斯以自己做主试者，又以自己做被试者，自己给自己做记忆实验。他用的记忆材料叫无意义音节，即由两个辅音和一个元音组成的音节，这个音节不是一个字，拿它作记忆材料对被试者来说难度是一样的，因而便于比较。他检查记忆保存量用的是节省法，或叫重学法，即让被试者学习一定数量的无意义音节，看达到学会的标准需要学多少遍(或多长时间)，然后间隔一定时间来检查，此时被试者会忘记一些记忆的材料，再让他学，看需要学多少遍(或多长时间)才能达到学会的标准，重学时比初学时少用的学习遍数(或时间)占初学时遍数(或时间)的百分数就是记忆保存量的指标。节省的遍数(或时间)越多，说明被试者保持得越好，遗忘得越少。

艾宾浩斯获得了大量的实验研究成果，其中一项成果便是查明了遗忘的进程。他在识记后不同的时间间隔检查被试者的记忆保存量，结果发现，在识记后的最初阶段遗忘的速度很快，但是随着时间的推移，遗忘的速度越来越慢，甚至一两天以后保存量的变化就不大了。后人用他的实验数据，以间隔时间为横坐标，以保存量为纵坐标，画了一条说明遗忘进程的曲线，叫保持曲线(见图2-1)。因为保持的反面是遗忘，所以也有人把这条曲线叫遗忘曲线。不过，保持的量是越来越少的，如果是表示遗忘的话，遗忘的量就越来越多，曲线就该反过来了。

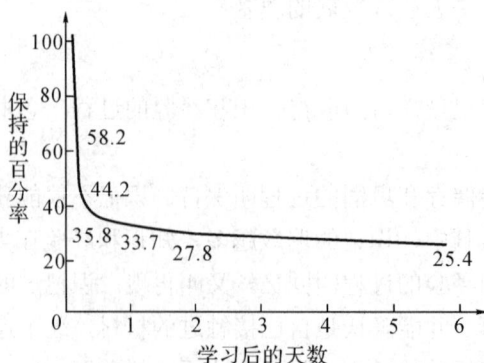

图 2-1　保持曲线

从保持曲线来看，遗忘的速率开始很快，随着时间的推移，遗忘的速率就越来越慢，呈负加速状态，即遗忘的进程是先快后慢的。从遗忘进程的规律应该得到启示，为了取得良好的记忆效果，要做到及时复习。如果不及时复习，在较短的时间内，很多内容都会忘记，再去复习就是事倍功半，不如在还没遗忘或忘得较少的时候赶快复习，这样就能收到事半功倍的效果。

(二) 思维

1. 思维的概念

感觉认识了事物的个别属性，知觉认识了事物的整体。它们认识的都是事物的外部现象，属于感性认识的阶段。记忆反映的是过去的经验，因为有了记忆，人们就能把经验储存在大脑里，需要的时候可以把它们提取出来。这样人们就能把过去的经验和当前的经历加以比较，由表及里、去粗取精，达到对事物本质的认识，进入理性认识，这个过程就是思维的过程。

思维是人脑对客观事物的本质和事物之间内在联系的认识，思维作为一种反映形式，它最主要的特征是间接性和概括性。

2. 思维的种类

(1) 动作思维、形象思维和抽象思维。根据思维的形态，可以把思维分为动作思维、形象思维和抽象思维。动作思维是以实际动作为支柱的思维过程，例如儿童在垒积木的时候，他是边操作边思考的，操作的动作是思维的支撑。形象思维是以直观形象和表象为支柱的思维过程，例如作家塑造一个典型的人物形象，画家创作一幅图画，要在头脑里先构思出这个人物或这幅图画的画面，这种构思的过程是以人或物的形象为素材的，所以叫形象思维。抽象思维是用词进行判断、推理并得出结论的过程，又叫词的思维或逻辑思维。抽象思维以词为中介来反映现实，这是思维的最本质特征，也是人心理和动物心理的根本区别。

(2) 辐合思维和发散思维。按照探索问题答案方向的不同，可以把思维分为辐合思维和发散思维。辐合思维是按照已知的信息和熟悉的规则进行的思维，又叫求同思维。例如，利用公式解题以及按照说明书调试购买的电子产品的各种性能都是辐合思维。发散思维是沿着不同的方向探索问题答案的思维，又叫求异思维。当需要解决的问题不止一个答案的时候，当需要解决的问题没有现成的途径和方法可以借鉴，也没有过去的经验可以参考的时候，就要进行发散思维，沿着不同的方向去寻找问题的答案。可见，发散思维是更具创造性的思维。辐合思维和发散思维是相辅相成、密切联系的。当需要沿着不同途径去寻找问题的答案时，我们进行的是发散思维；当需要从各种可供选择的答案中确定一个更合适的答案时，我们又要比较各种答案，进行辐合思维。

(3) 再造性思维和创造性思维。按照思维是否具有创造性，可以把思维分为再造性思维和创造性思维。再造性思维是用已知的方法去解决问题的思维；创造性思维是用独创的方法去解决问题的思维。

3. 思维的过程

思维是在感觉、知觉、表象提供的材料的基础上，通过分析、综合、比较、抽象、概括的过程完成的。

分析就是人在头脑中把事物的整体分解为部分或把整体事物的个别特征区分开来。综合就是人在头脑中把事物整体的各个部分或整体的个别特征联系起来。在思维过程中，分析与综合是相辅相成又密切联系的两个不同方面。比较是把各个对象或现象加以对比，确定它们之间的异同与关系。比较离不开分析和综合。抽象是在头脑中把客观事物的本质属性与非本质属性区别开来的过程。概括是在头脑中把同类事物的本质特征加以综合并推广到同类其他事物的思维过程。抽象和概括密切联系，没有抽象就没有概括，而抽象又决定于概括。

思维的基本形式是概念、判断和推理。人们在思维活动中，通过思维形式进行分析、综合、比较、抽象、概括等思维过程。

概念是客观事物本质属性在人脑中的反映，是思维最基本的单位。

判断是对于思维对象的肯定或否定的思维形式。判断由概念所组成。

推理是从一个或几个已知判断推出新判断的思维形式。推理形式主要有两种：归纳推理和演绎推理。由个别事例推出一般属于归纳推理；从一般原理到特殊事物的推论称为演绎推理。

4. 思维的品质

人们的思维有共同的规律，但是人与人之间的思维活动又存在某些个体差异，这种个体差异就是思维的品质。

(1) 思维的广阔性。它与广博的知识和多方面的兴趣密切联系，表现为善于从多方面思考问题，在不同的知识与实践领域进行创造性思考。古希腊学者亚里士多德的思维广度达到惊人的程度，他能概括他那个时代的一切科学知识。

(2) 思维的深刻性。它表现为善于深入地思考问题，抓住事物的规律和本质，预见事物的发展进程。思想家、科学家是以思维的深刻性为其思维特征的。思维的广阔性与思维的深刻性是密切联系的，我们对问题的思考应当全面而深入。

(3) 思维的独立性。它表现为善于独立地提出问题和解决问题，不依赖于现成的答案，不依赖于现成的方法。思维的独立性是脑力劳动的重要特点，是人们进行创造性活动的必要前提。科学上创立新学说的人都具有思维的独立性。爱因斯坦、李四光的思维特点就是敢于与善于破除迷信，解放思想。

(4) 思维的批判性。它表现为善于用已知客观事物严格检验自己的思维。具有思维批判性的人在处理问题时，总是考虑正反两方面的意见，坚持正确的观点，放弃错误的想法。思维的独立性和思维的批判性也是密切联系的。不善于独立思考的人，难以进行思维批判；不善于进行思维批判的人，也不能锻炼出思维的独立性。

(5) 思维的灵活性。它表现为善于从实际情况出发去思考问题，思维活动依据客观情况的变化而变化，也就是通常人们所说的"机智"。思维的灵活性是根据客观情况"审时度势"而及时采取的恰当处置，而不是凭主观意图出发的取巧。

(6) 思维的敏捷性。它表现为善于迅速而正确地解决问题。军事家、飞行员、汽车驾驶员、医务工作者、教师尤为需要思维敏捷。

5. 思维的培养

(1) 多见多闻，不断丰富感性知识。思维是以感性知识作为基础的，没有感性知识，思维便成无源之水。

(2) 学会分析。养成分析的习惯对于发展思维具有重要的意义。要提倡多思，要打破砂锅问到底。古人提倡"学贵多疑"是很有道理的。

(3) 养成独立思考的习惯。独立思考是人进行创造性活动的最基本条件。一个人缺乏独立思考能力，办事就会没主意，往往人云亦云。

(4) 发展语言。语言是思维的物质外壳，是思维的武器，发展语言能促进思维的发展。

(5) 学点逻辑学。正确的思维是有一定规律可循的，学习逻辑学有助于掌握思维的规律。

三、意识与注意

(一) 意识

1. 意识的概念

意识是人类大脑所特有的反映功能，是人的心理和动物心理的根本区别，是物质发展到最高阶段的产物，也是自然进化的最高产物。

冯特在19世纪中叶提出，心理学的研究对象应该是经验，这就否定了把心理学看作是研究灵魂的传统观念，从而奠定了使心理学从哲学里解放出来成为一门独立科学的理论基础，这是冯特对心理学的重大贡献。冯特的心理学体系注重研究意识经验的内容、结构、元素及其组合规律。他认为心理学的任务就是分析出这些元素和这些元素合成的规律。由于意识的复杂性，科学心理学在对它进行研究的过程中也有过一些争论，甚至出现过反对把意识当作心理学研究对象的错误观点。冯特用自我观察的内省方法来研究意识，对这种研究方法的怀疑和排斥导致了反对把意识作为心理学的研究对象，主张心理学要径直去研究人的行为的观点，这就是导致华生行为主义出现的原因。到了20世纪中叶，由于认知心理学的兴起，才又把人的内部心理过程当作心理学的研究对象，从而恢复了心理学对意识的研究，并推动了心理科学的发展。

什么是人的意识呢？在清醒状态下，我们知道自己在看什么、听什么、想什么、做什么；也知道自己现在是一种什么样的状态，是渴了、饿了，还是不渴、不饿，是舒服，还是不舒服，是愉快，还是悲伤；还能支配自己的行动，去达到一定的目标。所有这些心理活动，包括对外界事物的觉察、对自身内部状态的觉察以及对这些心理活动内容和自身行为的评价，都是对意识现象的描述。把上述对意识现象的描述概括起来，可以说，意识是在觉醒状态下的觉察，或者说是觉知。意识既包括对外界事物的觉知，也包括对自身内部状态的觉知。所以，意识既涉及觉知时刻的各种直接经验，如感知、思维、情感和欲望，也包括对这些内容和自身行为的评价。

意识具有重要的心理机能，它对人的身心系统起着统合、管理和调节的作用。例如，人们可以有选择地注意，把自己的心理活动指向于某些对象而避开某些对象，以适应感觉通道的容量，因为我们的感觉器官接受外界信息的容量是有限的。由于意识的调节作用，可以使我们的心理活动得以集中、有效；人也可以利用过去的经验，对现在输入的信息做出最佳的判断和解释，从而指导行为，使人能更好地适应环境。

2. 几种不同的意识形态

意识的形态可以分为不同的层次和水平，因为从无意识到意识是一个连续体，而且一种意识形态也会转化为其他的形态。以下就两种特殊的意识状态，即睡眠和梦加以介绍和分析。

(1) 睡眠。

人的一生大约有 1/3 的时间是在睡眠中度过的，人们在很早以前就对睡眠就进行过研究。近几十年来，科学家用脑电波的变化作为观察脑活动的客观指标，获得了重要的成果。

脑电波的变化有如下规律：在大脑处于清醒和警觉状态时，脑电波多是频率为 14～30 赫兹、波幅较小的 β 波；在大脑处于安静和休息状态时，脑电波多是频率为 8～13 赫兹、波幅稍大的 α 波；在睡眠状态下，脑电波主要是频率更低、波幅更大的 θ 波和 δ 波。根据脑电波的变化，可以将睡眠分为如下四个阶段。

第一阶段脑电波的频率较低，波幅较小，这一阶段身体放松，呼吸变慢，很容易被外界刺激惊醒，大约持续 10 分钟。

第二阶段偶尔会出现短暂爆发、频率高、波幅大的脑电波，即睡眠锭，这一阶段个体很难被叫醒，大约持续 20 分钟。

第三阶段脑电波的频率继续降低，波幅更大，出现 δ 波，有时会出现睡眠锭，大约持续 40 分钟。

第四阶段脑电波大多呈现为 δ，肌肉进一步放松，身体的各项功能指标都会变慢，称为深度睡眠阶段，这一阶段大约持续 20 分钟，且前半夜长后半夜短。

这四个阶段大约要 90 分钟，此后便进入快速眼动睡眠阶段。这一阶段 δ 波消失，类似于清醒状态下的高频低幅脑电波出现，眼球开始快速上下左右移动，梦境开始出现，这一阶段大约持续 5～10 分钟。在快速眼动睡眠阶段之后，又会重复上述睡眠的四个阶段，第四个睡眠阶段结束之后，又会出现一次快速眼动睡眠阶段，而且时间会比第一次长，直至最后一次可长达 1 个小时。像这样的睡眠周期不断循环，直至醒来。不过随着黎明的渐渐到来，第四阶段和第三阶段的睡眠会逐渐消失。

睡眠可以使机体各个器官，包括大脑的机能得以恢复，因为身体各个器官和大脑在睡眠中可以得到休息。但是实验证明，并不是睡眠的时间越长身体机能恢复得越充分，关键在于睡眠的质量，因为通过训练可以缩短睡眠时间而达到较好的睡眠效果。只要入睡快，深度睡眠阶段所占的比例加大，睡眠的效率就能提高。

从进化的角度来说，睡眠对机体也起着保护作用。昼夜的交替是自然规律，大多数动物在黑夜都要睡眠，人在黑夜也不必觅食、预防凶猛野兽的伤害，或从事其他活动，因而易于保存能量，有利于生存和发展。

(2) 梦。

通过仪器能够监测人的睡眠过程，例如用脑电仪监测脑电波变化，或用眼动仪测定眼球运动，可以准确地检测出人在睡眠中是否正在做梦，并对做梦进行研究。在快速眼动睡眠阶段，眼动仪会监测出眼球出现了快速的运动，而眼球的上下左右颤动是清醒状态的表现，睡眠中出现了眼球的颤动，说明大脑的活动比一般的睡眠时期加剧了。如果在眼动活跃的睡眠阶段叫醒睡眠者，他通常都会报告说自己正在做梦，这就给我们检测做梦、研究做梦提供了手段。

研究发现，睡眠中人人都做梦，只是醒来以后有人记得自己做过的梦，有人记不起自己做过的梦。梦的内容可以是做梦时外界的刺激物，如夏天吹来凉风而引起了跳降落伞的梦，蚊子叮了一口而引起了被刺伤的梦，手放到胸上妨碍了顺畅的呼吸，引起了被坏人掐住脖子无法呼吸的梦，等等；还可以是机体的状态，饿了或冷了，引起吃饭、掉进水里的梦境；还可以是"日有所思，夜有所梦"，甚至是白天没有想清楚的问题，在梦境中竟然找到了解决的办法，等等。

梦境虽然光怪陆离、五花八门、情节奇特，但有很多相似的特点，包括梦境的不连续性、不协调性和认知的不确定性等。梦中的情节可能前后没有联系，甚至前后矛盾不合逻辑、在现实生活中不可能出现；梦中的人既像谁又不像谁，梦中的情景既熟悉又生疏，它们多是模模糊糊的，具有认知的不确定性。

梦的最主要特点是梦境的不连续性，即梦中的思想、行为或情景会突然变成与原来无关的其他思想、行为或情景。梦的前后没有联系，更不会是因果关系，因为它不是在意识的控制之下，不仅是一种无意想象，而且是一种极端的无意想象的例子。尽管梦境奇特，有人一觉醒来回忆自己做了很多梦，好像这一夜都没踏实地睡过觉，而是一直在做梦，但实际情况并不是这样的。对睡眠过程的检测证明，快速眼动睡眠阶段只是睡眠过程中的一个阶段，是一个比较短的阶段，而且是在深度睡眠之后产生的。进入快速眼动睡眠阶段说明你已经在深度睡眠阶段得到了休息，不会是睡觉的整个过程都在做梦。

梦是一种正常的生理现象和心理现象，做梦不会妨碍人的休息，梦的内容也不是别人给自己带来的某种信息，不是谁给你托梦，更不是吉凶祸福的预兆，不应该对梦有所担心。

实验证明，如果对快速眼动阶段的睡眠进行剥夺，即进行梦剥夺，只要眼动仪测定出睡眠过程中出现了快速眼动的现象，就把睡眠者叫醒，他一夜里出现过多少次快速眼动就叫醒他多少次，那么被剥夺者次日醒来就会有不舒服的感觉，好像没睡好觉，心里觉得不踏实。第二天继续进行梦剥夺的话，被剥夺者就可能出现记忆力下降，情绪低沉，进而影响到健康。而作为对照组参加实验的人，他们和被剥夺梦的人一样睡觉，在叫醒被剥夺者的时候也叫醒对照组的这些人，叫醒的次数和叫醒被剥夺者的次数一样，这些人就没有被剥夺者那样的反应，他们和正常睡眠时的情况一样，没有不舒服的感觉。被剥夺者就是因为没让他们做梦而产生了异常的反应，因为在几天梦剥夺之后让被剥夺者好好睡一觉，让他们随便去做梦，醒来之后一切症状就都消失了。可见，不让人做梦反而会打乱他正常的生活秩序，会对他的身体产生不良影响。

弗洛伊德用精神分析的观点来解释梦，他认为梦是压抑到潜意识里的冲动或愿望的反映。人的一些冲动或愿望不符合社会的行为道德规范，不能得到实现，便被压抑到潜意识中。但是在睡眠状态下，由于意识的控制能力降低，被压抑到潜意识中的这些冲动和愿望便会以变化的形态在梦中表现出来。所以，弗洛伊德把分析梦作为了解精神病的原因和治疗精神病的重要手段。我们这里所讲的对做梦的分析不是从弗洛伊德精神分析的观点出发的，不能和弗洛伊德的观点混为一谈。

(二) 注意

注意在心理现象中占有特殊的地位，它既不属于心理过程，也不属于个性心理特点，但它却与其他一切心理现象密切相关，与认识活动和实践活动相伴随，表现出个性的倾向性。在生活实践中，注意是心理活动中一个不可缺少的重要方面，是人们获得知识和取得劳动成果的前提条件，是人才成功的重要心理条件。

1. 注意的概念

注意是心理活动对一定对象的指向和集中。例如，有人一边走路一边思考问题，自己碰到树上还以为是别人碰着他了，这是注意力集中于他所考虑的问题的表现。

注意和一切心理过程相联系，感觉、知觉、记忆、想象、思维以及情感过程和意志过程都伴随着注意。同样，注意与人的气质、兴趣、爱好等也是分不开的。引起注意的原因是多种多样的，事物本身的特点(如强烈的新奇、鲜明的对比、不断变化的事物)和人的主观因素(如当时的精神状态、兴趣、需要、知识经验)都能引起注意。

2. 注意的特征

(1) 注意的广度。在同一时间内，意识所能清楚地把握对象的数量叫注意的广度，又叫注意的范围。注意范围受制于刺激的特点和任务的难度等多种因素，简单的任务下，注意广度大约是 7 ± 2，即 $5 \sim 9$ 个项目。瞬时记忆转化为短时记忆的条件就是注意，这里说注意的范围是 7 ± 2，能够转入短时记忆的项目是 7 ± 2 个项目，所以短时记忆的广度就是 7 ± 2。

(2) 注意的稳定性。对选择的对象，注意能稳定地保持多长时间的特性叫注意的稳定性。注意维持的时间越长，注意越稳定。所以，注意的稳定性是一项重要的心理品质。

在稳定注意的条件下，感受性也会发生周期性的增强和减弱，这种现象叫做注意的起伏，或叫注意的动摇。例如，把手表放在耳朵边刚刚能听到的地方，然后集中注意认真地听，你会发现，声音听起来一会儿强一会儿弱，表现出周期性的起伏变化，这就是注意的起伏。注意的起伏是由于生理过程的周期性变化引起的，是一种普遍存在的现象，人人都有，时时都存在，只是由于平常听到的声音比较强，觉察不出这种周期性的变化罢了。所以，注意的起伏并不影响注意的稳定性。

和注意稳定性相反的注意品质是注意的分散，即平常所说的分心。注意分散是指注意离开了心理活动所要指向的对象，而被无关的对象吸引的现象。做事不能集中注意，总被无关的对象吸引，做事的效率会大大受到影响，这是一种不良的注意品质，应当努力克服。

(3) 注意转移。由于任务的变化，注意由一种对象转移到另一种对象的现象叫注意转移。注意转移的速度和质量取决于前后两种活动的性质和个体对这两种活动的态度，前后从事的两种活动在性质上越相近，注意越容易转移，对前一种活动越投入，注意转移越难。注意的转移也受人格特点的影响，它反映了一个人神经过程灵活性的高低。注意的转移不同于注意的分散，注意转移是根据任务的要求而转移，注意的分散则是心理活动离开了当前的任务。

(4) 注意分配。在同一时间内，把注意指向于不同的对象，同时从事几种不同活动的现象叫注意分配。边听讲边做笔记、自拉自唱等都是注意分配的例子。注意分配是有条件的，需要训练和培养，不是想分配就能分配的。

注意分配的一个条件是所从事的活动中必须有一些活动是非常熟练的，甚至已经达到了自动化的程度。只有这样，人才能把更多的注意指向不太熟悉的活动，否则注意分配是不可能的。例如，让一个刚学写字的小学生一边听讲一边记笔记，他听讲就会忘记记笔记，记笔记就会忘记听讲，只有到了写字能够得心应手的时候，才能一边听讲一边记笔记。注意分配的另一个条件是所从事的几种活动之间应该有内在联系，没有内在联系的活动很难同时进行。例如，自拉自唱只能是同一曲调，如果拉的和唱的不是同一首曲子，一个人既拉又唱是办不到的。两种活动如果是在同一感觉器官，用同一种心理操作来完成的话，这两种活动也很难做到注意分配。1400 多年前北齐的刘昼说过的"使左手画方，右手画圆，不能两成"(《新论专学》)，就是这个道理。

3. 注意的培养

(1) 学习、工作形式要多样化。单调的工作往往引起疲倦，疲倦则影响注意。巴甫洛夫指出：微弱而单调的刺激使人精神不振、打瞌睡。单调的刺激更容易使儿童疲倦。据观察资料证明，人们集中注意某一事物的平均时间为 30 分钟左右。但是过于频繁地调换学习、工作也难以培养儿童稳定持久的注意，并且注意的转移也会浪费很多时间。

(2) 养成工作前充分准备的习惯。在工作前要准备好工作需要的有关材料，工作开始时，注意则要集中到工作的对象上。工作前不做好准备，工作中到处寻找要用到的东西，势必会分散注意，影响工作效率。

(3) 科学的作息时间有助于提高注意的效果。一般地说，增强体质对于注意的培养有着重要的作用，睡眠不足、饮食不正常、营养不良、空气不流通等都会降低注意的集中水平。因此，遵守科学的作息时间制度，积极锻炼身体，讲究卫生也是培养良好的注意品质所不能忽视的。

(4) 培养兴趣。注意与兴趣的关系非常密切。直接兴趣引起无意注意；间接兴趣引起有意注意；既广泛而又有中心的兴趣，是培养良好注意的重要条件。如一个学生对语文不感兴趣，在上语文课时很有可能分心。但一旦认识到语文对他以后想要从事工作的重要意义，他就会逐渐对语文课产生兴趣，从而能集中注意听讲。

(5) 加强意志锻炼，培养善于与注意分散作斗争的能力。有意注意是需要付出紧张的意志努力的。每个人不仅要适应在安静的环境里工作与学习，同时还要适应必要时在嘈杂的环境中工作与学习，因而要培养对干扰与刺激保持镇静的态度。

四、情绪与意志

(一) 情绪

1. 情绪的概念

人们在认识世界、改造世界的过程中，对现实中的事物总是持有一定态度的。一些事物使人感到满意，一些事物使人感到不满意；一些现象使人愉快，一些现象使人忧愁；一些现象使人恐惧，一些现象使人愤怒。情绪是由客观事物引起的。情绪是人根据客观现实的不同特点与客观事物是否符合自己的需要，产生的不同态度，引起的不同体验。

情绪过程与认识过程不同。认识过程是对客观现实本身的反映过程，是以具体形象或抽象概括反映现实的；情绪过程是人对客观现实与人的需要之间的关系反映，它以态度的体验反映客观现实，反映客观事物与自己需要之间的关系。

情绪与认识有着密切关系。人们只有认识客观事物才能产生情绪。情绪随着认识的发展而变化，常伴随感觉而产生，所谓"触景生情"就是这个意思。情绪与记忆、思维也是紧密联系的。人们对客观事物认识越深，情绪也越加强烈，正如古语所说："知之深、爱之切"。情绪反过来也能促进人的认识深化。

人的情绪受社会历史制约。不同社会历史时期，人的情绪是有不同特点的。在阶级社会中，不同阶级的人对某些事物所产生的情绪也不同。

2. 情绪的种类

按情绪的状态，也就是按情绪发生的速度、强度和持续时间的长短(不讨论情绪的性质是喜悦还是悲伤)，可以把情绪划分为心境、激情和应激三种状态。

(1) 心境。心境是一种微弱、持久而又具有弥漫性的情绪体验的状态，通常叫做心情。心境并不是对某一事件的特定体验，而是以同样的态度对待所有的事件，让所遇到的各种事件都具有当时心境的性质。愉快的心境使人觉得轻松、愉快，看待周围的事物都带上愉快的色彩，动作也显得比较敏捷；不愉快的心境使人觉得沉重，感到心灰意冷，对什么事情都不感兴趣。简而言之，即心境具有弥漫性。心境持续的时间，短的只有几小时，长的可到几周、几个月，甚至更长的时间。

心境往往由对人具有重要意义的事件引起，但人们并不见得能意识到引起某种心境的原因，而这种原因肯定是存在的。心境对人的生活、工作和健康会发生重要的影响，积极、乐观的心境会提高人的活动效率，增强克服困难的信心，有益于健康；消极、悲观的心境会降低人的活动效率，使人消沉，长期的焦虑会有损健康。经常保持积极、乐观的心境，善于调整自己的心态，克服不良的心境是一种良好的性格特点。

(2) 激情。激情是一种强烈的、爆发式的、持续时间较短的情绪状态，这种情绪状态具有明显的生理反应和外部行为表现。

激情往往由重大的、突如其来的事件或激烈的意向冲突引起。激情既有积极的，也有消极的。在激情状态下，人能做出平常做不出来的事情，发挥出意想不到的潜能，也能使人的认识范围变得狭窄，分析能力和自我控制能力降低。因此，在消极的激情状态下，人的行为也可能失控，甚至会产生鲁莽的行为，造成恶劣的后果。人应该善于控制自己的情绪，学会做自己情绪的主人。

(3) 应激。应激是在出现意外事件或遇到危险情境时出现的高度紧张的情绪状态。能够引起应激反应的事物叫应激源，它对个体来说是一种能引起高度紧张、具有巨大压力的刺激物，是个体必须适应和应对的环境要求。应激源既有躯体性的，如高温或低温、强烈的噪声、辐射或疾病，也有心理社会性的，如重大的生活事件、难以适应的社会变革和文化冲击，以及工作中的应激事件等。

个体对应激事件做出的反应叫应激反应，包括生理反应和心理反应。生理反应包括身体各系统和器官的生理反应；心理反应包括认知、情绪和自我防御反应，如出现认知障碍、焦虑、恐惧、愤怒、抑郁的情绪，或者采取某种行动以减轻应激给自己带来的紧张。强烈和持久的应激反应会损害人的工作效能，还会造成对许多疾病或障碍的易感状态，在其他致病因素的共同作用下使人患病。

应付应激可以调整自己的情绪，如重新评价应激源或采取某种行为(如饮酒、服用镇静剂、听音乐、从事体育活动、寻求亲友的安慰和帮助)，也可以集中精力解决所面对的问题，或者在不具备解决问题的条件时采取回避的策略。

3. 情绪的功能

(1) 适应功能。情绪是有机体生存、发展和适应环境的重要手段。有机体通过情绪所引起的生理反应，能够发动身体的能量，使有机体处于适宜的活动状态，便于有机体适应环境的变化。同时，情绪还可以通过表情表现出来，以便得到别人的同情和帮助。例如在危险的情况下，人的情绪反应使有机体处于高度紧张的状态，身体能量的调动可以让人进行搏斗，也可以呼救。

从根本上来说，情绪的适应功能就是服务于改善人的生存条件和生活条件。婴儿通过情绪反应与成人交流，以便得到成人的抚养；成人也要通过情绪反映他所处境的好坏。在社会生活中，人们用微笑表示友好，用点头表示同意；还可以通过察言观色了解对方的情绪状态，以利于决定自己的对策，维护正常的人际关系。这些都是为了更好地适应社会环境，求得更好的生存和发展的条件。

(2) 动机功能。情绪构成一个基本的动机系统，它可以驱动有机体从事活动，提高人的活动效率。一般来说，内驱力是激活有机体行动的动力，但是情绪可以对内驱力提供的信号产生放大和增强的作用，从而能更有力地激发有机体的行动。例如，缺水使血液变浓，引起了有机体对水的生理需要，但只是这种生理需要还不足以驱动人的行为、活动。只有意识到缺水会给身体带来危害，产生了紧迫感和心理上的恐惧时，情绪才会放大和增强内驱力提供的信号，从而驱动人的取水行为，这样情绪才成为了人的行为、活动的动机。情绪的动机功能还表现在对认识活动的驱动上。认识的对象并不具有驱动活动的性质，但是兴趣却可以作为认识活动的动机，起着驱动人的认识和探究活动的作用。

(3) 组织功能。情绪对其他心理活动具有组织功能，主要表现在，积极的情绪对活动起着协调和促进的作用，消极的情绪对活动起着瓦解和破坏的作用。情绪组织功能的大小还与情绪的强度有关。一般来说，中等强度的愉快情绪有利于人的认识活动和操作的效果；痛苦、恐惧这样的负性情绪则会降低操作的效果，而且强度越大，操作效果越差。情绪对记忆的影响表现在，在愉快的情绪状态下，容易记住带有愉快色彩的材料，在某种情绪状态下记住的材料，在同样的情绪状态下也容易回忆起来。情绪对行为的影响表现在，当人处于积极的情绪状态时，容易注意事物美好的一面，态度变得和善，也乐于助人，勇于承担重任；在消极情绪状态下，人看问题容易悲观，懒于追求，也更容易产生攻击性行为。

(4) 信号功能。情绪具有传递信息、沟通思想的功能。情绪都有外部的表现，即表情。情绪的信号功能是通过表情实现的，如微笑表示友好，点头表示同意。表情还和身体的健康状况有关，医生常把表情作为诊断的指标之一，中医的"望、闻、问、切"中的"望"，就包括对表情的观察。此外，表情既是思想的信号，又是言语交流的重要补充手段，在信息的交流中起着重要的作用。从发生上来说，表情的交流比言语的交流出现得更早。

(二) 意志

1. 意志的概念

意志是有意识地确立目的，调节和支配行动，并通过克服困难和挫折，实现预定目标的心理过程。动物的行为与人的行为是有区别的。动物在适应环境的过程中也能对周围的环境产生影响，但这与人对环境的作用的性质是不同的。只有人才能主动地影响环境，改造环境。

意志活动总是与克服困难相联系的，它既表现在克服内部困难(如疲倦、恐惧、分心等)上，也表现在克服外部困难(如工作中的难题等)上。而克服内部困难与克服外部困难又是联系在一起的。意志与行动相联系，是内部意识适时向外部动作的转化，这一转化表现为意志对人的行为的控制、支配和调节作用。意志对行动的调节有发动和制止两个方面。发动表现为推动人去从事达到预定目标的行动；制止表现为消除干扰与阻碍人去实现目标的行动。意志调节作用的两个方面是相辅相成的。

2. 意志行动的过程

意志行动既然是有意识、有目的的，那么意志行动的过程就包括对行动目的的确立和对行动计划的制定，以及采取保证达到目的的行动两个阶段，即准备阶段和执行决定阶段。

(1) 准备阶段。在意志行动的准备阶段，需要在思想上确立行动的目的，选择行动的方案并做出决策。确立目的是意志行动的前提，但在确立目的的过程中往往会遇到动机的冲突，因为行为的背后都有其原因，都有预想达到的目的，而人想要达到的目的有时并不是一个，而是多个，这些目的之间往往又会有矛盾和冲突。

(2) 执行决定阶段。执行决定的阶段是意志行动的第二个阶段，即执行决定阶段。在这个阶段，既要坚定地执行既定的计划，又要克制那些妨碍达到既定目标的动机和行动。在这个阶段里，还要不断观察形势的变化，发现新的情况；如果遇到没有预料到的困难，遭受到挫折时，要及时地分析，找出克服困难和挫折的办法。同时，还要不断审视自己的计划，及时修正那些不适合形势发展要求的计划，以保证切实实现预定的目标。

意志行动的准备阶段和执行决定阶段是密切联系、相互制约的。如果在准备阶段动机的冲突解决得好，目的明确，对行为的意义认识深刻，行动计划考虑周全，切合实际，那么在执行决定阶段就会比较顺利，遇到困难和挫折也会有坚定的决心和勇气去克服。如果在准备阶段目标定得过高，明知达不到目标却存侥幸心理，动机冲突解决得不好，行动计划不切实际，不想付出艰苦努力，投机取巧图省劲，凡此种种，在执行决定的阶段就会遇到更多的问题，特别是情况发生变化的时候，容易缺乏勇气和信心，甚至出现半途而废的结果。在执行决定阶段，情况会发生变化，甚至出现没有预料到的问题，这是常有的事情。为此，应该有充分的思想准备，只有这样，才能坚定信心，保持清醒的头脑，认真观察，仔细思考，及时应对情况的变化。

3. 意志的培养

(1) 要树立辩证唯物主义的世界观。人的行动是由动机引起的，而动机是受世界观支配的。因此，树立正确的世界观是锻炼意志的重要前提条件。

(2) 要善于量力确定自己的愿望和理想，并为实现它而奋斗。如果愿望是力所不及、不能实现的，就会使人丧失达到愿望的信心；如果愿望太容易实现，也就谈不上坚强意志的培养了。

(3) 在克服各种困难中锻炼意志。一个人经常在千百件小事上锻炼自己的意志，才可能在重大事情上表现出坚强的意志。有一些吸烟的人感到戒烟困难，其实克服戒烟的困难就是锻炼自己意志的机会。

五、能力

1. 能力的概念

能力是顺利、有效地完成某种活动所必须具备的心理条件。音乐能力需要具备灵敏的听觉分辨能力、节奏感、旋律的记忆力、想象力和感染力等心理条件，不具备这些心理条件就难以从事音乐活动，也就是不具备音乐能力。一个人可能不具备顺利、有效地完成音乐活动的心理条件，但他具备从事美术活动的心理条件，有敏锐的视觉辨别能力和观察力，有良好的形象记忆和形象思维能力，能顺利、有效地完成美术活动，因而他具有美术能力。所以，能力是具体的，是和完成某种活动相联系的，而不是抽象的。

2. 能力与知识、技能的关系

知识是人类社会历史经验的总结和概括；技能是通过练习而获得并巩固下来的，用以完成活动的动作方式和动作系统。

能力不是知识和技能，但与知识和技能有着密不可分的联系。能力是掌握知识和技能的前提，决定着掌握知识和技能的方向、速度、巩固的程度和能达到的水平。

没有音乐能力就不能顺利掌握音乐的知识和技能。音乐能力比较低，想在音乐上取得优异成绩是比较困难的。即使两个人掌握了同等水平的知识和技能，也不能说他们的能力是相同的。这是因为两个人可能年龄不同，从事这种知识和技能学习的时间不同，或者两个人知识和经验的基础不同，达到同样的知识和技能水平所需要付出的努力也不同。所以，不能简单地把知识和技能当做标准来比较人能力的高低。从另一方面来说，在掌握知识和技能的过程中，能力也得到了发展，所以能力与知识和技能又有着密切的联系。

按能力发展的高低程度不同，可把能力分为能力、才能和天赋。顺利完成某种活动所需要的心理条件是能力；具备能力所需要的各种心理条件叫才能；不仅具有才能，而且能力所需要的各种心理条件都达到了完美的结合，又为人类做出了杰出贡献，叫天赋。

3. 能力的分类

(1) 一般能力和特殊能力。按能力的结构可以把能力分为一般能力和特殊能力。一般能力即平常所说的智力，是指完成各种活动都必须具有的最基本的心理条件。特殊能力是指从事某种专业活动或某种特殊领域的活动时所表现出来的能力，如音乐能力、美术能力等。

(2) 液体能力和晶体能力。按能力与先天禀赋和社会文化因素的关系，可以把能力分为液体能力和晶体能力。液体能力又叫液体智力，是指在信息加工和问题解决的过程中所表现出来的能力，它较少依赖文化和知识的内容，而取决于个人的禀赋。所以，液体能力受教育和文化的影响较少，却与年龄有密切的关系，20 岁达到顶峰，30 岁以后将随年龄的增长而降低。晶体能力又叫晶体智力，是指获得语言、数学等知识的能力，它取决于后天的学习，与社会文化有密切的关系。在人的一生中，晶体能力一直在发展，只是在 25 岁之后，其发展速度渐趋平缓。

(3) 认知能力、操作能力和社会交往能力。按能力所涉及的领域可以把能力分为认知能力、操作能力和社会交往能力。认知能力指获取知识的能力，也就是平常所说的智力。操作能力指支配肢体完成某种活动的能力，如体育运动、艺术表演、手工操作的能力。社会交往能力指从事社交的能力，如与人沟通的言语能力和言语感染力、组织管理能力、协调人际关系的能力等。

(4) 模仿能力、再造能力和创造能力。按照创造程度可以把能力分为模仿能力、再造能力和创造能力。模仿能力指仿效他人的言谈举止，做出与之相似行为的能力。再造能力指遵循现成的模式或程序，掌握知识和技能的能力。创造能力指不依据现成的模式或程序，独立地掌握知识和技能，发现新的规律和创造新方法的能力。

4. 不同职业对能力的要求

社会中任何一种职业对从业者的能力都有一定要求，每一项工作能否做好，都取决于一般能力和特殊能力的结合。如会计职业，从业者必须有较强的计算能力，自律性强；而网络新闻编辑必须有较强的新闻敏感度，良好的采、写、编的能力和网络编辑技术等；工程技术人员必须要有较强的实操能力，具备策划、设计、组织、实施以及解决各种工程技术实际问题的能力等。如果缺乏自己意向选择的职业所要求的特殊能力，就难以胜任工作。所以，求职者在选择职业时绝不能好高骛远或单从兴趣出发，要实事求是地评估一下自己的学识水平和职业能力，这样才能找到"有用武之地"的合适工作。

能力直接影响活动的效率，是活动顺利完成的个性心理特征。应用型本科人才培养目标是理论与实践并重的应用型人才，为此，应用型本科大学生在培养自身综合素质的同时，更要注重专业技能尤其是动手能力以及社会智力范畴的能力的培养。

六、人格

1. 人格的概念

认识、情绪和情感、意志是心理过程，每个人都通过这些心理活动认识外界事物，反映着这些事物和自己的关系，体验着各种感情，支配着自己的活动。但是，各人在进行这些心理活动的时候，都表现出了与他人不同的特点。有的人善于记住事物的形象，有的人容易记住抽象的概念；有的人思维敏捷，有的人思维迟钝；有的人脾气暴躁，有的人性情温和；有的人意志坚强，有的人意志薄弱；有的人大公无私，有的人自私自利。凡此种种，不一而足，说明每个人都有自己的心理特点，这些独特的心理特点构成了这个人不同于别人的心理面貌。

心理学家要回答的是，个体之间的差异表现在哪些方面，有哪些种类，它们是怎么形成的，什么因素导致了个体之间的差异，有没有办法对这些差异进行描述和测量等问题。个体之间在心理面貌上的差异，表现在心理活动的动力上，就是人的需要和动机的差异；表现在从事实践活动上，就是人的能力的差异；表现在心理品质方面，就是人格的差异。

对于人格的概念，心理学家有着不同的界定。如果把心理学家对人格概念的界定综合起来考察，其中也有不少共同的认识。把这些共同的认识概括起来，可以给人格概念下一个粗略的定义，即人格是各种心理特性的总和，也是各种心理特性的一个相对稳定的组织结构，在不同的时间和不同的地点，它都影响着一个人的思想、情感和行为，使人具有独特的心理品质。

2. 不同职业的人格特性

1959 年，美国职业指导专家约翰·霍兰德(J·Holland)在研究中发现，不同的人具有不同的人格特征，不同职业对从业人员有不同的人格特征要求。例如：营销人员要相对外向、灵活、关注外部变化；研究人员则相对要稳重、关注内在观念；记者、演员、作家要求灵活，有创意；会计、编辑、化验员要求严谨、稳定、内倾；作为一名教师，应具备热爱学生、工作热情负责、正直、谦逊、以身作则等良好品质；作为医生则要求有救死扶伤的人道主义精神、富有同情心和责任感、一丝不苟的工作态度等。由此，霍兰德指出人格(包括价值观、动机和需要等)是决定一个人选择何种职业的一个重要因素，并提出了著名的职业性向理论。他认为：从事同一职业工作的人存在着共同的人格，并能划分为不同的类型，因而又被称为人格类型理论。霍兰德认为职业人格主要体现在职业兴趣上，他将人的职业兴趣分为实用型(R)、研究型(I)、艺术型(A)、社会型(S)、企业型(E)和事务型(C)六种，这六种职业类型其实就是六种人格类型。

霍兰德用六边形模型来表示六种职业人格类型的相互关系，如图 2-2 所示。六种人格类型特征如表 2-1 所示。

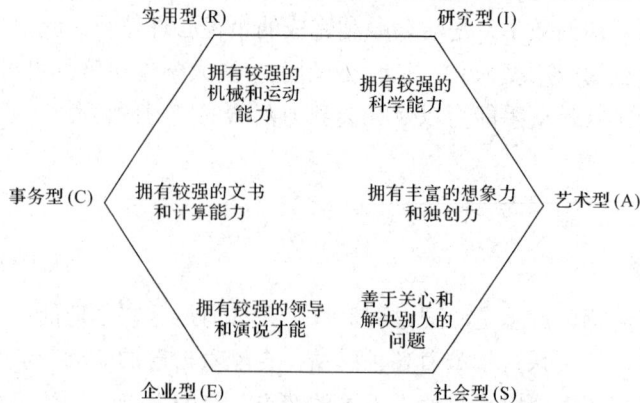

图 2-2　霍兰德的职业人格六边形

表 2-1　六种人格类型特征

类型 特征	实用型(R)	研究型(I)	艺术型(A)	社会型(S)	企业型(E)	事务型(C)
喜欢的活动	喜欢运用工具或机器进行操作性强的技术工作；偏爱工具	喜欢独立分析与解决抽象问题；预测和控制自然和社会现象；偏爱观念	喜欢以表现技巧来抒发丰富的感情，从事原创性的工作；偏爱观念	喜欢交往，对教育与社会福利等事业有兴趣；热衷于社会关系和帮助他人解决问题；偏爱人	喜欢管理和控制他人，喜欢担任领导角色；热衷于政治和经济；偏爱人	喜欢在户内建立或保持常规、实施标准等系统性强的工作；偏爱处理文字和数字
优点	坦诚直率有耐性，拥有较强的机械和运动能力；动手能力强	善于观察和思考，喜欢寻根问底，拥有较强的科学能力；有创造力	直觉敏锐，善于表达创新，拥有丰富的想象力	乐于助人，易于合作，责任感强，有说服力	精力旺盛，好冒险，拥有较强的领导和演说才能	个性谨慎规矩，有耐心和良好的自制力，有条理，拥有较强的文书和计算能力
不足	缺乏洞察力，往往不善于与人交往；避免从事与他人打交道的工作	缺乏领导能力和人际交往技能；避免从事说服工作或销售活动	易冲动，理想主义，缺乏事务性办事能力；避免做事务性工作和遵循已建立的规则	缺乏动手操作能力；避免从事机械操作类工作或技术活动	缺乏科学研究能力；避免科学的、智慧的或深奥的论题	缺乏创造力和艺术才能；避免承担不明确的、无结构的任务
价值观	对实际成效的物质回报	知识的发展或获得	思想、情绪或情感的创造性表达	增进他人的福利，服务社会	物质成就和社会地位	物质或经济成就，在社会、商业或政治领域的权力
相应地职业	机械、机电维修工，车工，木匠，生产线的工人，技术性岗位的工作人员(如工程师)等	心理学家，微生物学家，职业指导师，产品研发人员，大学教授，计算机程序员等	音乐家，舞蹈演员，室内设计师，作家等	咨询员，秘书，职业指导师，教师，学校的辅导员，导游，市场营销人员等	零售商，市场营销人员，保险从业人员	图书管理员，编辑，门卫，秘书，会计，出纳，数据录入员等

　　从图 2-2 和表 2-1 中可以看出，在六边形上相邻或相近的两类职业类型相似性最大，如企业型与社会型；另外，六边形上对角线最长的两类职业类型相似性最小，如实用型与社会型，或者事务型与艺术型。大多数人都属于六种职业类型中的一种或两种以上类型的不同组合。

第三节　大学生就业心理的表现

　　大学生就业心理的表现主要包括积极表现和不良表现两个方面。

一、大学生就业心理的积极表现

(一) 积极参与的心理

　　积极参与心理是指大学生在求职和择业时做好就业的心理、思想和能力的准备，对自己充满信心，不错失任何就业机会，积极参与就业竞聘，希望在用人单位面前彰显个人才华的心理状态。常熟理工学院对大学生就业心理状况进行的调查结果显示，在"面对当前就业形势时的表现"选项中，选择"积极竞争"的占 65.15%，选择"在校期间做兼职"的占 56.06%，希望在兼职过程中获得"实践能力"和"经验"的占 81.31%。这些数据表明，多数大学生在求职中能够以积极的心理参与就业竞争，并通过在校期间的社会实践积累工作经验和锻炼个人能力，寻求适当的途径和方式展现自我，并主动向用人单位推荐自己，为未来的求职做好积极的心理和行动上的准备。积极参与的心理是当前应用型本科大学生在就业中最突出的表现。

(二) 直面现实的心理

　　直面现实心理是指大学生在就业时能够客观分析和了解当前就业形势，勇于面对就业竞争的压力，在求职和择业时把个人理想与社会现实有机地结合起来，确定适合个人发展的就业方向，并敢于面对就业过程中所遇到的困难和挫折的心理状态。调查结果显示，在"对现在就业形势的看法"选项上，选择"很容易就业"和"正常就业"的占 65.45%，选择"很难就业"的占 23.43%，选择"不清楚现在的就业形势"的占 11.11%；在"你在何时开始关注就业信息"选项上，选择"大一至大三"的共占 95.45%。通过这些调查数据可知，绝大多数大学生都能够较早地关注就业信息，为今后步入就业市场提前做好信息搜集工作。对就业形势时刻关注使大学生能够结合实际，既不幻想也不逃避现实，积极地面对当前就业竞争，并为以后参与就业做好积极的心理准备。直面现实心理是当代大学生在就业中必备的健康心理之一。

(三) 自主创业的心理

　　自主创业的心理是指一些大学生求职时，不是向社会寻求工作岗位，而是希望运用个人所学的知识和能力进行自主创业的心理状态。应用型本科大学生往往对创业过程中可能遇到的问题做好心理准备，希望通过自主创业的形式解决自身的就业问题，同时也希望通过创业的形式不同程度地为社会提供一些工作岗位，帮助其他人走上工作岗位。大学生在创业过程中不仅积累了个人工作经验，还锻炼了个人的自主能力，敢想敢干的创业精神使应用型本科大学生在就业的大舞台上实现了自己的人生价值。调查结果显示，在"大学生的就业方向"上，选择"自主创业"的已占到7.07%。通过调查数据可以看出，当前应用型本科大学生的自主创业意识在逐渐增强，他们希望通过自主创业，利用个人所学知识和掌握的技能，展现个人才华，实现自身价值。同时，调查结果显示，在"创业资金来源"选项上，选择"靠父母"和"靠朋友"的仅占15.83%，选择"靠社会资源"的占35.92%，选择"靠自己"的占48.25%。这表明，多数学生在选择自主创业时更希望依靠自己和社会的力量，而不是依赖父母和朋友，这充分表现出了大学生的独立意识在增强，这都是当前大学生良好就业心理的表现。

(四) 承受挫折的心理

承受挫折的心理是指大学生在求职过程中遇到挫折和困难时，能够以乐观的心态及时调整状态，认真分析主客观原因，学会正确看待困难与挫折，积极地战胜挫折与困难的心理状态。调查结果显示，在"面对挫折与困难时"，选择"欣然接受并努力克服"和"应付自如"的占56.07%；在"认为个人承受挫折能力"的选项上，选择"很强"和"较强"的占59.39%。由此可见，多数大学生在求职就业时已经做好了积极的心理准备面对可能遇到的就业问题。敢于承受挫折的心理可以使应用型本科大学生正确评估自己的优势和不足，以乐观的态度调整好自己的情绪，经得起生活的挑战，敢于面对困难与挫折，积极寻找新的工作机遇。正如某电视节目里曾介绍的一位女大学生，她在求职过程受挫一百余次，但始终不放弃心中的追求，最终成功地谋到一份理想职业。因此，敢于承受挫折的心理是大学生心理成熟的重要表现。

二、大学生就业心理的不良表现

(一) 就业认知心理

大学生就业认知心理是指他们在择业过程中对自己、对职业及其周围社会环境等的认识、了解和择业中对事物的推理、判断。就业形势的现状直接影响着毕业生的认知程度。自我认知不准确，一是会产生自负心理，表现为择业期望值很高，把待遇是否优厚、交通是否便利、住房是否宽敞等作为选择标准，不愿承担艰苦的工作，不愿到经济欠发达地区和基层单位去工作，往往会给用人单位留下"眼高手低、浮躁虚夸"的不良印象，给就业带来一定障碍；二是会产生自卑心理，自卑是一种缺乏自尊心、自信心的表现，一些大学生过低地估计了自己，总是自惭形秽，自己看不起自己，在求职择业中往往缺乏自信心，缺乏勇气，不敢竞争。这种现象多见于自我意识发展不健全以及性格内向或有生理缺陷的大学生。在屡遭挫折后，一些大学生容易产生强烈的自卑心理，主要表现为对自身的素质和就业竞争能力评价过低，不敢主动向用人单位推销自己，不敢主动参与就业竞争，陷入不战自败的困境之中。另外，对外围环境认知不确切，还会导致对环境估计不足，出现等待心理。这种情况常见于计算机、通信、电子信息等乐观专业和金融、财经、政法类等有职业前景的专业。这些专业的学生思想不切实际，只注重经济意识和区域观念，讲究金钱第一、环境条件第一，不愿到待遇差、条件差的地方工作，结果出现了"高不成、低不就"的状况。具有理想化趋向的大学生在择业过程中会出现决策犹豫心理，从而错过许多良好的就业机会。

(二) 情绪心理

1. 悲观情绪心理

悲观情绪是遇到挫折后的一种消极的心理反应，是逃避现实缺乏斗志的表现。一些大学生在择业中受到挫折而感到无能为力、失去信心时，会出现不思进取、情绪低落、情感淡漠、意志麻木等反应，这与就业的竞争机制是不相适应的。

2. 不满情绪心理

不满的对象可以是周围的任何事物或人群，如对所在学校及地区不满，对家庭成员不满，对周围同学不满(如嫉妒)等。这种不满情绪心理视大学生个人的关注点及实际情况而不同。不满情绪直接导致大学生心态不够平和，不能全面、公正地对待就业所面临的压力与竞争，人为地造成就职择业的选择受限程度加大。

3. 焦虑情绪

心理焦虑是一种紧张不安并带有恐惧体验的情绪状态，多半是由于不能实现目标或不能避免某些威胁而引起的。毕业前，绝大多数大学生的心理问题表现为过度焦虑，面对理想与现实、就业与失业、签约与违约、就业与考研等矛盾，常使他们难以取舍，无所适从，表现出焦虑心理。

(三) 社会心理

1. 从众心理

从众心理是指个体在群体压力下，在认知、判断、信念与行为等方面与群体多数人保持一致的现象。这种心理在大学生就业中表现为部分学生独立性不强，容易接受暗示等。很多学生在择业时，把视角局限于 IT 界、跨国公司等，不能清醒地认识自我现状。

2. 攀比心理

攀比心理是指大学生在择业过程中不从实际出发、不量力而行，与他人攀比的心理，表现为主观性很强且不切实际的自我欣赏，理想成分居多的求职期望过高，容易导致不能积极地对自己进行正确、客观、公正的分析，相互攀比，舍其所长，就其所短。

三、应用型本科大学生就业心理的影响因素

(一) 社会的就业环境对应用型本科大学生就业心理的影响

1. 当前大学生就业形势严峻

高等院校自扩招以来向社会输出的大学生人数逐年增加。据有关数据显示，2015 年全

国普通高校毕业生人数为 749 万人，2016 年达到 765 万人，毕业生总数持续增长，创历史新高。与此同时，社会就业岗位并没有相应地增多，就业市场呈现明显的供过于求的态势，大学生就业竞争日趋激烈。严峻的就业形势给大学生的心理带来了极大的压力，恐惧自卑、盲目从众、依赖求便等不良的就业心理问题也随之增多。有些大学生面对就业人数多而岗位较少的就业形势，加之自身能力的欠缺，不能以平常心面对就业，在选择职业时或是盲目跟风，或是缺乏理性思考，不能结合自身选择适合自己发展的职业岗位。企业在招聘人才时不是一蹴而就的，往往需要经过笔试、面试等环节，去观察和了解求职者，然而有些大学生由于过分害怕落选，产生焦虑、自卑等心理，早早在笔试阶段就放弃了。还有些大学生在面对严峻的就业形势时，对个人未来所从事的职业感到焦虑，不知道毕业后可以从事什么样的职业，在就业面前缺乏个人主见，特别容易受周围人的影响，形成从众心理，忽视自身对企业和社会的了解，忽视对自身的客观分析，或是随波逐流，或是仓促决策，结果是错失就业良机，更增加心理负担，衍生诸多负面就业心理。

2. 传统就业观念的影响

在国际经济社会迅猛发展的大浪潮下，我国社会主义市场经济体制也随之不断地推进改革，高等教育也逐步趋于大众化，为高等教育人群注入了更多的新鲜血液，因而大学生的就业观念也呈现出多元化的发展态势。调查结果显示，在"传统就业观念对个人就业心理的影响"选项上，选择"很重要"和"有些重要"的占 75.25%；在"就业的第一选择"上，选择"国企"和"机关事业单位"的占 52.53%。由此可见，仍然有一大部分的大学生受传统就业观念的影响，把机关事业单位和国企视为就业的最佳选择，认为机关事业单位和国有企业工作稳定、生活有保障、社会地位较高，把非公有制单位的工作视为非正式工作。连续多年的国考热也充分证明了这一点，这不仅弱化了大学生的独立自主能力，还增强了其求变怕苦的心理。随着我国就业体制的改革，多元化、多层次、多模式就业已经成为常态，但是仍有相当多的大学生还在沿用传统就业观念选择职业，这使其面对职业岗位选择时过于狭隘，当就业不顺利时，就会滋生很多负面的心理情绪。特别是随着"拜金主义""享乐主义""金钱至上"等不良社会风气的出现，一些大学生受功利思想的影响产生攀比、功利等不良就业心理，在求职时只关注眼前利益，缺乏长远打算，在求职中盲目追求就业环境和福利待遇，忽视个人的职业兴趣和爱好，忽视职业发展前景和个人能力等方面，不仅造成我国人才资源得不到合理分配而浪费，而且更加重了大学生就业心理的失衡。

3. 大学生就业市场不完善

虽然我国就业市场的建设日趋成熟，但仍有欠缺，致使我国的就业政策不能及时落实到位。一些企业在招聘中至今仍然存在着严重的相貌、性别、工作经验等就业歧视现象，加重了大学生就业心理压力。调查结果显示，在"大学生就业市场中的歧视现象"选项上，选择"比较严重"和"一般严重"的占 85.35%。有些用人单位在招聘过程中只重视求职者的相貌、身高，而不重视求职者的能力，使一些品学兼优而相貌平平的大学生在求职时遭受歧视，由此滋生严重的心理自卑感；有些企业在招聘时有不成文的规定即不招收女大学生，认为女生一旦工作稳定就开始考虑解决个人婚姻问题而无法把精力全部放在工作上，因而将女大学生拒之门外，加重了女大学生的就业心理压力。有些企业不愿意招收没有工作经验的应届生，认为他们不熟悉工作流程且实践能力不强，入职后企业要花费人力和财力对其进行培训，附加成本过高而将其拒绝门外，加重了应届生的心理负担。此外，目前还存在着就业信息不通畅的问题，不少国有企业和机关事业单位至今仍存在"世袭"现象，在单位组织的招聘考试中，先让本系统本单位员工的子女得到消息参与竞争，而外界有时可能在临近结束的时候才得知招聘信息，或者是在招录公示时才得知有过招工考试。就业信息的不通畅会让一些消息闭塞的大学生错过就业时机，如调查中"认为导致大学就业难的主要原因"选项上，选择"就业信息不通畅"和"政府政策不到位"的占45.7%。这些就业市场中的不规范行为，不仅严重影响大学生就业市场的正常运行和作用发挥，也加重了大学生的就业心理负担，致使部分大学生在消息闭塞和市场不规范行为的影响下心理失衡，以消极的心理面对就业，严重的甚至产生就业心理障碍。

(二) 高校人才培养模式对应用型本科大学生就业心理的影响

1. 应用型本科人才培养模式滞后于社会需求

虽然应用型本科的人才培养模式是应用型人才，但是在具体操作上仍然沿用传统的教育模式，在教学上偏重于理论知识讲授，忽视当前经济社会发展和职业岗位对人才的需求。尤其是大学生的理论知识学习与提升实践技能没有很好地结合起来，发挥其应有的作用，使大学生的社会适应能力和就业竞争能力偏弱，在就业竞争中易被淘汰，阻碍其心理健康发展。调查结果显示，有81.82%的大学生认为个人所学的专业对社会需求"不满足"和"有点滞后"；有84.34%的大学生在学校的实践教学选项上，选择"不满意"和"比较不满意"。据2017年教育部直属和中央部门所属高校毕业生就业统计，就业率较高的学科是工学类，就业率最低的学科是法学类，而毕业生人数却呈相反比例。可以看出，目前我国许多高校的专业设置并没有顺应社会发展的需要而加以改进，尤其是应用型本科院校要适应地方经济社会的发展，没有将专业设置匹配到地方行业的发展上来，对社会需求量较大的工学类专业因不具备基本的实验条件而无法招收更多的大学生，而对于那些社会需求量较少的文科类专业因便于教学而扩大招生规模，最终造成大学生结构性过剩，使大学生在就业时面临巨大的心理压力。部分应用型本科院校在教学上仍然遵循传统的人才培养模式，只向学生教授理论知识，忽视培养人才的实践能力，即使有的高校开展了与校外企业的交流与合作，也不能有效地为大学生提供良好的实践机会，只是走马观花地到企业参观实习，甚至有的大学还没有实践教学。这种实践技能与知识传授的脱节，致使很多大学生在求职时明显感觉到所学的理论知识掌握不深或由于缺乏实践经验无法在未来的岗位中得以应用，不能较好地适应和满足社会对就业岗位的需要，恐惧和自卑等不良就业心理由此产生。

2. 大学生就业心理辅导针对性不强

就业心理辅导是指心理辅导教师运用心理学等方面的理论，帮助大学生解决就业过程中遇到的心理问题，并提供咨询指导服务。调查结果显示，在"大学生对学校就业心理辅导"选项上，选择"很好"的仅占12.12%，选择"一般，有待加强"的占50.76%，选择

"不够令人满意"的占 37.12%。这些结果表明,应用型本科院校就业心理辅导没有得到足够的重视并发挥其应有的作用,明显滞后于大学生就业心理的变化。很多应用型本科院校更多地关注大学生的考研率和就业率,而忽视了大学生就业心理辅导,即使开设了就业心理辅导课也多是教大学生礼仪之类的知识,较少关注其心理需求和变化。还有些应用型本科院校的就业心理辅导内容偏重于政策宣传和思想教育,忽视对大学生良好就业心理方面的教育,就业心理辅导课的教学也大多是以灌输为主,照本宣科,并没有真正发挥调解大学生就业心理的作用,使大学生在出现心理问题时无法自我调节而茫然不知所措。还有一些应用型本科院校的就业心理辅导对象仅仅局限于毕业生,只有在快到毕业时才开设有限的几次就业心理辅导课,这显然不能满足大学生对就业心理辅导的需求,自然不能有效地预防在求职就业中出现的种种心理问题。

3. 职业生涯规划指导相对落后

我国现阶段就业环境处于紧张之势,加之我国高校对大学生职业生涯规划指导尚属起步阶段,指导课程滞后于大学生的择业就业,这无疑为大学生的就业心理增加了负担,使其对就业感到迷茫不知所措,也影响了大学生正常的就业心理准备。据浙江大学王春光的调查结果显示,在被问及"学校是否提供职业生涯规划方面的课程或讲座"时,只有 13.68%的大学生回答"有",49.47%的大学生回答"无专门课程,但偶尔有讲座",还有 36.84%的大学生回答"什么都没有";在被问及"职业生涯规划方面的知识主要从什么地方获得"时,回答主要从"网络(网站和 BBS)上获得"的占 51.3%,通过"讲座获得职业生涯规划方面知识"的占 34.26%,"从课堂上获得"的仅占 9.26%,还有 15.74%的大学生认为学校的就业网站中"几乎没有职业生涯规划方面的知识",37.14%的大学生认为学校的就业网站中"有一些职业生涯规划方面的知识,但无法满足需要"。这充分反映了目前很多高校忽视了对大学生进行职业生涯规划的指导,导致很多大学生对职业生涯规划缺乏正确的认识,认为在大学阶段制定职业生涯规划为时过早,误以为制定职业生涯是步入社会后自然而然的事情。有些高校没有及时有效地对大学生传播职业生涯规划知识,致使高校的职业生涯指导或是空白,或是草率行动,或是只给大学生举办讲座或开设几次课程,致使多数大学生对个人未来职业发展方向缺乏规划和设计,无形之中产生盲目从众等不良心理。

(三) 大学生综合素质不强对其就业心理的影响

1. 心理承受能力较差

当代大学生绝大多数都是独生子女,在家庭中受到父母的溺爱,从小学到大学毕业都听从父母安排,在父母的呵护中成长,没有吃苦受累过,加之我国的传统教育模式,使大学生一直在温室里成长,在学习上听话于老师,在经济生活上依赖于父母,长期处于被动接受的状态,这在无形之中弱化了大学生的主体意识,使其心理上存在相当大的依赖性、盲目性,对毕业求职过程中产生的就业心理问题,因心理承受能力较差而无法面对。还有些大学生自控能力较差,加之念书期间脱离父母的看管,既没有很好地学习理论知识,也没有很好地掌握就业技能,更没有对未来就业给予过多的考虑,一旦在求职中屡次遭受拒绝后，不能在较短时间内调节好个人情绪，极易出现自卑心理。还有些大学生在父母、朋友的影响下，喜欢与周围同学、朋友进行攀比，自认为个人很优秀对自己的期望值过高，一旦理想与现实差距过大，心理承受能力较弱，就会产生孤僻自卑的心理。还有些大学生在校期间面临很多学业考试，他们把更多的精力放在学业上，忽视了对就业技能的培养，因而无法满足求职岗位的需求，使其在求职过程中产生诸多不良就业心理，且不能在短期内调整好。还有些大学生在校园和家庭中习惯以自我为中心，当踏入社会后发现自己并没有集所有的宠爱于一身时，由于缺乏足够的心理准备，难免心理产生落差，出现心理压力。当代大学生虽然具有丰富的知识，但由于其社会经验少、心理尚不成熟，一旦在求职时遇到挫折和困难，不能面对现实，不健康的就业心理问题就会随之产生，严重危害大学生身心的健康发展。

2. 自我认知存在偏差

虽然大学生有扎实的理论知识，但由于他们还未踏出校园，社会阅历相对较少，对社会缺乏全面的了解，加之自身能力的欠缺和心理发展的不成熟，对自我认识往往不够全面，一旦步入社会会对就业过程中存在的问题缺乏理性思考，不能客观地看待问题的发生，在巨大的心理压力下产生恐惧、自卑等不良就业心理。"在新浪网、北森测评网与《中国大学生就业》杂志共同实施的'大学生职业生涯规划'问卷调查显示，仅有 12%的人了解自己的个性、兴趣和能力；18%的人清楚自己职业发展面临的优势和劣势"。由此可见，多数大学生对自我的认识还不够全面，要么认为自己是同龄人中的佼佼者，对自己的期望值较高，求职时只看重用人单位的福利待遇与职务，却忽视个人能力是否能够达到用人单位的要求；要么对自身能力和素质评价过低，内心有一定的自卑心理，不敢主动参与就业竞争，错失就业机会；要么不结合自身实际情况，在求职时与周围人互相攀比或盲目跟从，计较个人得失，一旦就业没有达到预期目标，就易产生心理冲突。特别是大学生在初次就业时，对求职过程比较模糊，缺乏足够的思想准备，不能很好地制定合理的就业目标，遇到问题时缺乏独立决断和自我选择的能力，易受周围环境和人的影响，无法正确认知自我，一旦遇到失败和困难就容易产生自卑、焦虑和恐惧等不良就业心理。

3. 社会适应能力欠缺

大学生社会适应能力是指大学生在与社会环境的交互作用中主动改变自己以顺应时代潮流和环境的变化，并利用环境创造条件从而达到自己较高目标的一种综合能力。我国经济变化日新月异，随之对人才能力的需求也有较大幅度的提升和转变，然而我国现有的传统教育模式还没有与社会需求相适应。大多数大学生所接触的成长环境，除了家庭就是学校，学生获取信息和知识的渠道相对较少，加之学校的教育偏重于理论知识的教育，忽视了对就业技能的培养，在初次就业时由于技能的欠缺而无法适应社会需求，加大了大学生的就业心理负担。调查结果显示，"在就业时无法适应现有的就业环境"，选择"消极退缩"和"顺其自然"的占 52.25%；在"增加个人经验的途径"中，选择"兼职"和"考证"的占 56.75%；在"求职中认为个人目前最欠缺的"选项中，选择"社会适应能力"的占 21.21%。这些数据表明，有些大学生为了增强个人社会适应能力，在校期间或是利用假期和周末做些兼职，如家教、促销员，或是利用业余时间参加各种考试，希望通过考证提升个人竞争力，以便增强个人社会适应能力。然而，由于大学生心理还不成熟，看问题的角度还不够全面，在兼职和考证中只注重量的积累，而忽视了企业对人才质的需求，无形之中加大了大学生就业的盲目性。还有些大学生早已习惯于校园生活，当走出校园面对初次就业时，发现自己不能将个人所学的理论知识运用到实践中去，由于无法适应社会需求，往往采取消极退缩，而不是以积极的心理去克服重重困难，导致其社会适应能力较差，无法面对就业过程中的种种问题，心理难免产生不良的情绪波动。

第四节　大学生就业心理的调适

心理调适是指个体为了达到某种目的，在思想或行动上进行自我调整，借以保持自身与环境之间和谐关系的过程。应用型本科大学生应当掌握正确的心理调适方法，培养良好的心理素质，排除心理困惑，以积极的心态面对应用型本科院校转型时期的人才培养特色，定位好自己的能力，才能够从容面对就业。

一、提高主动适应的自觉性

求职择业本身就是毕业生认识和适应社会的一个过程。大学生在求职过程中遇到困难，甚至经过几次挫折最后才成功是正常的，在就业中遇到许多心理冲突、困惑，产生一些不良情绪也是正常的。应用型本科大学生在找工作时遇到问题应及时调整心态，从容、冷静地面对就业这一人生重大课题，主动适应应用型人才培养的战略，并做出正确、理智的选择。

(一) 建立合理的职业价值观

对于应用型本科大学生来说，职业对个体的意义已经远不是满足生存的需要，职业的价值是丰富的，要充分认识到职业对个体发展、社会进步所起到的重要作用。因此，应用型本科大学生在择业时也不能只考虑工作的经济收入、工作条件、地点等因素，更要考虑职业对大学生自我一生发展的影响与作用，应看重职业能否帮助实现自我价值。应用型本科大学生要在考察社会需要的基础上，树立重自我职业发展、才能发挥、事业成功的职业价值观。对于那些虽然现在工作条件较差，但发展空间大，能充分发挥自己才能的单位要优先考虑；对于那些现在经济发展水平不太高，但发展潜力大，创业机会多的工作地点也要重视。应用型本科大学生要建立适合自己发展需要的、合理的职业价值观，实现正确择业。

(二) 适当调整就业期望值

应用型本科院校与地方行业企业联系紧密的特点，使得就业市场呈现供不应求的状态，给应用型本科大学生带来了机遇与实惠，但一部分毕业生对就业市场残酷的一面认识不足，对就业市场的客观实际了解不够。通过对就业市场、就业形势的客观了解与深刻体验后，应用型本科毕业生必须面对现实、接受现实，不能怨天尤人。同时，应用型本科毕业生要适当调整就业期望值，有一种说法是"求上得中、求中得下"，意思是说对事情的期望值不要太高，因为事情的结果往往和所欲想的有一定差距，要有从最坏处着想，向最好处努力的思想准备。要在职业生涯规划和职业发展观念上确定自己正确的人生轨迹，树立长远的职业发展观念，放弃"一步到位"、要求绝对安稳的旧观念。在择业时要看得长远一些，学会规划自己整个职业生涯。当前应用型本科大学生由于学历、能力素质与社会实际需要尚存差距等原因，一个十分理想的职业还不能一蹴而就，宜采取"先就业，后择业，再立业"的办法。先选择一个职业，在工作中不断提高自己的社会生存能力，增加实际经验，然后再凭借自己的努力，通过合理的职业流动来逐步实现自我价值。许多应用型本科大学生都希望去沿海经济发达地区工作，不愿意到经济欠发达地区工作，但随着国家政策的倾斜和贫困地区的发展以及西部大开发的进行，这些地区将成为经济发展的热点，也将给以"应用"为特色的应用型本科大学生提供更多的发展机会。因此，抢先到这样的地区去工作可能会更有利于自己的职业发展，取得事业的成功。

(三) 正确认识社会，正确认识自我，主动寻找机遇

应用型本科大学生择业时要知己知彼。知彼就是要了解择业的社会环境和用人单位，正确认识所面临的就业形势，了解用人单位的需要。知己就是实事求是地评价自己，对自己有正确的认识；要客观、正确地认识自己德智体美诸方面的情况，自己的优点和长处、缺点和短处，自己的性格、兴趣、特长；要明确自己想做什么。毕业生应在择业前进行各种测试，了解职业特点，找到适合自己的职业方向，了解自己的特长和兴趣，扬长避短，用发展的观点来看待自己；要知道自身存在某些缺点并不可怕，可以先就业然后在工作岗位上不断克服缺点，发展和完善自己。积极参加招聘会，主动寻找机遇，并根据已定的择业标准进行选择。一个人工作的好与不好是相对的，对别人适合的对自己不一定适合，因而一定不能盲从，要时时记住，只有适合自己的才是最好的。还要注意机遇的时效性，在发现就业机会时主动出击，及时把握，不能犹豫，也不要害怕失败，应有敢试敢闯的精神。

二、运用心理调节的方法进行自我调适

心理调适是指改变或扩大原有认知结构，以适应新的情况或新的历程。心理调试的作用就在于帮助大学生在遇到挫折和冲突时，能够客观地分析自我与现实，有效地排除心理困扰，控制和调节自己的情绪，从而保持一种稳定而积极的心态，维护自己的身心健康。

(一) 认清就业形势，正视就业现状

缺少社会经验的应用型本科大学生，对选择职业这一人生大课题产生适度的焦虑心理属于正常现象。学生在校期间的表现固然重要，但他们的个人形象气质、逻辑思维能力、语言表达能力等方面更加受到单位的关注。现实生活中，应用型本科大学生面临激烈的就业竞争，部分人的自我心理调节能力相对薄弱，导致出现就业恐惧心理，加上一些外在因素的干扰，直接影响了他们顺利择业和就业。在一些地区，大学生就业存在着明显的不平

衡性，需求也呈现出一定的地区差异；还有一些地方，大学生就业存在着结构性矛盾，买方市场形成，长短线的矛盾一时难以根本解决，不同学科、不同专业取向就业乐观度差异明显等，所有这些都是造成大学生就业压力和焦虑的因素。面临就业，我们要清楚自己正处于严峻的形势，只有正视就业压力，才会迫使自己积极行动起来，产生求胜的心理和行动。

(二) 树立自信心，培养竞争意识

自信是对自己的一种积极评价，它是一种勇于面对生活的信心和勇气。大学生在求职择业时必须树立自信心，就是要在正确估量自己的情况下，鼓起勇气去迎接挑战，参与竞争，大胆地推销自己。当然，自信不是自负自傲，自信要有资本和基础，这个资本和基础就是真才实学。因此，面对日益严峻的就业形势，当代大学生首先必须树立在自己实力基础上的自信；其次，应具备竞争意识和风险意识，当今社会处处充满竞争，市场规律、竞争机制的引入使社会发生了很大的变化，大学生离开校门走向社会就不得不接受优胜劣汰的洗礼，亲身体验现实的严峻性和挑战性。因此，应用型本科大学生在择业时要自觉地培养敢于竞争、敢冒风险的心理素质，要敢于向社会挑战，扩大就业成功的机会，使自己成为竞争中的胜者。

(三) 坦然面对就业挫折，提高心理承受能力

应用型本科大学生在求职中应该用冷静和坦然的态度待之，客观地分析自己失败的原因，进行正确的归因。首先，在就业市场化、需求形势不佳、就业竞争激烈的条件下，出现求职失败是在所难免的，不能期望自己每次求职都能成功，要对可能出现的求职挫折有充分的心理准备。同时，应把就业过程看作一个很好的认识社会、认识职业生活、适应社会的机会，通过求职活动来了解自己、认识自己、发展自己，促进自我成熟。其次，求职失败并不一定就是因为自己的能力不行，应用型本科大学生有自身的优势，出现求职失败有许多原因，可能是因为选择求职的方向不对，也可能是因为自身的价值观与单位的企业文化不符合，还有可能是其他一些偶然因素。总之，要正确分析自己失败的原因，调整自己的求职策略，学会安慰自己，以便在下次的求职中获得成功。

(四) 积极调整心态，促进人格完善

在求职择业过程中，大学生应当自觉提高自我心理调适的主动性，当自身心理平衡难以维持，即将产生或已经产生心理障碍时，应当根据自己心态的实际情况，选择各种诸如自我静思法、自我转化法、自我适度宣泄法及理性情绪法等自我心理调适方法来调节自身心态，重新建立心理平衡。首先，可以进行积极的自我心理暗示，鼓励自己、相信自己，帮助自己渡过难关；其次，可以向朋友、老师倾诉，寻求他们的安慰与支持；最后，还可以通过体育锻炼、听音乐、郊游等方式转移自己的注意力，排解心中的烦闷，放松自己的心情。通过对自己就业时出现的种种不良心态的分析，可以发现自己平时不容易察觉的一些人格缺陷。应该说这些人格缺陷是产生这种就业心理问题的根本原因，如果现在没有很

好地完善自己的人格，那么这些问题还会对今后的工作、生活带来困扰。因此，要正确面对就业过程中暴露出来的自身问题，不必为自己存在的人格缺陷而懊恼，因为绝对的人格健全者几乎是不存在的，关键是要在发现问题的基础上，积极改变自己、发展自己，使自己的人格更加成熟，顺利就业。

三、寻找社会支持

(一) 向就业主管部门咨询

目前，我国高校毕业生的就业已从传统的计划分配转变为毕业生与用人单位的双向选择，主管部门与学校上下结合来制定就业方案，毕业生的择业必须在国家有关政策的指导下进行。应用型本科大学生中有的对就业政策不够了解，往往会逾越政策盲目地去寻找就业单位，最终导致无法落实就业单位。所以，毕业生在择业之前，一定要认真阅读有关文件，了解就业政策，不清楚时，要向学校负责就业工作的老师咨询，以便顺利找到工作单位，同时也避免了因政策问题导致的心理困惑。

(二) 争取亲戚朋友的帮助

将自己的基本情况和志愿告诉亲戚、朋友、同学、熟人，请他们留意有关信息，帮助推荐，形成一个信息网，有利于自己及早了解社会需求和用人单位的情况，从而做出选择。这样也可避免因信息不畅和对自我认识不足而导致的心理困惑。

(三) 寻求就业心理咨询

为了提高就业面试的技巧，或消除择业挫折带来的焦虑、烦恼、抑郁等不良情绪，可以寻求心理咨询机构的帮助。目前，不少高等学校都已建立心理咨询机构，近年来社会上的心理辅导服务也纷纷兴起。心理辅导老师或心理医生能帮助毕业生迅速有效地消除择业挫折等带来的不良情绪，帮助毕业生更加客观正确地认识自我，进行心理训练，提高择业求职的技能技巧。

生理、心理发展的特殊性决定了大学生比其他年龄群体更容易产生过度应激反应。良好的社会支持对于减轻大学生的心理应激反应具有重要作用。因此，大学生应主动寻求社会支持，积极主动应对因学习挫折、情感挫折、人际关系挫折和就业挫折造成的心理压力，努力提高自身的心理承受能力，乐观面对社会现实，实现乐观就业。

第三章　走近就业心理辅导

第一节　大学生就业心理辅导概述

一、大学生就业心理辅导的内涵和特征

(一) 大学生就业心理辅导的内涵

大学生就业心理辅导是指为大学生在信息服务、求职训练、职业定向、职业分析、兴趣的了解与测试方面提供各种服务及信息咨询活动。大学生就业心理辅导始于美国的职业辅导运动,这种职业辅导模式主要是探讨如何把个人特征与职业要求作适当的配合。随着社会的变迁,高校心理辅导的内容也由职业心理辅导延伸到学习心理辅导与生活心理辅导领域,辅导的对象也由最初的偏重于"问题大学生",转而面向全体大学生。通过有效的技术和充满爱心的心理辅导,使每个大学生都有机会获得最充分的发展。在近二三十年里,不少国家和地区已将就业心理辅导列为大学教育计划的组成部分。就业心理辅导注重自我了解,以提高决策能力;强调自我概念的发展,以求得最佳的人生定位;重视个人价值观的建立,以构建良好的生活方式。我国计划经济向市场经济的过渡,大学生就业由过去的国家分配转变到供需双方自主选择,大学生就业出现供需矛盾,就业问题成为困扰大学生的主要问题,由此大学生就业心理辅导在各大院校展开。

(二) 大学生就业心理辅导的特征

大学生就业心理辅导是一个牵涉面很广、内容很丰富的教育和咨询活动,它的实施具有下列主要特征。

(1) 发展性。大学生就业心理辅导的实施须遵循人类生理、心理、职业及社会发展的原理,通过对个体进行有关生涯的意识、认识、试探、引导、准备、规划、决定、体验、自我的实现、评价等一系列有步骤、有阶段的辅导活动,实现大学生的职业生涯发展目标。

(2) 广泛性。大学生就业心理辅导的内容是很广泛的,工作价值、职业观念及服务精神的培养,以及个人志趣、潜能及特质的最大发挥,均在大学生就业心理辅导中扮演着重要的角色。大学生就业心理辅导同时要满足个人、社会及国家的实际需要,还需注重人类认知、学习、职业、社会、休闲及娱乐生活必需的知识及技能。

(3) 综合性。大学生就业心理辅导需要由校级主管领导牵头,心理辅导(咨询)中心唱主

角，招生就业指导部门、学生工作部门、思想政治类课程教学单位等部门相互配合，协同作战。

二、大学生就业心理辅导的目标和内容

(一) 大学生就业心理辅导的目标

大学生就业心理辅导的目标是促进大学生的职业生涯成熟，即协助大学生实际达到其应该达到的生涯发展阶段。具体地说，大学生就业心理辅导要帮助大学生通过心理辅导，努力达到以下目标：

(1) 帮助大学生正确认识自己，对个人的身心特点，如体力、知识、能力、职业倾向性、社会经验等进行恰当的评价。

(2) 引导大学生正确认识和把握社会职业的性质、特点、要求和就业可能性，并作出正确的判断。

(3) 协助我们把个人具备的条件与就业因素恰当地联系起来并加以整合，做出科学合理的选择，形成切实可行的就业需要。

(4) 协助大学生对自己的职业生涯发展和大学期间的学习活动做出个性化的规划，有针对性地构建、调整和充实知识与能力结构，增强知识技能学习和个性培养的针对性和主动性。

(5) 协助大学生培养自己根据社会需要和个人特点正确选择职业的能力，以及求职自荐能力、创业能力和专业改行等适应能力。

(6) 引导大学生及早做好就业心理准备，培养自己健康的就业心态和良好的职业道德。

(二) 大学生就业心理辅导的内容

1. 诊断性辅导

大学生就业心理辅导的关键就是要全面了解学生，并使学生正确地理解自己。所谓了解学生就是要重视收集和积累每个学生的个人资料，包括入学前的累积记录，在校期间的各种考试、考查、检查、面谈、班级活动的记录及其他方面的表现等资料，以便把握每个学生的能力及适应性，为他们恰当地选择和决定将来的生活道路提供参考。

一般主要从三个方面入手来收集和积累学生的个人资料。

(1) 通过生理测量了解和收集学生身体(生理)方面的资料，主要包括体格、体力、体质和疾病等方面的资料。这方面的测量除了学校定期进行的体检、健康诊断和体能测试以外，还要调查了解学生的身体发育史和病历；同时，还要经常测试眼睛和手的反应速度、手和脚的运动速度、手指与手腕的灵活度等，以便使学生了解自己的身体素质能够适应或不适应哪些职业、工作或岗位。

(2) 通过心理测量了解学生的一般能力倾向、特殊能力、兴趣爱好、性格气质、职业适应性等方面的资料。通过收集与积累这方面的资料，帮助学生了解自己的心理素质对特定职业的适应程度。

(3) 通过观察、谈话、调查等途径，收集和积累学生社会方面的资料，主要指学生周围的各种社会关系，包括交友情况、学校生活情况、学习态度、社团活动情况等，同时还包括学生的家庭资料，如家庭的社会地位和经济状况、父母的受教育程度、对子女的期望与关心程度。通过以上途径收集的各种学生资料应加以整理分析，学校应为每一个学生建立一个反映学生个人情况的档案袋，档案袋里的材料要能全面准确地反映出学生的情况。

诊断性辅导主要在医学指导和心理辅导两个方面来进行。医学指导主要针对职业选择与身体状况不符的学生。属于这种情况的学生有：选择身体条件禁忌的职业的；身体异常但尚未作最后职业选择的；身体健康但选择了与个人职业适宜性不相符的职业的。对于做出了不恰当职业选择的学生，应明确指出这种选择的伤害，并适时组织专门讲座或谈话，对他们进行以职业选择为题的医学卫生教育，如"身体与职业选择"、"职业对身体健康的要求"、"医学对身体各种异常的禁忌"、"身体健康与劳动效率"等。与此同时，医务工作者与就业心理辅导者应对这类学生提出具体的建议，帮助他们制定恰当的个人职业发展计划。

心理辅导主要针对在职业选择方面个人心理准备不足的学生，指导的目的在于帮助学生增进自我认识，并确定与个人特征相符的职业领域。心理辅导必须建立在对学生心理状况(包括能力、兴趣、理想、价值观、职业发展水平等)充分了解的基础上，通过心理测评技术和心理咨询方法的运用，帮助学生确定适合于自己心理特点和能力范围的职业领域。

2. 信息咨询指导

职业信息咨询是就业心理辅导的重要环节，掌握丰富的职业心理是大学生职业决策的重要条件。信息咨询指导可帮助大学生了解国家的就业政策和就业信息，增进对各种职业的认识。职业信息服务内容十分广泛，主要包括掌握职业知识、了解市场供求以及就业政策等方面的内容。

(1) 掌握职业知识。职业知识包括职业名称、职业种类、职业的社会经济意义、职业的环境条件、职业报酬、晋升机会、职业前景、职业资格要求等。只有掌握有关的职业知识，大学生才有可能做出恰当的职业选择。

(2) 了解市场供求。劳动者与职业岗位的结合，最终取决于就业市场的供求关系。劳动力供求关系经常处于变化之中，在不同的社会发展阶段、不同的地区、不同的时间，职业岗位的空缺与求职者人数比的情况都是不同的。求职者迫切需要得到关于就业市场的供求信息作为职业定向的现实依据。在我国现阶段的就业市场中，总的情况是劳动力供给大于需求，在某些地区和行业积压着大量剩余劳动力，但在另一些地区和行业却找不到合适的人员来补充岗位的空缺。一个重要原因就是求职方与供职方缺乏有效的信息沟通，所以充分地、不失时机地反映就业市场供求状况是职业指导信息服务的一项重要内容。另外，反映就业市场供求也包括职业预测，即反映未来就业市场的供求关系，这有助于在校学生及教育部门制定教育与培训计划，调整专业结构。我国目前教育改革的一项重要内容就是教育结构和专业结构的调整，目的是适应市场经济对人才的需要，这需要以全面而准确的市场预测资料为依据。

(3) 了解就业政策。获得就业政策有多种渠道，如国家权威部门、各地区劳动人事部门、报纸、职业介绍所、人才交流中心等媒体或机构公布的就业政策等，这些渠道可以让大学生了解当年的基本就业政策。就业心理辅导还需要以开设课程或讲座等方式帮助大学生对就业政策有一个全面的认识，使大学生认识到各种专业人才在当前及未来社会中所处的地位和作用，为形成良好的职业态度乃至自主择业的意识奠定基础。

3. 寻求最佳职业匹配

在正确估价自己和全面认识职业世界的基础上，就业心理辅导协助当事人较客观地给自己定位，确定恰当的就业期望值，在充分获取信息的基础上，调整择业心理，消除择业心理障碍，最终选择能满足自己的职业需要，适合自己个性特征，促进自己潜能发挥的职业。在这样的职业生涯中，个人将获得尽可能大的适应感、自由感和满意感。

4. 促进职业适应与自我塑造

就业心理辅导还将辅导择业者在实践中根据最佳人职匹配的原则，不断调整和改变自己的观念、态度、习惯与行为，以适应新的职业和新的人际关系。在职业适应过程中，人们不断丰富自己的能力结构，培养自己广泛的兴趣并扩展知识面，以提高自身的综合素质，塑造良好的自我形象；而良好的自我塑造又将强化人们的职业适应性，使人们享受到圆满完成工作的满足，并在这种满足中体验实现自我价值的快乐。

(三) 职业辅导与就业心理辅导

1. 职业辅导

职业是指个体所扮演的一系列工作角色，是追求理想生活和实现个人价值的重要途径。一个人从就业前的学习和教育，到岗位工作，直至离职或退休，职业生涯活动贯穿于他的大半生，左右着他的生活质量和生命价值。自帕森斯之后的 30 至 40 年间，美国职业世界求才若渴的需求影响到了职业辅导的重点倾向。在这种情形下，学术界对有关职业内涵的分析与研究远远超过对求职者内在各种心理特质的分析与研究。当时普遍的看法是，职业资料的提供是职业选择最适宜的基础，因而让求职者了解职业信息资料成了职业辅导的最重要内容。

20 世纪 40 年代开始，职业指导经历了两大转变：一是由静态的、一次完成的职业指导向发展的、多次完成的职业选择转变；二是职业指导向职业辅导的观念转变，即将教导式的职业指导方式转变为更加人性化的、强调发挥被指导作用的职业辅导。到了 50 年代，情势有了转变，社会与经济的变迁使得职业辅导的重点由职业资料分析转移到重视个人特质上来，当然这也受到了罗杰斯理论的影响。1942 年，罗杰斯名著《心理咨询和心理疗法》的出版，标志着心理辅导发展史又一个学派的兴起。在该书中，罗杰斯向传统的以咨询者为中心的观点(即"指导学派"主张的)提出了挑战，他认为应当给予当事人言语和情绪的反应。罗杰斯这种非直接提出建议的，以当事人为中心的方法(即"非指导学派"主张的)很快受到广泛的认可，因为它强调人们普遍有着自我发现的潜能、自我抉择的能力、尊重人自由发展的权力，符合现代社会的时代精神。1951 年，罗杰斯的另一大作《当事人中心疗法》问世，标志着这一理论流派走向成熟。

在罗杰斯所提出的当事人中心疗法的概念冲击下,对个人发展的重视渐渐成为职业辅导工作的重心。传统的职业辅导概念较局限于工作本身的选择,且偏重人与事的配合,而忽略了与工作有关的个人情绪与人格因素。随着时代的变迁,个人整体的生活有了重大改变,人的发展得到了很大的重视,过去狭义的概念得到了扩展,以个人发展为中心的观点为更多的人所接受和重视。可见,职业辅导逐渐倾向于心理方面的辅导,奠定了就业心理辅导的基础。

2. 就业心理辅导

心理辅导是辅导者根据受辅导者心理发展的特征与规律,在一种建设性的人际关系中,运用心理学等专业知识与技能,设计和组织各种引导性教育活动,以帮助受辅导者形成良好的心理素质,充分发挥其个人潜能的过程。对"心理辅导"含义的理解,需要注意以下几点:第一,心理辅导是一种合作式、民主式的过程,它不是辅导者对被辅导者的思想说教和灌输,而是平等的双方共同协商、解决问题的过程。第二,心理辅导是专业知识与技能的运用,它是根据人的心理发展规律,由辅导者利用自己的专业知识与技能,有计划、有系统地向被辅导者提供心理帮助的活动。因此,心理辅导通常由掌握心理咨询专业知识与技能的人来实施。第三,心理辅导有自己独特的目标。心理辅导的目标侧重于协助被辅导者解决心理困惑,提高心理素质,以增强其心理适应能力,它并不承担诸如政治观念、专业技能等的培养任务。第四,心理辅导以正常人为主要对象,而不是以收治心理疾病患者为主。对于那些患有严重心理疾病者,通常要到专门机构去咨询与治疗。

就业心理辅导是高校心理辅导的重要组成部分,它是心理辅导者运用现代心理辅导技术和手段为大学生选择职业、谋求职业岗位以及上岗前心理调适等提供帮助和启发的活动过程。就业心理辅导的内容包括协助大学生了解自我职业兴趣、职业能力、职业价值观,介绍职业分类、职业特点、职业要求、职业信息,预测职业发展,协助个人与职业匹配,提供职业心理测评、求职心理调适,介绍求职技巧等。一个人的职业选择往往涉及很多因素,有事关个人职业理想方面的原因,也有经济收入水平、文化信仰、生活习惯等因素。譬如,有些职业工种虽然收入高,但工作时间很长,缺少进修深造和休闲时间,且会影响社会生活和与家人相处,这就给当事人带来职业岗位选择的困难,需要通过就业心理辅导来解决。就业心理辅导不仅要关注大学生能否找到工作的问题,而且要考虑与工作有关的其他因素。从根本上说,就业心理辅导在于协助大学生形成一个明晰、合理的职业自我观念,同时将此观念落实到实际的行为活动中,其核心是引导大学生自我接受与自我发展。

三、就业心理辅导的历史和发展

(一) 就业心理辅导的产生和发展

就业心理辅导的前身是就业指导。传统的就业指导重在人与职业的配合上。就业心理辅导起源于 20 世纪初的美国,是由美国的帕森斯等人根据他们的实际工作经验而提出的,他还总结了以三个指导原则为依据的特质因素理论。当今时代,就业心理辅导已成为很多发达国家高校心理辅导的重要组成部分。

1. 就业心理辅导产生的社会背景

在传统的农业社会，生活节奏缓慢而沉稳，勤奋的工作加上对家庭的效忠，是社会所赞同的职业观和价值观。"子承父业"，下一代继承上一代的行业，在当时的社会很普遍。工业革命之后，情况有了巨大的转变，主要表现为以下几个方面。

(1) 劳动场所和家庭的分离。工业革命以后，人们的职业场所由家庭转移到工厂。原先在家庭手工业生产和工场手工业生产情况下，青年了解职业和学习手艺都是通过耳闻目睹的家传；如今，在大工厂生产的情况下，劳动场所从家庭分离出来或远离家庭所在地，青年人很少从父母那里学到技艺，对父母所从事的工作也无甚了解，至于生产发展的趋势和子女就业的选择性，父母更是无能为力。

(2) 新兴的职业快速更替。人类进入信息化社会以后，产生了许多以前所没有的新兴职业，职业门类日益分化，就业门路不断扩展。面对这样的态势，青年人如果对各种职业的待遇、条件、需求等了解不足，就很难正确地做出就业选择。

(3) 社会职业的专门化。由于对劳动技能的要求不断提高，青年就业前如果没有接受一定的职业训练或者训练不当，就很难找到适当的职业，即使就业后也会遇到种种意想不到的困难和挫折。科技的飞速进步和知识的不断更新，使"十年寒窗苦，受用一辈子"的情形不复存在。

(4) 两性职业刻板化印象的消失。所谓"职业刻板化印象"，是指一般人对所从事某种职业所应具备的知识、能力、特质，以及对这项职业的内容与性质等所形成的一种特殊印象。这种职业刻板化印象会影响一个人对职业选择的态度。在农业社会里，两性的分工各有定位：男主外，女主内，各司其职，各守本分。工业化以后，女性也走进工作世界，传统的两性依托角色发生了变化，但受性别角色、社会化的局限，女性的工作多偏向文书、家政、秘书、教师、护士等。现代化社会中，由于教育普及，男女受教育的机会均等，除生理上的差异外，两性在心理能力的表现上均能成功得以拓展。因此，男女所从事的职业在很大范围内已打破过去性别的局限。

(5) 工作意义的改变。在农业社会，工作的目的在于满足基本层次的生理需求。人类文明不断进化，职业对于个人来说，已经不只是维持生存的基本需要，而是要追求更高层次的社会和心理满足。职业与人的关系，由手段变成了目的，由以前的为生活而工作，转变成为工作即生活；工作的选择，也是一种生活方式的选择，不只是单纯挣钱的手段。

因此，在社会发展的大背景下，就业心理辅导的产生成为必需和必然的事物。

2. 早期就业心理辅导运动的兴起

随着工业革命在美国的深入，一批社会改革家、学校行政官员和教师掀起了一场旨在教育青少年如何了解自己、他人以及周围世界的指导运动，这场就业指导运动标志着就业指导的诞生，也是现代就业指导的萌芽。在这场运动中，戴维斯、帕森斯等人是公认的领导人和实践者。

1907 年作为美国密歇根州一所公立学校的总监，戴维斯首创了系统化的指导计划。他要求学校教师每周给学生上一次就业指导课，以帮助学生塑造个性，防止就业心理问题的发生。戴维斯相信，合适的心理辅导有助于治愈美国社会的病态。尽管他所做的工作离现代意义上的心理辅导相去甚远，尽管他对心理辅导的作用曾存在一些不切实际的幻想，但毕竟为现代就业心理辅导开创了先河。

几乎在同一时期，帕森斯在波士顿进行着类似的开创性工作，而且他的工作更系统，也更深入。1908年，作为美国波士顿大学教授的帕森斯发现，青年人离校后失业的原因并不是他们没有能力，而是没有机遇，于是帕森斯创办了波士顿职业指导局，跨出了使就业心理辅导活动系统化的重要一步。帕森斯不仅亲自参与了大量针对青年的就业指导实践活动，还设计了许多帮助青少年了解自己、了解工作环境和性质的方法，其中之一就是问卷调查法。1909年，帕森斯的《选择职业》一书出版，第一次系统阐述了科学的职业选择理论，即特质因素理论，这个理论对今天的就业指导仍然具有现实的指导意义。正是由于帕森斯极富创意的工作及其所产生的深远影响，所以他被后人尊称为"就业指导之父"。

帕森斯及其同事的工作在当时美国社会引起了极大的反响。例如，波士顿学校系统的总监当时就确定117名中学老师为就业指导工作者。继波士顿职业指导局创办后，美国的其他地方，如纽约、芝加哥、西雅图、底特律、费城和林肯等城市，也先后建立了就业指导机构，在学校开展就业指导活动。到1910年，全美已有35个大城市争相效仿波士顿的做法。1911年，美国出版了第一份"职业辅导通讯"，1913年又成立了全国职业辅导学会。

根据当时美国的社会背景与需要，学校里的就业指导工作主要是收集和整理各种有关的职业信息资料，并把它们组合成正式的课程传授给学生，即通过学校教育安排适当的课程，向学生提供职业资料并培养其职业技能，使学生从学校毕业后即可凭一技之长获得工作机会。当时，学校就业指导工作主要由教师承担，个别咨询服务所占的比重较小。

3. 就业心理辅导的发展

就业心理辅导的发展同心理测验运动、职业资料的整理和威廉姆逊在明尼苏达大学的工作是分不开的，因为后者使就业心理辅导更具成效。

(1) 心理测验运动。第一次世界大战爆发后，由于美国政府的大力支持，广大心理学工作者尤其是职业辅导协会积极参与，终于成功编制出军队 Alpha 和军队 Beta 两种智力测验量表。这两种智力测验量表在新兵筛选工作中被广泛采用，顿时，心理测验成了一种流行。这种起源于职业分类和鉴别需要的心理测验，一方面增强了就业指导专家的威望，显示了科学的威力，但另一方面又使他们常常忽视对行为科学中社会学、生物学和人类学方面发展的关注。1928年，标准化的职业兴趣测验量表——斯特朗职业兴趣量表诞生了，虽然当时并未引起很大的反响，但为后来就业心理辅导的发展奠定了基础。

(2) 就业资料的整理。1933年美国联邦政府就业服务处成立，其工作除了编制有关的心理测验、收集各地区人力供需状况等资料外，主要是调查各种职业所需的条件、待遇、福利、升迁、发展等资料，编纂《职业分类词典》，开展各项有关职业辅导的研究，并定期出版《职业展望手册》、《职业展望季刊》等刊物，以供辅导人员参考，为就业心理辅导的发展做出了重要的贡献。

(3) 威廉姆逊的贡献。威廉姆逊的贡献表现在两个方面：一是他在帕森斯的基础上，进一步发展了特质因素理论；二是他与明尼苏达大学的同事一起，总结了就业心理咨询的过程与模式，提出了系统的咨询方法，即"指导学派"极力主张的观点。这种强调直接提出建议的、以咨询者为中心的方法在其后二十多年的心理辅导与咨询的实践中一直占据着统治地位。

(二) 中国就业心理辅导的发展

1916 年，清华大学校长周寄梅先生首次将心理测试的手段应用在学生选择职业中，这标志着就业心理辅导在我国开始建立。1917 年，中华职业教育社成立。黄炎培等老一辈教育家在社刊《教育与职业》上陆续发表文章，从介绍西方国家职业指导的理论和经验入手，结合当时的经济与社会状况，强调了在我国开展职业指导的必要性。1925 年，清华大学庄泽宣教授编写了《职业指导实施》一书。1929 年 5 月，当时的南京政府全国教育会议通过了《设立职业指导所及例行职业指导方案》，规定了一些实施职业指导的办法。1931 年 9 月 21 日成立了全国职业指导机构联合会，该组织将研究职业指导作为宗旨，并于 1931 年 12 月 14 日举行了第一次年会。当时的中国职业指导者们做了大量有益的工作，但由于旧中国经济凋敝，社会动荡不安，因而收效甚微。

新中国成立后，实施了劳动预备制度，从某种意义上说，它带有就业辅导的性质，但由于实行计划经济和就业的统包统配等多种原因，这项工作没有得到足够的重视。改革开放以来，我国国民经济迅速发展，在社会主义市场经济体制下，就业制度发生了根本性变革，用人单位和求职者通过劳动力市场、人才市场等中介进行双向选择，就业新机制逐步形成，这为就业心理辅导提供了良好的发展机遇。1994 年，劳动部颁发了《职业指导办法》，明确规定职业介绍机构开展就业指导工作，配备专、兼职就业指导员，向劳动者和用人单位提供指导和服务。同年，国家教委颁布了《普通中学职业指导纲要》，正式在普通中学引进职业指导，这样，以就业指导为重点的就业心理指导成为了我国教育的重要组成部分。

近年来，随着经济结构调整和国有企业改革力度的加大，大量劳动者面临着下岗再就业的困境。因此，在下岗职工中实施就业心理辅导显得尤为迫切。劳动保障部明确要求将职业辅导纳入到"再就业工程"之中。目前，就业心理辅导工作已渗透到社区服务、家政服务、创业指导和用工指导等方方面面。但是，与发达国家相比，我国的就业心理辅导发展之路仍将是漫长的。

四、就业心理辅导的意义

就业心理辅导作为一种影响深远的社会活动，具有不可替代的社会意义，概括起来主要有四个方面。

(一) 协调社会发展

就业问题是一个重大的社会问题，它涉及各个社会阶层的利益，因而也是社会管理的最重要任务之一。当前我国正处于经济结构转型阶段，新旧体制的交替使得相当一部分人面临着转岗再就业的压力，解决他们的就业问题不仅关系到国民生计，而且关系到国家的稳定与发展。就业心理辅导在促进社会充分就业中大有可为，因为它能帮助择业者树立正确的择业观念，在求职中发挥自身的优势，选择一种适合于自身特点的职业，更好地发挥自己的个性和能力。在帮助个人或团体寻求最佳人职匹配的基础上，就业心理辅导将有助于全社会职业结构的优化，减少由于盲目择业带来的盲目职业流动以及由于人职错位带来的情绪低落、消极怠工等现象，最终促进整个社会的稳定和协调发展。应用型本科院校处于应用型转型期，应用型人才培养模式与大学生的人职匹配错位更加容易使大学生出现心理问题，因而应用型本科大学生的就业心理辅导在协调社会发展上显得尤为重要。

(二) 推动经济发展

现代管理学认为，早期产品属于"集成资源"，而未来的产品属于"集成知识"。人力资源在未来经济发展中的作用尤为显著，而就业心理辅导的开展，可以更有效地开发人力资源、挖掘人才、使用人才，实现人尽其才，使人力资源的使用最优化。通过帮助择业者找到合适的工作岗位，为工作岗位找到合适的人，可以使每个劳动者都能为社会创造更多的财富。在合适的岗位工作环境以及职业文化环境中，劳动者追求职业成功的动机与职业组织的发展动机一致，此时，他们安于工作、乐于工作、忠于工作，积极主动地奉献自己的全部能力和智慧。这样，全社会的劳动生产率才能不断提高。所以，做好职业心理辅导工作对于推动经济持续发展具有重要意义。应用型本科院校是以培养应用型人才为主，学生要学有专长，成为"专门人才"和"高素质劳动者"，即一种既有技术又有专业理论的新型人才，是知识、能力、素质和谐发展的人才。能力突出是应用型人才的主要特征。对应用型本科大学生开展就业心理辅导，可以使应用型本科大学生做到"人尽其才"，进而有效推动经济发展。

(三) 促进人的终生发展

孔子说："吾十有五而志于学，三十而立，四十而不惑，五十而知天命，六十而耳顺，七十而从心所欲不逾矩。"爱迪生在 55 岁生日之际对朋友说："从现在开始到 75 岁，我要把时间用在工作上，77 岁时我要学桥牌，80 岁我要和女士们聊天，85 岁我想学高尔夫球。"成功人士的智慧才干未必绝对优于常人，他们成功的秘诀恰恰在于能很好地经营自己，有自己的发展规划，谋求终生发展。

进入 21 世纪，人类面临着科学技术迅速发展和急剧变革的挑战。有人估算，截至 1980 年，人类社会获得的科学知识中有 90%是二战以后获得的；就人类的科学知识而言，19 世纪大约每 50 年增加 1 倍，20 世纪中叶每 10 年增加 1 倍，21 世纪则是每 3 至 5 年增加 1 倍。因此，要跟上时代的步伐，就必须从传统的文化心理定式中挣脱出来，使自己的主体意识、平等意识、创新意识得到充分发挥，成为与现代化社会相适应的现代人。美国学者英格尔斯曾把现代人的特征概括为 12 个方面：准备和乐于接受其他未经历过的新的生活经验、新的思想观念、新的行为方式；准备接受社会的改革和变化；思路广阔，头脑开放，尊重并愿意考虑各方面不同意见、看法；注重现实和未来，惜时守时；强烈的个人效能感，对人和社会的能力充满信心，办事讲究效率；工作和生活有计划；寻求新知识和尊重知识；可依赖性和信任感；重视专门技术，有愿意根据技术水平高低来领取不同报酬的心理基础；乐于让自己和后代选择离开传统上受尊敬的职业；相互了解、尊重和自尊；了解生产和过程。其中很多方面与职业心理辅导的目标是相似的。从适应现代社会的角度来说，就业心理辅导理应注重个人潜能的开发、健康个性的发展、自我教育、终生学习意识和能力的形成，从而促进人的终生发展，为人类谋求终生幸福服务。

(四) 帮助应用型本科大学生选择职业

当今世界知识经济兴起，大学正以新的姿态步入经济社会的中心，担当起作为经济社会发展的"人才库"、"知识库"、"思想库"以及知识产业的"孵化器"等多种角色。我国正处于全面建设小康社会的关键时期，社会经济快速发展，产业结构不断调整，人才需求也呈现出多样化的态势，应用型本科院校应满足社会需求，为社会为地方培养更多的"适销对路"的应用型人才，让应用型本科的大学生在国家政策指导下走上自主择业的道路。近几年来，应用型本科院校的转型发展使得应用型本科大学生在就业过程中遇到很多问题，因而就业心理辅导也开始走进高校的校园。但就目前各高校的工作情况来看，就业心理辅导仍停留在单纯地就业指导上，辅导的内容、形式、方法都很零碎，缺乏系统性和科学性，很难适应高校大学生就业发展的需要。高校、社会、大学生都渴望有系统、科学、完善的且适合中国国情的就业心理辅导理论，用以帮助大学生了解自我、发现自我、认识自我，充分挖掘内在资源，为自己就业成功奠定基础。当代大学生面对的是与过去迥然不同的职业世界，个人单位化已被个人社会化所替代，谋生不再是大学生参加工作的唯一动机，他们更希望在工作中获得更多的满足和更大的发展空间。教育水平的提高和就业理念的变化，使大学生实现自我价值的愿望增强，对就业成功和成就寄予厚望。随着法律和社会保险制度的完善，为达到自己的职业目标，大学生可能会辗转在不同的组织中从事多种职业。大学生在择业过程中，不再只是被选择对象，求职过程是个人与组织相互选择的过程。因此，就业心理辅导包含着大学生的自我职业设计及实施、高校和用人单位对大学生职业发展的指导和支持的双重任务。随着经济全球化和信息技术的日新月异，各行各业的结构性调整和重组不断加快，大学生就业市场格局日趋多元化，组织开展和结构的变迁也呈现出新的趋势和特点。

因此，积极做好大学生的就业心理辅导工作，对引导大学生形成良好的择业心态、就业理念和职业理想，以及引导高校自身的发展，都具有十分重要的意义。

第二节 就业心理辅导的理论基础

一、就业选择理论

我们每天都要穿衣着装，穿上自己喜欢的衣服总是有种舒服感。其实，选择职业也同样如此，只不过意义更大，难度更大。在越来越注重就业自我选择的今天，如何选择适合自己的工作，除了考虑经济与社会声望等因素，还要考虑什么。看看下面的理论对我们有什么帮助。

(一) 帕森斯的特质因素论

1. 基本观点

特质因素论是由职业指导之父帕森斯提出、职业心理学家威廉姆逊发展形成的就业辅导理论。该理论强调个人特质与职业的匹配关系，以个人的个性心理特质作为描述个别差异的重要指标。

帕森斯认为，在选择职业的过程中涉及三个主要因素，即对工作性质和环境的了解，对自我爱好和能力的认识，以及它们两者之间的协调与匹配。因此，就业指导要遵循三个原则：一是测量和评价自我的生理和心理特点，也就是了解自己，包括了解个人的能力、能力倾向、兴趣、资源、限制及其他特质；二是分析职业信息的性质及其对工作者的要求，也就是要了解各种职业成功必备的条件、优缺点、酬劳、机会及发展前途等；三是进行个体与职业之间的匹配。

帕森斯强调的就业指导，首先是要在做出选择之前先评估个人的能力，因为个人选择职业的关键就在于个人的特质与特定行业的要求是否相配，这在当时是颇有见地的；其次是要进行职业调查，即强调要对工作进行分析，包括研究工作情形，参观工作场所，与工人和管理人员亲身交谈，这些都是非常重要的；最后要以个人和职业的相互匹配作为就业指导的最终目标。帕森斯认为：只有这样，人才能适应工作，并且使个人和社会同时得益。他还鼓励指导人员去收集有关职业领域中具有领袖地位的人在年轻时代的传记，以确定年轻时的个性和未来职业发展的相关性。

2. "指导学派"的观点

在帕森斯的理论基础上，美国职业指导专家威廉姆逊在明尼苏达大学从事学生辅导工作时形成了一套独特的辅导方法，称为"指导学派"。

威廉姆逊认为，经过心理测验，就业指导咨询主要有三种方法：一是建议，即指导人员直接告诉个体做出合适的选择以及对这个选择要采取的计划与行动；二是说服，即指导人员向个体提供各项心理测验的结果，让个体根据辅导人员的诊断和预测做出自己应该做的抉择；三是解释，即指导人员向个体说明各项资料的意义，对每一项选择做出系统化分析、探讨，并依据各种心理测试所显示的结果推测成功的可能性。威廉姆逊认为上述这三种方法中，解释的方法是最完整且较能令人满意的方法。解释的过程是由指导人员从兴趣测验的结果谈起，然后再将其兴趣与智力、能力倾向、成就等测验作配合分析，若还有人格测验的资料，则再与这些资料配合起来，最后提供给个体，帮助其做出正确的职业选择。

3. 评价

特质因素论强调个人因为遗传、学习、环境、成熟等因素的交互作用，在能力、人格、行为或动机等方面都有个体差异；而每一种职业有其特定的职业特性，适合具有相近人格特质的人来从事。由此可知，个人特质适配职业特性乃是就业决定以及就业辅导的主要目的。在校大学生是一群尚未做好就业决定的青年，所以探讨的重点在于如何指导他们做出最佳的就业选择，让大学生了解自己与所期望职业的匹配情况，从而增加其未来的职业适应性、工作满意度和成就感。

特质因素论的模式与方法深深影响着就业指导的实施，甚至后来发展的各种理论均受其影响。但从编者长期从事大学生就业指导工作实践来看，特质因素论也有一些不足之处。

(1) 忽略人格动态的发展，缺乏个人动机、需要，甚至社会因素的考虑，而仅强调当前特质的静态分析，似乎不足以深入了解个体真正的优点和长处，从而在职业选择方面不被当事人充分利用。

(2) 职业所需条件十分复杂，不易被个人特质加以刻板的区分，而且其中有许多涉及人格、价值观方面的因素，很难详细罗列。

(3) 个人所具备的特质很多，性格、兴趣、需要、价值观等特质之间具有十分复杂的交互关系，很难用帕森斯、威廉姆逊的方法加以确定。

(4) 强调个人特质与职业选择的匹配，似乎偏于对环境的适应，而忽略个体主动进取的创造潜能。辅导过程中，当事人参与不足也可能影响辅导的效果。

(5) 测验工具的使用固然可增进个人对自我的了解，然而许多研究发现，人格测验对职业成功的预测力偏低，这种现象与该理论的辅导策略有相悖之处。

(6) 职业选择的过程十分复杂，只根据此理论，当事人无法具体有效地学习抉择技巧。

当代美国著名职业辅导专家克利茨曾说，经过特质因素辅导之后，当事人的反应有"三次面谈，一团迷雾"的现象。这个结果不是我们希望见到的，也不是当事人所能接受的。从实践来看，用人单位很重视拟聘人员与岗位的匹配。如果把特质因素论所强调的个人特质与职业资料作为职业选择与职业发展的一种自我发展活动，借助于各种测验结果及职业资料的分析，来增进个体的职业自我概念，并通过其他方法来补充该模式的局限，就会更好地发挥该理论的优势。

(二) 罗伊的人格理论

人格理论认为个人是通过职业选择而致力于满足其内在需求。60年代初期，罗伊依据其临床心理学的经验及早年对有关各类杰出人物的适应力、创造力、智力等特质的研究结果，综合精神分析论、人格理论与马斯洛的需求层次论，来探讨生存、安全、爱与归属、肯定与尊重、自我实现等不同层次的心理需求是否曾获得满足或遭受挫折的经验，以及如何影响个人选择特定的职业，这就构成人格理论。该理论认为人格的发展多取决于个体在儿童早期基本需求获得满足或受到挫折的经验，而这些经验常受到家庭文化背景的影响。

1. 基本观点

(1) 需求满足。罗伊的理论假设每个人天生就有一种扩展心理能量的倾向，这种内在倾向配合着个体不同儿童时期的经验，塑造出个体需求满足的不同方式，而每种方式对于职业选择的行为都有不同意义。罗伊认为需求的满足形态及程度与个人早期经验息息相关。如果需求获得满足，就不会变成无意识的动力来源；如果高层次的需求(如自我实现等)不能得到满足时，这种需求将会消失而且不再发展；如果低层次的需求(如生理、安全、爱等)未获得满足时，将驱使个体去满足此类需求来维持生存，而间接地妨碍了高层次需求的发展；如果某种需求的满足受到延迟，就会无意识地驱动人去满足这些需求，而延迟其他的需求，其影响力将依据该需求的强度、时间的长短及周围环境对满足该需求的价值判断而定。

个体心理能量的运作会影响个体需求的满足状况，而心理能量的方向又受遗传与环境的交互影响，特别是早年的挫折和满足的经验对个体心理需求的发展有重大影响。

(2) 亲子关系。罗伊认为需求满足的发展与个体早期的家庭氛围及成年后的职业选择有密切的关系。如个体成长过程中，父母对他是接纳还是拒绝，家庭氛围是温暖的还是冷漠的，父母对他的行为是自由放任还是保守严厉，这些都会反映在个人所做的职业选择上。应该让孩子从小发展自己的能力倾向及职业兴趣，这样他们对今后的择业及志向才会有正确的观念及选择的能力，也愿意承担选择后的责任。

罗伊把父母管教的态度从温暖和冷漠两个基本方面大致划分为三种类型、六种情况。

关心子女型，包括过度保护与过度要求两种情况，这种类型的父母，多半能够满足子女的基本生理需求，而对心理需求则是有条件地予以满足。

逃避型，有拒绝与忽视两种情况，此类父母只满足了子女生理方面的需求，却忽略了心埋上的需求。

接纳型，包括爱的接纳与不明确的接纳两种情况。充满了爱的父母不仅能够满足子女的需求，而且也会鼓励、支持子女发展他的独立性；而不明确型的父母，则多采取自由放纵、任其发展的态度。

2. 职业分类

罗伊将职业世界依工作组群和责任程度两个向度加以分类，把职业分为服务、商业交易、商业组织、技术、户外、科学、文化、演艺八大职业组群。职业组群是以职业活动或兴趣的基本性质作为分类标准，责任程度是以工作中所负担的决策多寡、困难程度、处理问题的程度等标准分为专业及管理(高级)、专业及管理(一般性)、半专业、技术、半技术、非技术等六类。这八大职业组群和六大专业等级组成了一个职业分类系统，如表 3-1 所示。

3. 评价

罗伊特别强调早期经验，尤其是父母的养育方式和亲子互动对个体需求的满足及以后职业选择行为的影响，这些理论都是富有见地的。同时，罗伊的职业分类系统采用多向度的分类方法，有助于求职者了解工作世界。目前，在美国普遍使用的"电脑辅助职业资料系统"就是依照此分类系统设计的。罗伊的理论注重个体的心理需求，个体通过选择适当的职业以满足其需求，同时培养满足其需求的能力，克服阻碍满足需求的各种心理障碍。

但是该理论也有一定的局限性，目前还没有充分的证据证明亲子关系与职业选择关系的假设，而父母双方的管教方式也常常不一致，难以作统一分类。用心理能量的需求满足来辅导个体，了解与分析需要花较长的时间，这对于讲究时效的现代心理辅导也不太可行。另外，与体择业密切相关且非常重要的教育因素和其他环境因素，罗伊的理论基本未涉及。

表 3-1　罗伊的职业世界分类系统

层次	组群							
	服务	商业交易	行政	技术	户外	科学	文化	演艺
专业及管理(高级)	社会科学家、心理治疗师、社会工作督导	公司业务主管	董事长、商会会长、企业家	发明家、工程研究员	矿产研究员	牙医、医师、自然科学家	法官、教授	指挥家、艺术教授
专业及管理(一般)	社会行政人员、监狱长、社工人员	人事经理、营业部经理、公关员	银行家、证券商、会计师	飞行员、工程师、厂长	动植物专家、地质学家、石油工程师	药剂师、兽医	书记、编辑、教师	建筑师、艺术评论员
半专业及管理	社会福利人员、护士	推销员、批发商、经销商	会计员、邮务人员、秘书	营造商、飞机师	农场主、森林巡视员	医师、技术师、气象员、物理治疗师	记者、广播员	广告艺术工作员、装潢师、摄影师
技术	士官长、技师、领班、警察	拍卖员、巡回推销员	资料编撰员、电报员、速记员	锁匠、木匠、水电工	矿工、油井钻探工	技术助理	职员	演艺人员、橱窗装潢员
半技术	司机、厨师、消防员	小贩、售票员	出纳、邮递员、打字员	木匠、起重机驾驶员、卡车司机	园丁、佃农、矿工助手		图书馆管理员	模特、广告描制员
非技术	清洁工人、守卫、侍者	送报生	工友	助手、杂工	伐木工人、农场工人	非技术性助手	送稿件工友	舞台管理员

(三) 鲍丁的心理动力论

心理动力论起源于心理学上的精神分析论，然而弗洛伊德虽承认工作对社会的重要性，但却并不特别重视职业方面的问题，甚至认为工作对个人而言是一个不愉快但仍需完成的责任。而新弗洛伊德学派却十分重视工作的意义，并认为工作是满足需要、促成个人心理发展的要素。此观点源于鲍丁、拿休曼和西歌等人，他们强调人的内在动力与需要等动态因素的心理作用在个人选择职业历程中的重要性，即早期亲子互动会影响后来需求层次的建立。换句话说，职业选择主要是用于满足早期建立起来的需求(约在六岁左右建立)，由此称为心理动力论。鲍丁等人的心理动力论于 60 年代提出，至今仍在发展。

1. 基本观点

(1) 心理动力与职业选择。鲍丁等人认为，职业是用以满足个人需要的，如果个人有自由选择的机会，必定会选择以自我喜好的方式来寻求满足需要，而避免使自己焦虑的职业。在选择的过程中，每个人早期经验所形成的适应体系、需要等人格结构，是最重要的心理动力来源。

(2) "游戏"的需要。鲍丁认为人格与工作或生涯的关系在于"游戏"所扮演的角色，"游戏"是一种自我表达、自我实现的表现方式，也是一种需要，会刺激个人在寻求自我满足的职业时，把工作与"游戏"糅合成一体。在生涯发展过程中，个人人格发展历程反映了对双亲的认同，若亲子双方交互关系良好，则外在要求与"游戏"的需要满足融合在一起，工作即成为愉快有趣的经验，否则将会使工作成为负担。

2. 辅导策略

心理动力论强调的是需求的满足与焦虑的降低，所以辅导人员必须首先了解个体的人格动力状态。诊断时要以动态的观点出发，对个体的问题作详尽的分析。鲍丁认为个体的问题可能会有以下五种情况。

(1) 依赖。个体没有独立判断、解决问题的能力，而将问题的责任交付于他人，根据他人的指示来采取行动以获得满足。

(2) 缺乏知识。个体因缺乏适当的资料，表现出困扰、需要依赖他人的态度。

(3) 自我矛盾。个体的自我观念不协调，或者有自我概念与环境产生冲突的现象，如女性在事业与家庭生活间的角色冲突。

(4) 选择上的焦虑。个体遭遇各种选择上的冲突时，所产生的焦虑情绪。

(5) 求证。个体寻求咨询辅导并非有问题，而是想验证自己的选择是否正确。

后来，鲍丁等人又提出一套诊断的系统，可以帮助个体更深入地辨认所面临的问题。这些问题包括：认知统整的困难，即个体无法澄清或了解真实状况；自我认同的问题，即个体缺乏正确或健全的自我认识；心理需求满足的矛盾，即对各种工作所能给予的满足产生矛盾；企求改变的倾向，即个体不满意自己，企图以选择职业的方法来改变自己；明显的精神疾病(使个体无法抉择)；有动机上的冲突，但又不属于前五项；既不属于前五项原因，也没有动机冲突。

问题的诊断是辅导措施的前奏，辅导人员只有在仔细观察及诊断的基础上，才能制定出完善的辅导措施。

3. 评价

心理动力论兼具精神分析学派、特质因素论及当事人中心疗法的优点，对于个人的内在动力如需要、心理能量等特别重视，可以弥补特质因素论忽略个体内心的缺陷。在就业指导方面，心理动力论对个体的需要及个体可能因一些心理因素而造成的困扰，特别给予了深入的研究，十分重视个体的自我探索功能。如探究个体需求获得满足的程度、获得满足的方式等，以提供个体完整的职业信息；探究过去生活经验与动机层面的心理动力论，为只注意"现在"和"未来"的职业辅导注入了新的观点。

但此理论过于强调内在因素，过分注重个体早期经验对职业发展的影响，所以辅导的重点只限于协助个体辨认需求及满足方式，而且辅导目标是把人格的改变作为核心。事实上，人格的改变是一个漫长的过程，辨认需求更非易事，所以此理论在临床上的运用时间较长，难以实施。在分析具体职业与需求满足的方式上，多偏向低层次需要的满足，几乎没有涉及高层次需求的满足，所以对职业资料的分析存在明显的偏差。对于可能影响职业选择的外在因素略而不谈，甚至假定"个人有完全自由选择职业的机会"。

(四) 霍兰德的人格类型论

霍兰德的人格类型论源自人格心理学的概念，认为职业选择是个体人格的延伸，自 70 年代以来，霍兰德提出了一系列的研究假设及研究成果。

1. 基本观点

美国职业心理学家霍兰德认为，人格类型和职业选择关系密切。该理论的基本观点包括：

(1) 个体可划分为六种人格类型，每种人格类型的人会对相应职业类型的工作或学习感兴趣。

(2) 个体会主动寻求能充分展现自己能力与价值观的工作环境。

(3) 个体的人格类型与工作环境之间的适配和对应，是获得职业满意度、职业稳定性和职业成就的重要基础。霍兰德在《职业决策》中描述了六种人格类型的特点及与之相适应的职业种类(见图 2-2)。

实用型(R)：这种人格类型的人顺从、坦率、谦虚、坚毅、实际、有礼、害羞、稳健，喜欢有规则的具体劳动和需要基本操作技能的工作，缺乏社交能力，不适合社会性质的职业，典型职业包括技能性职业(如修理工、木匠等)和技术性职业(如制图员、机械装配工等)。

研究型(I)：这种人格类型的人聪明、理性、独立、谨慎、好奇心重、有批判精神，喜欢观察、学习、研究、分析、评估和解决问题，但缺乏领导才能，典型职业包括科研人员，数学、生物方面的工程师等。

艺术型(A)：这种人格类型的人冲动、无秩序、情绪化、有创意、不重实际，喜欢运用想象力和创造力，喜欢在自由的环境中工作，但不善于做事务性工作，典型职业包括艺术方面的(如演员、画家等)、音乐方面的(如歌唱家、作曲家等)和文学方面的(如诗人、小说家等)。

社会型(S)：这种人格类型的人具有合作、友善、慷慨、助人、负责、圆滑、善解人意、善言谈、洞察力强等特质，关心社会问题，喜欢教导、帮助、启发和训练别人，但缺乏机械能力和科学能力，典型职业包括教育工作者和社会工作者(咨询人员、公关人员等)。

企业型(E)：这种人格类型的人自信独断、精力充沛、冒险精神强、乐观，追求享受，善于说服和领导别人，追求政治和经济上的成就，喜欢从事领导及企业性质的职业，典型职业包括政府官员、企业领导、销售人员等。

事务型(C)：这种人格类型的人顺从、谨慎保守、自控力强、踏实稳重、做事有效率，喜欢有系统有条理的工作任务，有文书与数字能力，典型职业包括秘书、办事员、会计、出纳员、图书馆员、统计员、交通管理员等。

霍兰德还提出三个重要概念：

(1) 一致性(consistency)：人格类型之间在心理上的一致程度。实用型和研究型存在较高相关性，他们都喜欢做事而不善与人交往；事务型和艺术型的一致性偏低，前者顺从性大，后者独创性强。各种类型的一致性程度可用它们在六角模型上的距离表示，位置临近的类型一致性高，如 RI、RC、IR、IA、AI、AS、SA、SE、ES、EC、CE 和 CR；位置相隔的一致性中等，如 RA、RE、IS、IC、AR、AE、SC、SI、EA、ER、CS 和 CI；位置相对的一致性低，如 RS、IE、ACSR、EI 和 CA。

(2) 区分性(differentiation)：某些人或某些职业环境的界定较为清晰，较为接近某一类型，而与其他类型相似甚少，这种情况表示区分性良好；若有些人与多种类型相近，则表示他们的区分性较低。

(3) 适配性(congruence)：不同人格类型的人需要不同的生活或工作环境，如研究型的人需要有研究型的职业环境。人与职业要适配得当，如实用型的人在实用型的职业环境中，其适配性就高；如果实用型的人选择研究型或事务型的职业环境，则适配程度次高；如果实用型人选择艺术型或企业型的职业环境，则适配的程度适中；如果实用型的人选择社会型的职业环境，则适配的程度最低。

2. 评价

(1) 霍兰德的理论较独特，富有创造性，内容较丰富。霍兰德认为：职业可以改变个人，个人也可以改变环境，职业与个人之间是互相影响的(interactive)，同时又是有"结构的"(structural)或者是"类型的"(typological)。霍兰德的理论将众多的个人与职业资料组织在一起，分成六个大类。霍兰德自称他的理论是"结构互动式"(structural-Interactive)或"类型互动式"(typological-Interactive)的理论。有人根据其"适配性"的观点，将其理论归为"特质-因素"论；更多的人则根据霍兰德独特的六种类型人格和职业分类，将其理论归为"类型论"。

(2) 霍兰德的理论提出后，产生了广泛的影响，有助于生涯辅导过程的分析、解释和诊断。该理论被广泛地用于心理测量工具的编制与应用，如库德兴趣量表(Kuder General Interest Survey)和电脑生涯辅导系统——"发现者"(DISCOVER)，并激发了众多对其理论的研究工作与研究报告的产生。

(3) 霍兰德的理论注重个人特质与未来工作世界的配合，被辅导者得到一组测验结果后，可借助一些较明确的方向继续进行职业或生涯的探索，因而有利于引导个体走向一个主动积极的动态探索过程。而且，个体是有所依据的在某特定职业群里进行探索行动，提供给个体的是与个人兴趣相近而内容互有关联的一群职业，这样可避免冒险地去建议个人只选择一种职业。

(4) 霍兰德的理论主要是描述性的，很少对个人类型的形成和发展阶段作出解释。

(5) 有的学者如诺里斯认为，霍兰德的理论很多来源于对男性的研究，并不太适用于女性的生涯发展。

(五) 施恩的职业锚理论

1. 基本观点

美国麻省理工大学斯隆管理学院教授、哈佛大学社会心理学博士埃德加·H·施恩最早提出职业锚理论，这一理论在美国社会心理学界和组织行为学界产生了广泛影响。职业锚是指个体经过搜索所确定的长期职业定位，它清楚地反映出个人的职业追求和抱负。通过认识自己的职业锚，个体可以正确地选择职业生涯道路，发展核心职业技能。一个人的职业锚由三部分组成：自己认识到的才干和能力，以在各种作业环境中的实际成功为基础；自己认识到的自我动机和需要，以实际情境中的自我测试和自我诊断以及他人的反馈为基础；自己认识到的自己的态度和价值观，以自我与组织和工作环境的价值观之间的实际情况为基础。

职业锚是个体职业经验内化的结果，具有相对稳定的特点。当个体面临多种职业选择时，职业锚是其最不愿意放弃的自我职业意。个体不可能在最初就业时就明确自身所向往的工作特点，而是需要通过一段职业经历才能确定个人的职业价值观或所关注的工作焦点。

职业锚有八种类型：

(1) 技术/职能型职业锚：这种类型个体的整个职业生涯核心是追求自己擅长的技术才能和职能方面的工作能力的发挥。他们强调实际技术或某种职能业务工作，拒绝全面管理工作，其目标是技术和技能的不断提高，其成功更多地取决于领域内专家的肯定和认可，以及承担该领域内日益增多的富有挑战性的工作。

(2) 管理能力型职业锚：这种类型个体的整个职业生涯核心是追求某一单位中的应用型职位。他们愿意担负纯管理责任，追求的目标是总裁、常务副总裁等。他们具有强有力的升迁动机和价值观，以提升等级和收入作为衡量成功的标准。他们善于分析问题、与人周旋和在不确定的情况下做出高难度的决策。该类型的个体在很大程度上依赖于组织。

(3) 创造型职业锚：这种类型个体的整个职业生涯核心是追求创造性的努力。他们有强烈的创造需求和欲望，意志坚定，敢于冒险，其努力的结果是创造新产品、新服务、新业务，或者新发明，开拓建立自己的某项事业。

(4) 安全感/稳定型职业锚：这种类型个体的整个职业生涯核心是追求职业的稳定和安全，其成功的标准是一种稳定、安全、良好的家庭和工作环境。在行为上，他们对组织具有依赖性，倾向于按雇主的要求行事，以维持安全的工作、体面的收入和丰厚的津贴等，同时，他们的职业生涯开发与发展受到限制。

(5) 自主/独立型职业锚：这种类型个体的整个职业生涯核心是追求"自由"、自主地工作，从而能够自己安排时间，能够按自己的意愿安排工作方式和生活方式。他们在工作中显得很愉快，享有自身的自由，有职业认同感，把工作成果与自己的努力挂钩。

(6) 服务型职业锚：这种类型的个体的整个职业生涯核心是追求以某种方式改善自己周围的环境，希望与人合作、服务人类等精神在工作中得到体现。他们喜欢从事符合自己价值观的工作，可以影响其所服务的组织或社会政策。在缺少他人支持的情况下，他们会向有更大自由度的职业转换。

(7) 挑战型职业锚：这种类型个体的整个职业生涯核心是追求征服人与事。他们认为成功就是克服非常困难的障碍，解决难以解决的问题或征服难以征服的对手。他们不在意工作的专业性，而重视工作能否给他们提供挑战自我的机会，否则他们将感到厌烦和无趣。

(8) 生活型职业锚：这种类型个体的整个职业生涯核心是追求工作与整体生活的良好结合，而这种结合不仅仅是个人与职业生活之间形成一种平衡，而是个人、家庭和职业需要的融合。他们需要灵活的工作时间安排，需要更多的休息日以及在家办公等。

2. 评价

职业生涯早期的主要任务是学习、了解、锻炼，年轻人此时在组织中的主要角色是初学者，最大的收获应是在内心世界与外界环境的碰撞中使内职业生涯发展大于外职业生涯发展。施恩强调，年轻人往往刚开始工作就追求外职业生涯，或许可以光彩一时，但是个人不可能在最初就业就很明确自身所向往工作的特点，而是需要通过一段职业经历才能确定个人的职业价值观或所关注的工作焦点。

八种职业锚的划分和霍兰德个性理论虽然有某些相似之处，但施恩认为即使在同一职业甚至同一种工作岗位上，不同职业锚的人仍然可以追求自身的焦点。因此，在安排组织成员流动时，要注意职业锚的作用，做出合理的决策。无疑，职业锚理论为个体参加工作后的职业管理调配以及职业升迁发展的心理因素做出了精辟的论述，为组织的职业管理活动提供了理论依据。

二、职业发展理论

(一) 金斯伯格的职业发展理论

1. 基本观点

金斯伯格认为职业在个人生活中是一个连续的、长期的发展过程。个体在童年时期就开始孕育职业选择的萌芽，随着年龄、教育等因素的变化，个体的职业选择也会表现出不同的特征。职业发展如同人的身心发展一样，可以分为若干阶段，每个阶段都有不同的特点和任务，每一个阶段的任务如果能够完成，就能达到该阶段相应的目标。如果前一阶段的任务不能很好地完成，就会影响下一阶段的成熟，最后导致在职业选择时产生障碍。

金斯伯格认为职业选择经历是从模糊的空想走向现实，他将这一逐渐成熟的心理过程分为三个阶段。

(1) 空想期(11 岁以前)。在这个阶段个体希望快点长大成人，对职业选择的愿望既不考虑现实又受环境制约，他们憧憬引人注目、令人激动的理想化职业。此时，职业选择的情感色彩很浓，带有很强的冲动性和盲目性，十分不稳定。

(2) 探索期(11 岁至 17 岁)。这个阶段个体开始思考今后的职业和自己所面临的任务，并把这个任务作为奋斗的目标。这个阶段包括分别由兴趣、能力、价值观起主导作用的三个时期：十一二岁是兴趣期，在考虑未来职业时，个人的兴趣占优势，由于体格与精神处在成长发育的不稳定时期，所以对职业的选择是模糊的；十三四岁为能力期，随着身心发展，个体逐渐认识到自己独立完成工作的能力与职业的关系；其后是价值期，个体开始认识到职业的社会价值,并试图把兴趣与能力统一到开始形成的价值体系中去,这是职业形成的最重要阶段。

(3) 现实期(17 岁至成人)。如果说上一阶段还是主观因素占主导地位，那么这一阶段则更注重现实，力求主观因素与客观因素协调统一。这个阶段可分为三个时期，首先是试行期，个体尝试把自己的选择与社会的需要联系起来；其次是具体化时期，这时职业目标已基本确定，个体开始为之努力；最后是特定化时期，为实现特定的职业选择，个体准备考入高一级的学校，或接受专业训练，准备就业。就发展历程来看，大学生正处于职业发展的关键阶段。

1972 年，金斯伯格对其理论进行了修正，对职业的决策不再限于青年期，而是伴随人的整个生涯；对职业选择来说，可能有反复，但那样将损失时间、精力、金钱；职业发展过程也是自我需求与现实相互适应的过程。

2. 评价

在当时的就业辅导理论中，多数人关心的焦点是"就业选择"，只有少数理论工作者对个人职业生涯发展的问题感兴趣，金斯伯格是其中较突出的一位。就业发展理论是一种纵向就业指导理论，重在对个人的就业倾向和就业选择过程本身进行研究。就业发展理论的提出，打破了历来的将就业选择看作是个人生活在特定时期出现的单一事件的观点，明确指出人的就业选择是一个不断发展的过程，就业指导要研究人的就业心理发展阶段，根据人的就业发展成熟程度，通过日常的有意识的教育工作来进行。由于人的就业发展贯穿于人的一生，因而就业指导也是一个长期的系统的过程。

(二) 舒伯的生涯发展理论

生涯发展理论起源于哈维赫斯特的发展阶段论和金斯伯格等人的职业发展理论。1953年，舒伯作为该领域的集大成者，系统地提出了生涯发展理论。

1. 基本观点

(1) 生涯发展是一个连续不断、循序渐进且不可逆转的过程。

(2) 生涯发展是一个有秩序、有固定形态且可以有效预测的过程。

(3) 生涯发展是一个需要进行统整的动态过程。

(4) 个体的自我概念在儿童期开始形成，青春期逐渐明朗，成年期转化为生涯概念。

(5) 从青少年期至成年期，人格特质、社会环境等现实因素会随着年龄、时间的增长而增加，并对个体的职业选择产生重要影响。

(6) 父母的认同会影响个体角色的发展、各角色之间的协调一致以及对职业计划和结果的解释。

(7) 个体的职业升迁方向和速度是由其智慧能力、对权势的需求、价值观、兴趣、人际交往技巧、父母的社会地位和社会环境等因素来共同决定的。

(8) 个体的兴趣、能力、价值观、需求、父母认同、学历、社会资源的利用程度以及所处社会的职业结构、趋势等都是影响个体生涯选择的因素。

(9) 即使每一种职业对从业者都有特定的能力、人格特质和兴趣的要求，但仍存在某种程度的弹性，允许不同类型的人从事相同的职业，或相同类型的人从事不同的职业。

(10) 个体的工作满意度要根据其能力、兴趣、价值观等各种特质能否在工作中得到适当发挥而定。

(11) 个体的工作满意度与个体的自我概念在工作中的实现程度有关。

(12) 工作是大多数个体的人生重心所在。

2. 职业生涯发展的五个阶段

舒伯认为职业发展是自我概念演进和贯彻的过程，是个体内外因素相互作用、不断同化和顺应，进行角色扮演和反馈学习的过程。在这个过程中，个体的职业生涯可以划分为五个发展阶段，即成长、探索、建立、维持和衰退，每个阶段又有自己的次阶段，需要完成不同的任务(见表 3-2)。

表 3-2　职业生涯发展的五个阶段及发展任务

阶段	年　龄		主 要 任 务
成长阶段	出生到 14 岁		经由家庭、学校中重要任务的认同而发展出自我概念；此阶段的一个重心是生理和心理的成长；经过对现实世界的不断探索，发展成长自我形象，发展对工作世界的正确态度，并了解工作的意义
	次阶段	次幻想期 (4～10 岁)	需要是决定性因素，幻想中的角色扮演在此阶段很重要
		兴趣期 (1～12 岁)	喜好是个体抱负和活动的决定因素
		能力期 (13～14 岁)	在职业考虑中，能力的作用逐渐增大
探索阶段	15～24 岁		通过学校活动、补团休闲活动、兼职等机会，对自我能力及角色、职业做一番探索，使职业偏好逐渐具体化、特定化，并实现职业偏好
	次阶段	试探期 (15～17 岁)	会考虑自己的需要、兴趣、能力、价值观和机会，做出暂时性的职业选择，并通过幻想、讨论、课程、工作等加以尝试；此时的选择会缩小范围，但对自己的能力、未来的学习与就业机会还不是很确定，以后也不一定采用此时的选择
		过渡期 (18～21 岁)	进入就业市场或专业训练，更重视现实，并试图实现自我概念，将一般性的选择转为特定的选择
		试验并稍作承诺期 (22～24 岁)	初步确定一个比较合适的领域，找到一份入门的工作后，尝试将它作为维持生活的工作，如果不适合则可能再经历上述各阶段以确定方向
建立阶段	25～44 岁		经过上一阶段的尝试，不合适者会谋求变迁或做其他探索，大部分人能确定职业生涯中自己的位置，并在 31～40 岁时开始考虑如何保住自己的位置，并固定下来
	次阶段	试验承诺稳定期 (25～30 岁)	原本以为适合的工作，后来可能发现不太令人满意，于是会有一些改变，但此阶段是定向后的尝试，不同于探索阶段的尝试
		建立期 (31～44 岁)	当职业的形态都很明确后，便致力于工作上的稳固
维持阶段	45～65 岁		面对新人员的挑战，维持既有的成就和地位
衰退阶段	65 岁以上		由于生理和心理机能的日渐衰退，个体不得不面对现实，从积极参与到隐退；这一阶段往往注重发展新的角色，寻求不同的方式以替代和满足要求

舒伯划分生涯发展阶段后，经过深入研究，对发展任务的看法进一步加深。他认为，在人一生的生涯发展中，各个阶段同样要面对成长、探索、建立、维持和衰退的问题，因而形成"成长-探索-建立-维持-衰退"的循环。例如，一个大学一年级的新生必须适应新的角色与学习环境，经过"成长"和"探索"，一旦"建立"了较固定的适应模式，同时"维持"了大学学习生活之后，又要开始面对另一个阶段——准备求职。原有的已经适应的习惯会逐渐衰退，继而对新阶段的任务又要进行"成长"、"探索"、"建立"、"维持"与"衰退"，如此周而复始。

3. 生涯彩虹论

舒伯经过四年的跨文化研究，提出了生涯彩虹理论。该理论从时间层面和领域层面，融合了角色理论，将生涯发展阶段与角色彼此之间交互影响的状况，描绘成一个多重角色生涯发展的综合图形(见图 3-1)。

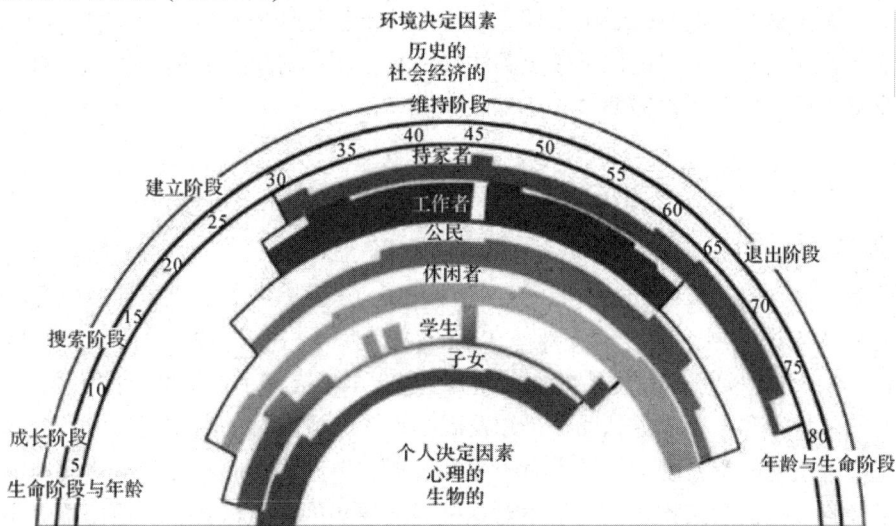

图 3-1　生涯彩虹图

时间层面即生活广度。生涯彩虹图中的横向层面代表着横跨一生的生活广度，按个体的年龄和生命历程划分为成长阶段、探索阶段、建立阶段、维持阶段和衰退阶段。舒伯认为，各个阶段的年龄划分有很大弹性，应根据个体的不同情况而定。

领域层面即生活空间。生涯彩虹图中的纵向层面代表着纵贯上下的生活空间，由一系列职位和角色组成，包括儿童、学生、休闲者、公民、工作者、夫妻、家长、父母和退休者。这九种角色活跃于四种主要的人生舞台：家庭、社区、学校和工作场所。角色之间是交互作用的。一方面，某一角色的成功可能带动其他角色的成功；另一方面，某一角色的成功也可能由于投入程度过深而导致其他角色的失败。彩虹图中的阴影部分表示角色的互相替换、此消彼长，这与年龄、社会对个体发展任务的期待，以及个体在各个角色上所花的时间和感情投入程度有关。

4. 评价

舒伯是职业辅导理论的大师，其生涯发展论综合了差异心理学、发展心理学、自我心理学以及有关职业行为发展方向的长期研究，汲取这四大学术领域中有关生涯发展的精华，是现今生涯辅导重要的理论基础，得到了职业辅导界的普遍支持。

舒伯不断地发展与完善自己的理论。以往，舒伯大多局限于发展阶段和对职业的自我观念论上，"生涯彩虹图"的提出，正好弥补了原有深度不够的不足。横向的发展阶段、发展任务(即生活广度的部分)和纵向的生涯角色的发展(即生活空间的部分)，交织成一个具体的生涯发展结构，对促进个体的自我了解、自我实现有很大帮助。舒伯理论可能是迄今为止最全面的职业发展理论。

大学生正处于生涯探索期和建立期的转换阶段，主要的发展任务就是通过探索，发现自己及工作世界的认定，包括一系列透过工作或工作世界所提供的资料及刺激，结合对个人需要、兴趣、人格、价值观、工作角色及能力的澄清，以便对未来的职业生涯发展目标建立更明确的导向。

但是，生涯发展理论中关于中年期、老年期的角色与任务有待进一步研究，否则理论不够完整；而且生涯发展理论似乎较少关注经济社会因素对生涯发展的影响，对学习的因素与职业发展历程的关系也需要进一步深入研究。

(三) 生涯认知发展理论

1. 基本观点

克内菲尔坎姆(Knefelkamp)和斯列皮兹(Slipitza)是美国马里兰大学的两位教授，他们从艾里克森的人格发展阶段说、皮亚杰(Piaget)和柯尔伯格(Kohlberg)的认知发展学说出发，并综合多位学者实证研究的结果，于 20 世纪 70 年代提出了认知发展的生涯发展模式。

克内菲尔坎姆和斯列皮兹认为，认知发展心理学强调的循序渐进逐步上升的发展阶段观念，是不容忽视的重要因素。学生对于生涯发展、生涯抉择的看法是从最简单的层级逐步向较复杂且多元的层级推进的。学生对这些不同层级的观点，会影响他们整个生涯发展的方式。

克内菲尔坎姆和斯列皮兹认为，生涯发展的过程会有一连串质变现象，共有 9 项，形成一个系列，由此构成从简单的二分法的观点，到复杂的多元化的生涯观点这一连续的认知过程。生涯认知发展理论发展逐渐朝向对个人的认同、个人的价值以及整体的生涯(即生涯计划过程)这三者间关系的整体了解，这样个体就能做出更令人满意的生涯抉择与承诺。

(1) 生涯认知变化的 9 个项目。克内菲尔坎姆和斯列皮兹的实证研究发现大学生的生涯发展历程存在着系列认知项目的变化。这些项目构成了一个发展系列，对个体生涯发展产生重要影响。这 9 个项目具体是：

① 语义结构：个体讲话或写作时，会逐渐从绝对的语义结构转变为较有弹性及开放性的动词和修饰词，这反映出个体的职业生涯认知思维模式的改变，即客观性思维的增加；

② 自我处理能力：检视自我并了解影响自我的因素；

③ 分析能力：个体从不同角度了解问题的能力；

④ 开放及有弹性的见解：认识到不同观点和可能的解释方法，能用开放的态度去了

解并接纳与自己不一致的观点；

⑤ 承担责任的能力：个体愿意接受自己所做决定或行为的后果，而不计较一些未知或不可抗拒的阻碍因素；

⑥ 扮演新角色的能力：个体主动寻求扮演新角色的机会，并在新角色或活动的情境中扩展个人能力与行动的基础；

⑦ 控制点：个体对生涯决定因素的看法，由强调外在因素为核心转向内在因素为核心；

⑧ 综合能力：个体将事物中不同成分整合在一起的能力，这种能力多在生涯的后期阶段才出现；

⑨ 自我冒险的能力：当一个新而适当的要求来临时，个体会充满自信地冒险介入，接受新的学习经验，而不担心是否会受到伤害。

(2) 生涯认知发展的四个时期。根据 9 个生涯认知项目，该理论把个体的生涯认知发展过程分为四个时期和九个阶段。通过对发展层次的分析，个体对自我的认定、价值观与生涯历程间的互动关系有更趋整合的把握，最终能做出较满意的生涯选择。

第一个时期：二元关系期。个体以"非黑即白"的二元思维方式来思考个人的生涯问题，认为人是完全由外界环境控制的，人的一生只有一个正确的生涯选择。生涯选择过程就是寻求权威人士所提供正确答案的过程，权威人士可以是父母、师长、辅导师，也可以是心理测验。此时期的个体缺乏对各类信息进行综合分析的能力。这一时期可分为两个阶段：

① 平衡阶段：个体完全依赖于外界，生涯决策过程不会出现认知失调，绝对顺从外在权威的建议，只想找到唯一正确的职业；

② 焦虑阶段：个体逐渐觉察生涯选择存在多种可能性，而且有好坏之分，因而产生焦虑和认知失调现象，但只能粗浅地了解决策过程，而无法有效地处理困扰，必须依靠权威给予解疑和正确答案。

第二个时期：多元关系期。随着个体认知内容的日益复杂化，其认知失调的压力更高，而且他们更清楚地认识到生涯选择的多样性。为了消除或降低错误决定的概率，个体开始注意辅导师所提供的职业选择方面的信息。个体虽然能够进行自我检视，具有一定的分析能力，开始对生涯决定的各种影响因素做综合考虑，也可以整理出这些多元因素之间的因果关系，但是个体的控制点仍倾向于外在控制。此时期的个体最重要的转变是不再迷恋于权威的忠告，开始审视权威的意见对自己生涯决定过程是否有帮助。多元关系期可分为两个阶段：

① 冲突阶段：个体更加了解生涯选择过程有非常多的可能性，导致个体内心冲突和矛盾的增加，于是在辅导师的协助下开始进行自我分析，思考自我价值与生涯选择的关系；

② 区分阶段：个体更加了解选择过程中的各部分细节，能区分内外在因素的影响，但他们的认知发展还无法承担起决定的责任，外在因素的主控力量还很强，使其仍然很依赖辅导师。

第三个时期：相对关系期。个体进入此时期后，发生比较明显的波动，控制点由外控转为内控，此时他们倾向认为生涯决定的成败应该归因于自己。此时期，个体决策的重心逐渐转向自己，能够运用分析能力比较客观地接纳和处理不同信息。确定自己的生涯发展方向时，个体能进一步分析利弊以及对未来角色的影响，并能对决定所导致的结果负起责任。这一时期可分为两个阶段：

① 检视阶段：这是一个探索和实践的阶段，自我成了最主要的推动者，个体能够了解各种可能的选择，列出个人需求的先后顺序，分析出自己对生涯的期望，探索实现自己生涯的各种可能途径。

② 综合阶段：这是一个深思熟虑的阶段，个体能够综合检视阶段的所有结果后再做选择，但由于其认知发展的不成熟尚不足以做出最后承诺。此阶段个体必须考虑一些问题：建立自我和事业生涯的联结关系、选择任何职业生涯方向的后果、独自面对各种不同承诺所要承担的责任。

第四个时期：相对关系承诺期。个体开始承担在生涯选择过程中日益增加的责任感，不仅能够分析各种复杂问题，也能将不同因素综合到自己的决定框架内。此时期，个体从早期的焦虑状态转为自我世界的扩展，找到了一个与职业生涯有关的立足点，能够整合个人的价值、思想和行为，生涯认同和自我认同融为一体。这个时期可分为两个阶段：

① 整合阶段：这是个体的职业生涯认知开始取得结果的阶段，个体整合了自我与生涯的角色，进一步肯定自我与职业生涯之间的关系，逐渐形成自己的独特风格，并思索如何实践新角色。

② 承诺阶段：这是一个验证的阶段，个体从各种承诺中澄清自己的价值观，会肯定"我是谁"、"我到底相信什么"、"我该如何做"、"我在这个世界中的位置在哪里"，同时也会遭遇新的挑战。

③ 自觉阶段：个体能够自我肯定和深入了解他人、自我与环境的交互作用，积极寻求新方式和新行动，积极进行自我挑战和自我冒险，以求得潜能的充分发挥。

2. 评价

克内菲尔坎姆和斯列皮兹的认知发展论提出时间较短，虽然有了理论模式的架构，但仍需进一步验证这个模式架构的合理性，特别是以下三方面：9 个变项与发展时期的变化情形需加以明确化；编制有效、可靠的测量工具来评估个体发展时期；发展有效的辅导方案以提高个体生涯认知。

克内菲尔坎姆和斯列皮兹的生涯认知模式，虽仍有许多待探讨之处，但毕竟为生涯发展理论及就业心理咨询工作理出一个新的研究方向，具有开创性。认知发展模式的观点对于生涯发展历程中的认知因素有深入的探讨，可以弥补舒伯生涯发展理论在个体认知发展方面的不足。

三、就业决策理论

(一) 加勒特的就业决策过程理论

1. 基本观点

1962 年，加勒特提出了就业决策过程理论。加勒特认为，决策不是单一事件，而是前后连贯的发展性历程，任何先前的决定都会影响后续的决定。信息是决策者采取行动的基础。依据个体决策时所需信息，生涯决策分为四个阶段：

(1) 有关替代行动的信息：在决定之前，个体需知道哪些是可能采取的行动；

(2) 有关可能结果的信息：个体需要知道这些可能的行动会导致什么结果；

(3) 有关行动与结果之间关系的信息：各种不同行动会导致特定结果的概率；

(4) 有关对不同结果之偏好的信息：个体需考虑不同结果对个人的价值。

加勒特认为，个体面临选择情境时，一方面搜集自我与环境相关的信息，另一方面还会依据自己的预测系统、价值系统和决策系统，综合做出最终决定。

(1) 预测系统：用来预测可能采取的行动、行动可能的结果、发生行动结果的概率；

(2) 价值系统：用来判断不同结果之间的相对偏好；

(3) 决定系统：个体倾向于优先选择的评估方式，包括期望策略(选择能获得最希望结果的途径)、安全策略(选择最可能成功、最保险的途径)、逃避策略(避免选择将导致最坏结果的途径)和综合策略(选择最需要、最可能成功、最不会产生坏结果的途径)。

因此，个体需要了解每个系统中所搜集信息的正确性和完整性，清楚执行不同行动所隐含的风险和强度，理性评估采取行动的过程，将风险降至最低。

2. 决策的基本流程

(1) 个体产生决策需要，制定决策目标；

(2) 搜集与目标有关的信息，调查所有可能的方案；

(3) 对所搜集的信息进行分析，预测可能的选择结果以及出现的概率；

(4) 根据价值系统，评价结果是否满足需要(满意度)；

(5) 决策的估价和选择，根据可能结果及结果的价值，按照一定的标准做出决策。

决策包括终极性决策和调查性决策两种形式。终极性决策是指与目标相一致或相关的决策；调查性决策是指尚需进一步考察的决策。调查性决策将导致终极性决策。

3. 理论的改进

加勒特提出的就业决策过程模式是一个典型的理性或直线决策方式。这种理性决策主要运用大脑左半球的功能，遵循一定顺序和步骤，采用分析、逻辑和演绎推理的方法进行思考。后来，加勒特从量子物理学的观点中受到启发，完善了自己的决策模式，提出"积极的不确定论"。所谓积极的不确定，是以积极乐观的态度，面对和接纳决策过程中的不确定性和成功概率的不确定性，以直觉、开放的心态面对职业决策。他强调，决策是一种非序列性、非系统性和非科学性的人类历程，是一种将信息调整再调整，融入决策或行动内的历程。信息固然重要，但要对信息持怀疑态度，才能做深度思考和探索。就业决策理论要求"幻想面对事实，不对事实抱有幻想"。所谓幻想面对事实，是指要培养一种活泼、创造但步步为营的心态，对事实时而批判，时而证实；所谓不对事实抱有幻想，是指不要以为掌握了信息，就掌握了未来。决策者要具备改变目标的态度，目标要根据内外环境因素的变化进行不断调整，让目标浮动，而不要固着于目标，保持目标在一定程度上的"不确定性"；要采用全方位的理性决策，左大脑与右大脑并用，深思过去，熟虑未来，保持决策行为过程的高度。

4. 评价

加勒特的决策理论批判了旧思维方法的不足，他提出的决策者应当面对环境与职业的变化适当做出决策的观点具有积极意义。但是，他却未能考虑到，如果决策完全采用非理性化的思维，那么很可能使决策者陷入混乱，失去规范，这样也就没有任何研究的价值了。

(二) 克朗伯兹的就业决策社会学习理论

1. 基本观点

为什么有的人只对某一种职业有兴趣；为什么有的人在选定某一职业后，又改来改去；为什么有的人在不同的人生发展阶段，对不同的职业有不同的偏好；诸如此类影响一个人职业决定或职业选择的原因，一直是研究职业发展的专家学者相当重视且关心的主题。

就业决策社会学习理论的基础是美国社会心理学家班杜拉提出的观察学习理论。班杜拉认为，学习行为是个体在社会化过程中，环境因素、个人对环境的认知和个人行为之间交互作用的结果。克朗伯兹等人将观察学习理论应用在就业辅导领域，提出就业决策的社会学习理论。该理论以社会学习的观点来解释人类就业选择的行为，强调社会因素和学习经验对就业选择的影响。克朗伯兹提出了职业生涯决策的七个阶段：

(1) 界定问题：描述必须要完成的决策，估计完成所需的时间并设定确切的时间表；

(2) 拟订行动计划：描述决策所需采取的行动，并估计所需时间及完成的期限；

(3) 澄清价值：描述个人将采取哪些标准，以作为评价各种可能选择的依据；

(4) 描述可能做出的选择，确认选择方案；

(5) 依据所定的选择标准、评分标准，逐一评价各种可能选择，找出可能的结果；

(6) 比较各种可能选择符合价值标准的情况，从中选取最能符合决策者理想的选择；

(7) 描述将采取何种行动以达成选定的目标。

克朗伯兹认为，个体的就业决策过程是由四类因素交织互动而决定的，这些因素包括：

(1) 遗传因素和特殊能力。个体的遗传素质，如种族、性别、外貌、身高等，在某些程度上会限制他们对职业或教育机会的选择自由。个体的某些特殊能力，如智力、音乐能力、美术能力等，也会影响他们在环境中的学习经验；而伴随这些学习经验的是兴趣、技能，它们与个体未来的职业选择具有非常密切的关系。

(2) 环境条件与事件。影响教育和职业的选择因素中，有许多来自不可控的外部环境，其来源可能是人类活动(如社会、文化、政治或经济的活动)，也可能是自然力量(如自然资源的分布或天然灾害)。这些因素具体包括工作机会的数量和性质、训练机会的数量和性质、就业政策和过程、不同职业的投资报酬率、劳动法和工会的规定、物理环境(如地震、洪水、干旱、台风等)的影响、自然资源的开发、科技的发展、社会组织的变革、家庭的影响、教育系统和社区的影响。

(3) 学习经验：个体独特的学习经验决定着其生涯路径。个体一般有两种学习经验：

① 工具式学习经验：凡是成功的生涯计划、生涯发展和职业或教育的表现所需的技能，都能够通过连续的工具式学习经验而获得。工具式学习经验包括前因、行为和后果。前因包含各种环境状况和事件以及个人生活中所遭遇的各种刺激(工作、问题)；行为包含

内在的认知和情绪反应以及外在的行动；后果包含直接由行动所造成的影响，以及当个体体验这些后果时的认知和情感反应。这三部分内容的关系可以用表 3-3 所示的工具式学习经验通用模式来说明，表 3-4 是工具式学习经验的案例。

表 3-3　工具式学习经验的通用模式

前　因	行　为	后　果
遗传特质、特殊能力与技能		自己或他人的反馈
工作或问题	内隐和外显行为	对行为后果的反应
社会环境状况和事件		对人物有重要影响作用

表 3-4　工具式学习经验的案例

前　因	行　为	后　果
罗杰，男，17 岁，写作技巧佳，肌肉协调有困难		老师给了"A"，而且判定是"好文章"，罗杰认为可以写得更好
老师规定要写一篇"国家的英雄"，三周内交卷	罗杰写的是杰弗逊总统，并及时交出	罗杰和父亲交谈后知道了如果没有杰弗逊的话，今天的美国将会大不同
美国高中生运动成绩比较好的都是男生		罗杰的同学约克看老师给罗杰的评语，说他是老师的乖宝宝

②　联结式学习经验：某些环境刺激会引起个体情绪上的积极或消极反应。如果中性刺激与使个体产生积极或消极情绪反应的条件刺激形成了一种联结关系，就会使中性刺激也具有积极或消极的情绪功能。例如一些职业的刻板印象："律师都是有钱人"、"军人和工人是清苦的"等，就是通过这种联结式学习经验而习得的。在个体成长的过程中，也许只有一个联结式例子就能造成他们对某种职业的刻板印象，而且这种印象一旦形成就很难改变，会深深地影响他们的就业选择。表 3-5 说明了这种联结学习过程，箭头表示中性刺激经过刺激配对过程产生了正面或负面的情绪特征。

表 3-5　联结式学习经验的通用模式

个人接受配对刺激的环境	
(罗杰受了约克的刺激，去看了一部有关法律系学生求学与生活的片子)	
中性刺激 (罗杰看到的法律系学生被描写为有钱的、敏感的人)	→　正面或负面的刺激或结果 (对法律专业产生好感)

(4) 任务取向技能：遗传因素、特殊能力、自然环境、社会环境、不同的学习经验等，会以一种交互影响的方式，使个体形成特有的工作取向技能，如解决问题的能力、工作习惯、工作标准、工作价值、心理状态、情绪反应、认知过程等。

在与环境互动的过程中，不同的个体对上述四种类型影响因素会做出不同的解释、判断，形成个体对自己、对世界、对决策的不同信念，从而左右其就业决策活动，结果是形成个体自我观察的推论、世界观的推论、工作取向技能和行动。

① 自我观察的推论：以过去的学习经验为基准，参照自己以往的成就或他人的表现，个体能够评估和预测自己的表现。克朗伯兹认为，心理测验所测量的个人兴趣、工作价值观，都属于个体自我观察的推论。在解释就业决策方面，自我观察式推论的最重要内容就是爱好，如喜欢美术而不喜欢科研。自我观察推论是学习经验的重要结果，也是就业决策的衡量标准。

② 世界观的推论：个体基于自己的学习经验，评估和推测环境及未来事物，如职业前景。世界观的推论有时不一定是完全正确的，要根据个人的学习经验是否丰富来确定。

③ 工作取向技能：工作取向技能是因又是果，它是可应用于就业决策过程的个体所习得的各种认知和能力。个体的工作取向技能往往随环境的变化而变化，能够用来解释这种变化与自我观察和世界观推论之间的关系，预测未来变化的方向。

④ 行动：个体综合自己过去所有的学习经验，自我与环境的推论以及已具备的各种能力，选择与未来事业发展有机结合的某种职业途径。行动包括初步选定一种工作、选择一个特定专业、接受一次职业训练、接受升迁的职位、改变主修科目等。

2. 评价

克朗伯兹的理论是以社会学习的观点来解释人类生涯选择的行为，特别强调社会影响因素和学习经验，这恰好弥补了其他心理学理论这方面的不足。正因为如此，社会学习理论能异军突起，在就业辅导理论中占一席之地。就业决策的社会学习理论对实际的就业辅导工作应用也提供了不少方法和启示，具有较高的实用价值。社会学习理论特别强调就业决策能力的培养，认为人人可培养这种能力，并提出系统的实施步骤与方法，这对辅导人员设计适当的训练计划，培养个体作决策的能力很有参考意义。社会学习理论不仅十分重视学习经验和工作取向技能，也发展了一连串行之有效的团体方式供个体学习与探索，以提高个人决策能力，增进个体就业决策发展。

就业决定的社会学习理论虽然对许多决策观点作了全面探讨，但对个体在就业抉择历程中的心理反应却未做深入研究，值得进一步改进。克朗伯兹的社会学习理论试图解释个人的教育与职业爱好和技能如何形成，以及这些爱好和技能如何影响个人对各种课程、职业和工作领域的选择，但由于其作用机制相当复杂，只能说是为探讨开了个头。

(三) 就业决策的社会认知理论

1. 基本观点

Lent、Brown 和 Hackett(1994)提出就业决策的社会认知职业理论(social cognitive career theory，SCCT)，将心理、社会、经济等影响因素，通过自我效能、结果期待和个人目标这三个核心变量的整合，动态地揭示就业决策发展的全过程。

(1) 自我效能。自我效能是指个体对组织实施所要得到的行为结果的能力的一种信念。信念会受到环境条件的影响而发生变化，主要取决于四种信息来源或学习经验，即个人过去的绩效成就、观察学习、社会劝说、生理和情绪状态。其中，个人过去的绩效成就对自我效能的影响最大，在某个活动领域中取得的巨大成功，将会提高个体对该领域的自我效能感，而较大的或多次的失败，则会降低个体对该领域的自我效能感。

(2) 结果预期。结果预期是指个体对从事特定行为的结果的信念。一般而言，个体会从许多直接或间接的学习经验之中，形成关于不同职业领域的结果预期。自我效能感也会影响结果预期。自我效能和结果预期都会影响个体的职业选择。

(3) 个人目标。所谓个人目标是指个体从事某种特定活动或取得某种结果的意图。个人目标包括职业目标(个人希望从事的职业类型)和绩效目标(为实现既定目标，个人计划要达到的绩效水平)两种类型。目标是一个人在职业发展过程中发挥个人力量的重要手段，它会驱动人们组织、指导、坚持自己的行动。自我效能、结果预期对职业目标和绩效目标有重要影响。例如，对管理活动有较高的自我效能和积极结果预期的人，会构建与管理相关的目标，愿意花时间参加培训，积极寻求实践机会，选择管理类的职业。当然，目标的实现过程和最终结果会反作用于自我效能和结果预期。一旦目标达成，将会形成一种良性循环，强化自我效能和结果预期。

2. 就业决策的子模式

就业决策的社会认知理论包括三个不同但又相互关联的子模式，每个子模式中，自我效能、结果预期和个人目标作为核心变量，与个体的其他重要特征(如性别、种族等)、社会背景以及学习经验相辅相成，共同影响职业选择和发展过程。

(1) 职业兴趣模式。

对特定职业的自我效能与结果预期会塑造个人的职业兴趣。如果一个人认为自己擅长从事某种职业，或者预期从事该职业将给自己带来满意的回报，他就会形成对该职业的兴趣，反之则对该职业不感兴趣。职业兴趣与自我效能和结果预期整合后，将导致个人目标的产生；而继续参与相应的职业活动，目标又将增加锻炼的机会，通过努力实践达到一定的绩效成就，这种绩效成就会反过来改变自我效能和结果预期，这样就构建了一个动态的反馈环路。个体在选择某种职业之前，这个基本的循环过程不断地反复进行。社会认知理论强调，个体经验能够培养其对新领域的自我效能和积极的结果预期，职业兴趣的变化主要取决于自我效能和结果预期的变化。个人和环境的因素会影响职业兴趣的形成和变化，具体表现在：

① 客观的职业能力(通过学历、奖励等来反映)不能直接决定职业兴趣，它通过增强或降低自我效能，间接地影响职业兴趣，即自我效能在职业能力与职业兴趣之间起中介作用。

② 职业价值观综合反映个体对特定工作条件或报偿的偏好(如社会地位、金钱、自主性等)，以及对某种职业能在多大程度上实现这些报偿的预期。

③ 自我效能和结果预期不能脱离社会、经济因素的作用，需要在其他重要的个人、环境条件下形成并起作用。例如，性别、种族变量通过社会化过程，影响个体学习经验的分化，有时也会误导一个人对自己适合做什么的判断。

(2) 职业选择模式。

职业选择过程包括三个阶段：表达初步的职业选择或职业目标；采取行动，实现目标；

获得绩效成就，形成反馈环路，影响未来职业选择。社会认知理论认为，职业选择也并非总是和兴趣有关，需要综合考虑职业选择前后的多种因素，具体包括：

① 自我效能和结果预期共同影响职业兴趣，职业兴趣产生相应的职业目标，目标又驱动实现目标的行动或努力，这些行动或努力将会带来成功的或失败的绩效。例如，一个刚参加工作的大学生经常不能完成任务，又发现工作条件或报偿并不如自己当初所设想的那样满意，这些学习经验会导致他改变自我效能和结果预期，进而改变职业兴趣和职业目标。

② 自我效能和结果预期会直接影响一个人的职业目标和实现目标的行动。在现实世界中，个体并不总能自由地追求最初职业兴趣的满足，如果他感到需要做出某种妥协或牺牲，就有可能选择并不感兴趣但能找得到的工作或认为自己能基本胜任、报酬还算基本满意的工作。

③ 个人所处的环境会影响职业选择过程，必要时还要对环境做出某种妥协。社会的、物质的资源或障碍会影响一个人的职业选择和发展。有两种类型的环境因素，即先前的背景因素(如文化、性别角色的社会化、榜样、技能培训机会等)和当前的环境因素(如职业决策时的工作机会、情感支持、经济支持、文化歧视等)。社会认知理论认为，当前的环境因素会直接影响个体的职业选择行为，增强或削弱职业选择过程中个人力量的作用。例如，东方文化背景中的个体在择业时要适当顾及甚至服从家长的意愿，尽管有时自己并不感兴趣。此外，当前的环境因素还会影响人们将兴趣转变成目标，再将目标转变成行动的能力或意愿。如果个体的职业偏好得到了强有力的支持，并且遭遇的障碍不大，职业兴趣就较容易转化为目标，目标也更容易实现；反之，则会阻碍职业兴趣转化为目标，以及目标转变成行动。也就是说，环境支持和障碍对职业目标的转化过程具有一定的缓冲功能。

④ 职业选择是一个具有双向性和开放性的过程。一个人在选择职业的同时，职业环境也在选择这个人。职业选择的开放性过程意味着选择过程会受多种因素的影响，存在着多个选择点。即使个体最初做了某种选择，这种选择日后也可能发生变化，如发现新的职业、出现职业天花板障碍、下岗、改变职业兴趣、价值观改变等。

(3) 工作绩效模式。

工作绩效包括个人在工作上取得的成就水平，以及个人坚持从事特定职业的程度。绩效水平取决于人们的职业能力、自我效能、结果预期和绩效目标之间的交互影响。一个人的职业能力通过形成与任务有关的知识、策略直接影响绩效成就，通过塑造自我效能和结果预期发挥间接的影响功能，具体来说如下：

① 个体基于目前拥有的技能、绩效结果，形成相应的自我效能和结果预期，自我效能和结果预期又会影响其设定的绩效目标水平，较高的自我效能和积极的结果预期将促使个体产生更高目标，并坚持不懈地努力实现绩效结果。

② 工作绩效通过一个反馈环路，反作用于自我效能和结果预期。

③ 重视塑造个人技能、自我效能、结果预期以及目标的社会文化环境的作用，如教育质量、角色榜样、家庭教养模式、性别角色社会化、同伴支持、社会价值观和家庭观念等。

④ 自我效能是对能力的主观评价，是补充性的而非替代性的。工作绩效取决于一个人的实际能力和自我效能感，它有助于一个人组织、协调、发挥自己的才能。如果一个人

怀疑自己的能力，往往很难充分发挥自己的技能。但自我效能也不是越高越好，自我效能的作用取决于它与当前实际能力水平之间的差距。自我效能远远超过实际能力将会促使个体尝试不能胜任的任务，增加失败和受挫的风险。自我效能远远低于实际能力则会削弱个体的主观努力，降低目标，增加焦虑，避免挑战。因此，只有自我效能稍稍高于实际能力水平但仍在合理范围之内，才会最充分地发挥现有技能，促进未来的技能发展。

四、就业辅导方法论

前文提到就业决策，但实践中常有人到了最后时刻才做决定，决定之后仍犹疑，导致决策效果大打折扣。换句话说，就是在抉择的时候没有明确的原则，因不得不做而匆忙做决定，所以决定之后马上就后悔了。

在抉择的时候，必须考虑个人是不是有勇气与毅力能执行所做的决定，会不会临场退缩，是不是能把能力都发挥出来，这些问题需要方法的指导。就业辅导方法理论侧重于心理咨询，强调就业选择和辅导的方法。

(一) 生涯规划辅导法

1. 基本观点

根据前文就业发展理论中舒伯的观点，人的生涯发展可划分为成长、探索、建立、维持与衰退五个阶段。生涯规划辅导法源自生涯发展理论，其基本假设是：人的一生存在不同的发展阶段，每个阶段有着不同的发展目标和任务；合理的生涯规划有利于个人潜能的发挥，并且能促进职业生涯的发展。所谓生涯规划，是指对个人的生涯做最有利的安排。

2. 评估方法

生涯规划辅导法的重点在于引导我们进行生涯评估。根据舒伯的基本观点，生涯辅导工作首先需要了解个体的发展状况，通过生涯评估的方式，就个人的潜能与问题，进行综合而积极的分析。舒伯提出的评估模式是：

(1) 前期的了解，包括收集资料、初步接触及初步评估。

(2) 深度的探究，探究工作的重要性、各种角色的分量及对各种角色的价值观，并对生涯成熟(诸如计划、试探的态度、决策技巧、职业资料、适切性)、自我观念(诸如自尊、明确性、和谐性、认知复杂度、切实性)、能力与潜能的发展水平、兴趣范围与活动等进行深入评估。

(3) 全部资料的整体评估，检验核实全部资料，并作评估与预测。

(4) 咨询，共同讨论、修正评估结果。

(5) 讨论行动计划，将计划、执行、追踪评介结合起来，深入讨论如何具体实施。

由以上模式可以看出，生涯发展论特别强调必须深入了解每个人的发展状况，特别是对工作观念、生涯成熟程度以及自我观念等方面的内容，包括有关能力倾向与兴趣的资料，必须经过辅导人员与个体共同讨论后，才能作为辅导与咨询措施的依据。

3. 辅导措施

通过以上的评估，咨询员可有针对性地采取下列辅导措施：

(1) 对于"选择不确定的人"，应特别注意其情绪反应，了解难以确定的各种文化、社会、生理因素，协助个体统整自我的各个方面，并作出适当的抉择。

(2) 对于"生涯成熟度不够者"，应从协助个体了解个人、社会及其他与教育及职业选择有关的因素做起，使他认识这些因素与个人生涯发展的关系，并且参照生涯发展任务，逐步发展对职业与生涯的自我观念。

(3) 对于"生涯成熟的人"，要协助个体汇集、评估有关自己及环境的资料，作出一些初步的结论，以便为未来发展或决策作参考。

4. 辅导方法

在辅导过程中，辅导人员可利用"生涯自传"、"抉择日记"、"画生涯彩虹图"等方法，使个体回顾自己发展历程中一些特殊的经验，包括生活中重要人物的影响、个人的态度与感受，以及各个阶段所扮演的角色和个人目标间的差异，并对每一次的决定加以分析，以增进个体对自己发展历程的认识，引导其积极参与解决问题和自己设计未来发展计划的行动。其中，"画生涯彩虹图"是一项很重要的活动，舒伯认为人的行为方向受到三种时间因素的影响：一是对过去成长痕迹的"省视"；二是对目前发展状况的"审视"；三是对未来可能发展方向的"展望"。这三种因素是相互影响的，过去是现在的成因，现在又是未来的基础。生涯辅导时，对未来的时间透视能力较为重要，一生生涯的彩虹图就提供了一个最佳的透视工具。实际应用彩虹图时，辅导人员可以先准备一份空白的彩虹图，然后指导学生画出与其生涯发展有关的各种角色的起始与发展轨迹。画彩虹图时，以下两点需要特别强调：

(1) 一生的生涯发展包括了发展阶段、生活空间以及生活方式等多方面内涵。透过这张彩虹图，我们可以帮助个体具体而清晰地了解不同的角色是如何构建其个人特有生涯类型的，不同的角色如何在不同的发展阶段出现，以及角色的组合如何合理安排才能达到最佳的自我实现。

(2) 要注意辅导对象显著角色的部分与时机，这些资料往往能提供很好的线索，作为进一步了解与咨询的依据。可协助辅导对象预先设定下一步的生涯发展任务，设计如何研究具体的实施步骤，使得未来显著的角色能得到充分的发挥。

(二) 当事人中心辅导法

1. 基本观点

20 世纪 40 年代，经济、文化的急剧变化，特别是社会生活的变革，给人们带来许多心理适应上的问题，尤其是在情绪和人际关系方面。不少人开始认识并感受到对精神压抑、心理不安和焦虑进行心理治疗的重要性，人们渴望在社会适应和情绪调整、人际关系改善、求职等方面得到咨询心理学家的帮助。过去那种将心理咨询的内容限定于个人的能力、适应性、兴趣的情况发生了变化，开始向更广阔的方向发展。人们对心理疗法的关心程度提高了，这一时期被称之为"心理疗法的年代"，代表人物罗杰斯的著作《心理咨询与心理疗法》的出版及其"非指示的方法"的提出，为心理咨询的发展做出了巨大的贡献。

当事人中心辅导法源于人本主义心理学，其基本假设是：人在本质上是可信赖的，人有不需辅导者直接干预就能了解并解决自己困扰的极大潜能，只要能投入辅导关系中，他们就能朝向自我引导的方向成长。根据人本主义心理学创始人罗杰斯的观点，如果助人者能具备这些态度，则接受协助的人将会减少防卫并能更开放自己，而且他们会有融洽与建设性的表现方式。这种实现的基本驱力意味着，如果辅导者指引着他向着健康的方向前进，他就会自然而然地走下去。因此，咨询的目标在于使当事人自由，并创造出能进行有意义的自我探索的情境。当人们自由时，就能发现自己的方向。

2. 辅导方法

当事人中心辅导法着重于人本身，而不是长久呈现的问题。寻求辅导的人常问："如何发现真实的职业自我？如何才能成为自己所深切期盼的人？怎样才能除去面具，找到自我？"辅导的基本目的在于提供一种氛围，以协助当事人成为完全能发挥自我潜能的人。在当事人达到此目标前，他们必须先除去自己在社会化过程中所形成的面具，只有这样，当事人才会了解，他们因为一直戴着这些面具，以至于失去了真正的自我。在安全的辅导氛围中，他们开始了解到自己还有其他转变的余地。

当面具除去后，从虚假的背后所突现出来的是什么样的人？罗杰斯认为，应该是一个不断自我实现的人，并且具有四个特征，即对经验采取开放的姿态、自我信任、内心里有评估标准、乐于继续成长。这四种特征为辅导进展的方向提供了一个一般性的参考架构。辅导者并不替当事人选定特殊的职业生涯发展目标，而是通过当事人与一位具有催化作用的辅导者所建立的关系，让当事人来界定及了解自己的职业生涯发展目标。然而，很多时候很难让当事人决定他们自己的独特发展目标，辅导者需要有相当的勇气去鼓励当事人聆听自己的心声，接受自己的指导，尤其当他们的决定并不是辅导者所期望的时。辅导者应以他们本身存在的方式与态度为基础，促使当事人改变职业人格。

当事人开始会晤辅导员时，会怀着不真诚的态度，换言之，他们的自我知觉与对现实的经验之间会产生差距。例如，一位学生把自己看成是一位未来的医生，但是他低于平均分数的成绩可能会使他无法进入医学院大门。他如何看待自己(自我概念)，或他愿意如何看自己(理想的自我概念)，以及他的成绩不好与现实之间的差距，可能形成焦虑和个人的创伤，进而使他觉得有必要去接受辅导。这位当事人一定感觉到问题所在，或至少对目前的心理状况觉得非常不安，因而想探索改变的可能性。

(三) 认知辅导法

1. 基本观点

认知辅导法源于心理咨询的认知疗法。该方法是根据人的认知过程影响其情绪和行为的理论假设，通过认知和行为来改变求助者的不良认知，使求助者适应心理治疗方法。

由于文化、知识水平及周围环境背景的差异，人们对问题往往有不同的理解和认知。

所谓认知，是指一个人对一定对象的认识和看法，如对自己的看法、对他人的想法、对环境的认识和对事物的见解等。例如同一所医院，小孩可能依自己的认识和经验，把它看成是一个"可怕的场所"，不小心就会被打针；一般人会看成是"救死扶伤"之地，可帮其"减轻痛苦"；而有些老年人则可能把医院看成是"进入坟墓之门"。所以，关键不在于医院客观上是什么，而是被不同的人认知或看成是什么，不同的认知就会滋生不同的想法，从而影响人的行为反应。

认知理论认为，人的情绪来自人对所遭遇事情的信念、评价、解释或哲学观点，而非来自事情本身。情绪和行为受制于认知，认知是心理活动的决定因素，认知疗法就是通过改变人的认知过程和在这一过程中所产生的观念来纠正其适应不良的情绪或行为。治疗的目标不仅仅是针对行为、情绪这些外在表现，而在于分析求助者的思维活动和应付现实的策略，找出错误的认知并加以纠正。

2. 辅导方法

认知辅导法实施的重点在于求助者非功能性的认知问题，意图通过改变求助者对己对人或对事的看法与态度来改变或改善所呈现的职业心理问题。由于人的非适应性或非功能性心理与行为常常是受不正确的认知而不是适应不良的行为。例如，一个人一直认为自己表现得不够好，连自己的父母也不喜欢他，因而做什么事都没有信心，很自卑，心情也很不好。认知辅导法的策略，便在于帮助他重新构建认知结构，重新评价自己，重建对自己的信心，更改认为自己"不好"的认知。具体辅导方法如下：

首先，辅导人员要与当事人建立良好的信任关系，成为他们的朋友。

其次，指导当事人弄清认知、情感和行为三者之间的关系，不断识别、监察、记录自己内心出现的不良情绪，并引导他们从引起不良情绪的情景中摆脱出来，转移视线，改变过去的思维方式和行为模式，停止从记忆中抽取消极的想法，避免灰色回忆；一旦当事人能够正确认识和评价这些消极的想法和情绪，新的、积极的认知结构就可能形成。

最后，要求当事人按照新的认知结构行动，并检验其现实性和可行性，同时，必须提醒其注意持之以恒。

第三节　就业心理辅导理论的整合与发展

一、就业心理辅导理论的归类与分析

就业指导到就业心理辅导的发展，要归功于心理学，尤其是心理测验技术的发展。就业心理辅导理论建立与发展的过程，充满了整合发展色彩。精神分析学、个体心理学、发展心理学、认知心理学等心理学理论是就业心理辅导理论的整合动力，整合——发展、发展——整合，周而复始，推动了就业心理辅导理论体系的建立和实际应用。目前，有关就业心理辅导理论有多种不同的归类方法。

(一) 从个体、社会取向来归类

1. 个人取向

这类理论重在从个体的角度来探讨职业行为，重视个人的需要、能力、兴趣及人格等内在因素对职业选择与职业发展的重要作用。个人取向的理论可大致区分为三类：强调个人特性与职业特性相匹配的特性论模式(如特质因素论、人格类型论)；以强调个人内在动机为核心的动力论模式(如养育关系论、心理动力论)；用发展的观点来研究个体职业行为的职业发展模式论。

2. 社会取向

这类理论倾向于研究作用于个人职业选择和职业发展的社会环境因素，强调个人所处的家庭与社会环境等外在因素在职业选择与职业发展中的重要作用，包括社会学理论、经济学理论等。

3. 综合取向

这类理论认为，无论是个人因素还是社会环境因素，都不能单方面决定个人的职业选择和职业发展。职业选择与职业发展既受个人因素的影响，也受个人所处的家庭与社会环境的影响，两者相互作用，共同决定个人的职业行为。这类理论有行为论和决策论。

(二) 克利茨的归类方法

舒伯的学生克利茨将有关就业心理辅导的理论分成两类。

1. 心理学取向的理论

心理学取向的理论有特质因素论、心理动力论、发展论等。这些理论认为，对生涯与职业的选择，个体拥有相当程度的自主，个体拥有的特质将直接影响其所做的选择，环境只能产生间接作用。

2. 非心理学取向的理论

非心理学取向的理论有经济论、文化及社会论等。这些理论认为，个体对生涯或职业的选择主要是受环境中某些因素的影响，个人特质与其选择并无直接关系。

(三) 整合主义的归类

在分析了有关就业心理辅导的理论之后，编者将它们分为以下四大类：

1. 就业选择理论

就业选择理论以人与事的匹配为重点，其中又可分为：

(1) 差异取向学说，强调个体的能力倾向或人格特质；

(2) 情境取向学说，强调社会经济结构、个体在社会情境中的地位，或个体的社会化过程；

(3) 现象取向学说，强调个体的自我观念或自我观念的和谐程度。

本书介绍的帕森斯的特质因素理论、罗伊的人格论、鲍丁的心理动力理论、霍兰德的人格类型论、施恩的职业锚理论都可归属于此类理论。

2. 就业发展理论

职业发展理论以生涯发展阶段为重心，其中又可分为：

(1) 强调认同与分化的学说；

(2) 强调个人对人、对物、对己的认知结构的学说；

(3) 综合角色、生活空间与发展的概念于一体，或以探究路径、回归模式为主的学说。

金斯伯格的职业发展理论、舒伯的生涯发展理论、克内菲尔坎姆和斯列皮兹的认知发展理论可以归为这一类。

3. 就业决策理论

职业决策理论虽然与匹配理论和发展理论有所重叠，但目的主要着重于职业决策历程与形态的探讨，其中又可分为探讨职业决策历程学说和探讨生涯决策形态学说。本书所介绍的加勒特的就业决策过程理论、克朗伯兹的就业决策社会学习理论和就业决策的社会认知理论可以归为这一类。

4. 就业辅导方法论

就业心理辅导方法理论侧重于探索心理援助过程，如生涯规划辅导法、当事人中心理论、认知辅导法的学说。

回溯就业心理辅导理论发展的历史，可以说是由单个学派到多家争鸣的历史，各个就业辅导理论的提出和发展，都是在整合了不同学科或不同研究成果的基础上提出的，同时又富有创造性。如霍兰德的人格六角模型理论已远远超出传统人格类型论的范畴，具有相当突出而卓越的贡献；而舒伯提出的生涯彩虹图，使其一跃成为当代就业辅导理论的大师。

二、就业心理辅导理论的发展特点与趋势

(一) 就业心理辅导理论的发展特点

在就业心理辅导的历史上有两个重要人物，他们代表了就业心理辅导理论两个不同的发展阶段，一位是帕森斯，另一位是舒伯。

从帕森斯起，就业心理辅导理论是"特质因素论"的天下，特别在 20 世纪 30 年代到 20 世纪 50 年代期间，特质因素理论在差异心理学盛极一时的影响下，作为一种主流理论，一枝独秀。

这种情势到 20 世纪 60 年代舒伯提出生涯发展理论后有了转变，一个主流学派开始出现分歧，各个理论和学说先后登场，包括罗伊的人格理论、鲍丁的心理动力理论、霍兰德的类型论、舒伯的生涯发展理论、克朗伯兹的就业决策的社会学习理论和克内菲尔坎姆与斯列皮兹的认知发展理论，都是在这个时期先后提出的。这些理论在解释就业发展、就业认知、就业决定方面，以及在就业教育和就业咨询的应用上，都有着各自独特的、不可替代的作用，这些理论的涌现，使就业心理辅导理论进入了百花齐放的时期。

就业辅导理论的发展过程，具有以下一些特点：

1. 各个就业辅导理论的提出和发展是在整合不同学科或研究成果的基础上提出的

从前面对各个理论自身发展过程的剖析中可以看出，各个理论的提出，汲取了同学科或不同学科的研究成果。从新弗洛伊德主义到鲍丁的心理动力，从金斯伯格的发展阶段到舒伯的发展阶段，从班杜拉的社会学习理论到克朗伯兹的生涯决定的社会学习理论，从佩里的职业发展三个时期到克内菲尔坎姆和斯列皮兹的生涯认知的四个时期……可以说，这些理论的发展过程都是一个整合的过程。

2. 就业辅导理论的提出和发展，是一个创造性的整合过程

就业辅导的各个理论，虽然其理论的架构时期或初始阶段受到其他学科或其他研究成果的影响，但各理论在发展过程中都进行了创造性的建构，形成了自身的特色。各个理论模式都是持同样理论见解的学者中的佼佼者，凭借孜孜不倦的努力和富有创造性的研究成果，才使他们在就业辅导的理论与实践中拥有了自己的天地。

就业辅导理论在发展的过程中保持了相当大的弹性，一方面努力地汲取各家理论在解释人类复杂行为上的精华，另一方面又力图发展出自身特有的语言、性格和风貌，其成就也相当可观。

3. 就业心理辅导理论均是从各自的研究视角入手，建构自己的而非统摄全局的普遍理论

从介绍可以看出，同样以发展观点来解释就业发展，舒伯是从角色发展入手的，克内菲尔坎姆和斯列皮兹是从认知发展入手的；在解释就业选择行为方面，特质因素论强调个人能力特质与职业的配合，生涯类型论着重于人格特质与环境的匹配。这种理论发展和整合的特点，跟现代心理学科的发展倾向比较相似。正如台湾学者张春兴指出：学者们放弃了建立统摄全局普遍理论的野心，转而寻求解释某一方面小型理论的建立。

(二) 就业心理辅导理论发展的趋势

从就业辅导理论的整合和发展过程来说，其未来的发展趋势可以表现为以下两个方面：

1. 在就业心理辅导理论的未来发展上，社会与经济的影响因素将受到重视

目前就业心理辅导专家多为心理学者出身，所以研究的重点是以心理学的研究变量来诠释人类的职业行为。虽然就业心理辅导的心理学取向并不排斥机会因素对一个人就业决策的影响，但大多数心理学家很少以机会因素作为研究的主题，他们宁可相信非机会因素在预测、解释与控制人类行为上要比机会因素来得精确。但是，一个人的职业发展和就业抉择的历程深深地根植于文化和经济的因素中，人的就业计划与选择也反映社会的期待，所以在充实就业心理辅导理论的内涵上没有理由忽略这些重要的因素。

社会取向理论强调社会经济等机会因素的研究，这些研究成果扩大了就业辅导理论研究与应用的视野。社会取向注重个人以外的机会变量，使得就业心理辅导理论必须考虑如何借助社会科学的研究方法(如路径分析)，将这些杂乱无序的事件系统地组织起来，从而形成一套更能解释人类职业行为的理论体系。在实际应用方面，个人的就业规划也必须融入机会因素，将个体因素和机会因素一并考虑。

所谓社会和经济的因素范围很广泛，概括地说涉及以下两方面：

(1) 职业社会学与职业行为研究。职业社会学的研究方向注重个体在职业世界社会化的过程，工作角色与进入工作角色的社会化过程，以及影响社会阶层化的有关变量，工作者之间的疏离感等方面，这些都是就业心理学家特别感兴趣的。

(2) 劳动力经济学与职业行业研究。就业辅导专家感兴趣的主题是造成一个人就业选择类型的过程与决定，他们认为能力、技能、价值观及兴趣等心理特质会影响一个人的就业类型。而劳动经济学重视人力市场的供需情形，这一行的专家将工作者视为人力资源，关注个人或家庭人力资源在教育或职业训练上投资的影响因素，同时也对人力市场的人力因薪水高低而造成的分布情形感兴趣。在这方面，经济方面成本效益分析、"经济知觉"是否会影响对职业"层次"或"类型"的选择等，都有可能被整合到就业心理辅导的理论中。

2. 心理科学仍然会以整合、建构、创新的方法将其研究发展成果融入就业心理辅导理论中

心理科学本身仍然在不断发展，所以其中最新的研究成果，包括自我、价值观、归因、成就动机、元认知等仍然会不断地充实到就业心理辅导理论之中，这将是一个整合的主流，也是就业心理辅导理论建构和创新的坚实基础。

第四章　学会就业心理测评

第一节　就业心理测评概述

一、就业心理测评的涵义

所谓就业心理测评，就是以现代心理学和行为科学为基础，通过心理测量等技术手段对人的职业心理素质状况和发展潜力进行客观的测量、科学的评价。可以看出，就业心理测评是由就业心理测量和就业心理评价两部分组成，其中就业心理测量是基础，是决定就业心理测评是否科学的核心环节；就业心理评价是对就业心理测量结果的综合分析、判断和推理。

换句话说，就业心理测量是采用某种被认为能反映人的就业心理素质的标准化尺度，对人的心理行为表现进行划分，以推断其心理特征结构在就业发展上所具有的指向和潜力价值。对这一定义的理解，需要从以下四个方面来把握：

第一，人的心理尽管有主观性的一面，但仍是一种客观的存在，不依观察者的主观意志而转移；同时，心理差异与变化是无限的，即心理的整体形态具有连续体性质。心理的客观存在性和连续体性质保证了测量在逻辑上的可行性。

第二，人的心理特性跟物体的物理特性不同，它是人脑中内在的、看不见摸不着的东西，不可能进行直接测量，而只能用间接的方法来测量。因此，就业心理测量一般都属于间接测量。

第三，人的心理特质同人的外显行为存在联系，心理的特质往往会通过外部行为而表现出来。因此，人的心理特质可通过测量其外显行为来进行间接的推断。

第四，无论是人的心理特质还是人的外显行为表现，都是丰富多彩、不可穷尽的，它们当中的关系也是错综复杂的。因此，在进行心埋测量时，需要引入一定的理论框架来对心理特质和外显行为特征进行约定，并建立相应的行为样本。

有了心理测量的结果，就业心理辅导人员就可以据此进行综合分析，诊断出个体在兴趣、价值观与生涯规划等方面的特质，协助他们评估自己的长处与短处，并预测其在教育培养、职业技能训练以及未来工作中的表现和发展潜力。

二、就业心理测评的地位

心理测评是开展就业辅导不可或缺的工具，在就业辅导工作中占据重要的地位。早期就业辅导工作的产生和发展，受到特质因素论的支配。特质因素论的最大特色，就是分析个体的心理特质和进行工作分析。在个体心理特质方面，主要是分析个体的能力倾向，再在就业世界中找出适合这种特质的工作，以互相匹配。在这种情况下，实施心理测评以发掘个人的能力倾向成了就业辅导的主要工作，从帕森斯到威廉姆逊，在特质因素论占主导的那个时代，心理测评在就业心理辅导中的地位已相当突出。

在以后的岁月里，职业辅导逐渐转变成就业心理辅导，在实施重点上也不相同。对个人特质的了解，除能力倾向外，开始注意到兴趣、人格价值、过去的工作与休闲经验，以及生活方式等各个方面。就业心理辅导重视个体一生的就业发展，它探讨就业选择因素的侧重点也与传统的职业辅导不同，但是应用心理测量的手段协助个人了解其心理特质仍然是职业辅导中一项主要的工作。

就测评工具本身的发展与应用而言，由于测量内容不断丰富，新的测量工具逐渐涌现与改进，以及电脑辅助心理测评系统的建立，使得心理测评的解释与运用也相对丰富了很多，从而扩大了就业辅导人员选择测评工具的范围。电脑辅助的心理测评系统实现了快速评分和文字解释的同步化，可以为就业辅导人员提供即时的资料评价。心理测评本身功能的扩展，使得人们不得不重新评估与检测心理测评在就业辅导中的地位与作用，同时希望通过最有效地使用测量工具，满足不同个体就业发展的需要，最大程度地发挥心理测评的效能。

三、就业心理测评的功能

心理测评在就业心理辅导中可以发挥预测、诊断、区别、比较、探测和评估六个方面的功能。

(一) 预测的功能

在就业心理辅导中，心理测评结果所提供的资料，能预测个体在教育训练、职业训练以及未来工作中的表现。

一般而言，心理测评对于个体在教育训练、职业训练方面的预测的正确性，远比对工作成就的预测的正确性高。如通过能力倾向的测评，可以预测个体在需要相同或相似能力倾向的教育学习或职业训练上是否能表现出优异的成绩，但是影响一个人是否成功的因素太多，如恒心、毅力、人际关系等，这些都是无法通过能力测量工具获知的。此外，心理测评的结果还可用来预测个体在职业生涯发展上的满意程度，一般相信，就业兴趣测评能发挥这种功能。霍兰德曾指出，一个人的兴趣若与其所从事的职业适配得当，则适配性愈高，其工作的满意度也愈高。

(二) 诊断的功能

就业心理测评的诊断功能可以从以下两方面来看：

1. 心理测评可以协助个体评估自己的长处与短处、优点与缺点

个体可以根据自己的优点与长处，肯定或扩展个体生涯的探索与选择。依靠心理测评扩展个体的生涯探索和选择的视野范围，是就业心理辅导中应用测量工具各种功能的突出

表现。个体一旦了解自己的优点和专长，今后无论是选择就业方向还是进一步接受教育或职业训练，都将胸有成竹、充满自信。至于短处与缺点，如果发现它们对于个人的就业生涯发展是一种障碍，辅导人员可以适时地建议受测对象及时接受这方面技能的补救训练。通常成就测验或能力倾向测验能协助辨别一个人的专长与缺陷，起到诊断的作用。

2. 心理测评还能协助诊断出个体在兴趣、价值观和生涯计划等方面的特质

提高对自我在兴趣、价值观与人格特质等方面的了解程度，有助于做出适宜的职业生涯决定。如果个人兴趣测评、价值观测评与人格测评的结果与个体表现不相符合，辅导人员还可以以此为依据，安排进一步的咨询辅导，进行较为深入的了解与探讨。

(三) 区别的功能

心理测评在就业心理辅导中的区别功能，是指测评的结果能用来判别个体的某些特质最类似于哪一类职业团体。一般而言，在就业辅导中最基本的两类测量工具分别是能力倾向测评与职业兴趣测评。处于任何发展阶段的个体，在实施生涯辅导时接受这两类测评均是必要的。具体而言，能力倾向测评能预测工作表现，而兴趣测评能够指出一个人的职业兴趣与哪一类职业的从业人员最为相近。

就个体特质与未来职业相匹配的要求来说，根据认知方面的测评(如能力倾向)结果和非认知方面的测评(如兴趣测评)结果，我们不仅可以预测受测对象在某一个特定职业团体中特定能力的表现，也能区分出个体的兴趣范围与哪一个团体的成员最为相近。在现有不同类型的心理测评中，兴趣测评、价值观测评与人格测评均具有区别的功能，在实际应用时，兴趣测评在就业心理辅导中的使用比其他两类测评更为普遍。

(四) 比较的功能

所谓比较的功能，是指将测评所获得的个人特质(能力倾向、兴趣、价值观、个性特征等)与某一些效标团体相比较，观察两者之间适配的程度。例如，按照霍兰德的职业"自我探索量表"(SDS)，我们可以根据受测对象所得到的测评结果，找出一组对应的职业组群，该组群所显示出的个体的兴趣范围与从事那一类职业人员的兴趣是大致相同的，这种比较可以引发受测对象对于对应职业进一步探索的动机。对就业心理辅导来说，测评的比较功能具有引导的作用，可以通过测评的结果，引导受测对象由自我探索转移到对职业世界的探索。心理测评的这项功能充分说明，测评的实施在就业心理辅导中不是目的，而是协助受测对象进行职业生涯探索的手段。因此，进行就业心理辅导时对受测对象实施心理测评具有特别的意义。

另外，还有一点需注意，当我们比较个人的特质和职业类型的关系时，不仅要找出相匹配的职业类型，还要鼓励受测对象去探讨和自己特质不相配的职业类型，通过对不相配的职业类型的探讨，加深对个体特质的了解。

(五) 探测的功能

职业生涯发展是一生中连续不断的过程，就业心理辅导是在这个连续过程中为其提供必要的服务。所谓探测的功能，是指让辅导人员能够了解辅导对象在这个连续的职业发展过程中，其就业计划、就业适应的行为态度以及个体的能力、兴趣等一般状况，以便为其提供必要的有针对性的服务。所以，心理测评的探测功能可以看作是对个体就业进展状况的评估。根据心理测评的结果，辅导人员了解个体是否成熟到能够做就业决策；是否各方面已经准备就绪，足以承担做决定的责任。

心理测评的探测功能还可以延伸到个体事业的发展方面，通过对一些与工作相关因素如工作价值、工作满意程度等的测量评估，了解个体在工作上的适应情形。

一般而言，通过就业成熟度测评、工作价值测评、就业计划测评以及工作满意度测评等心理测评，能实现心理测评的探测功能。

(六) 评估的功能

对受测对象的评估可以协助个体了解各项心理特质和就业成熟度的状况，协助个体做就业决定或就业计划。另一方面，心理测评还可以协助辅导人员评估就业心理辅导的进展情况与效果，以帮助辅导人员改进辅导方法，提高就业辅导的有效性。

第二节　就业心理测评的实施

一、确定就业发展阶段

就业发展是一个连续的过程，心理测评可以用于这个过程的任何阶段。首先要确定受测对象现在正处于哪一个就业发展阶段。从心理发展的角度来看，不同的就业发展阶段有着不同的就业发展任务，处于成长期、探索期、建立期、维持期和衰退期的不同个体，或是处于这些大的发展时期中小的发展阶段的个体，都有特定的就业发展任务。确定了受测对象的发展阶段，有助于协助其设立就业探索的目标，也有助于辅导人员界定辅导的重点。

确定受测对象就业发展阶段的目的，在于了解个体一般性的心理成长达到哪个程度。但是，每一位受测对象的心理需求以及他所要面临的生涯问题是不同的，这就需要第二步骤加以澄清。

二、分析个人需要

现实治疗法的格拉泽曾指出，无论一个人的问题如何，当他需要辅导时，就表示他遭遇了适应上的困扰——无法满足他的基本需要。每个人都带着困扰前来寻求心理辅导，但困扰的背后却有着不同的需求。

分析、澄清受测对象的需要，有两个作用。其一，具有建立良好咨询关系的作用。通过关注、倾听、同理等咨询技巧，分析、澄清受测对象的需要，可以与受测对象初步建立良好的咨询关系。心理测评属于咨询的一部分，会影响咨询的效果，所以不能只是将心理测评的实施看成是技术手段。测评实施之前的初步咨询，可以了解个体的特殊需要，建立良好的咨询关系，是不可省略的重要步骤。其二，具有引发动机的作用。如果受测对象了解了自己的就业需求后，可以激发其参与的动机，能主动参与测评实施与解释的过程，减少因动机缺乏而产生的测评误差。假设一个人在这个阶段了解到自己的需求是进行就业探索，必须在辅导人员的安排下进行一系列的自我评定，那么对于将要有计划地实施相关的心理测评，就能采取比较合作的态度。又如一个学生知道自己需要确定未来升入大学某一学科后的学习成就，那么在辅导人员安排他实施需求"最大表现"的能力倾向测评时，他就能全力以赴，表现出自己的真正水平，以便为未来选择这一专业时提供参考。

三、设立目标

需求与目标是密不可分的，分析了个体的需求后，辅导人员必须和受测对象共同决定测评的目的。无论辅导者与被辅导者，均应该了解测评并不能满足受测对象所有的需求，有些时候，测评的目的在于回答一些具体的问题，例如预测实施某个训练计划中个体成功的机会。而另一些测评的目的也许不那么具体，例如为一个人决定就业探索的方向。不管是上述哪一种情况，为了使测评的结果不仅是一个数据而且还是有意义的参考资料，就必须将测评的目的和受测对象的需求相联系。

四、选择测评工具

每一种测评在就业辅导中均有不同的用途与功能，必须依照测评的目的和测评本身的特性，选择合适的测评工具。

能力倾向测评主要用来预估未来工作表现或成功的概率。有时这类测评的结果也可以用来决定一个人是否需要接受补救性的学习和训练，或者是重新接受学习和训练。

兴趣测评在就业辅导中通常用来测量个人兴趣类型，并将测评结果与职业团体相比较，指出一个人的职业兴趣与哪一类职业从业人员的兴趣最为相近。

人格测评则提供影响受测对象行为的个人特质，测评结果用来比较几种不易下决定的职业时，常常具有澄清的作用。

价值观问卷的用途与人格测评有类似之处，同样能反映个人特质，这些特质和"我最看重什么"有较大关系。

根据从兴趣测评、人格测评和价值观问卷所得到的资料，辅导人员能较深入地和受测对象共同讨论个人特质与工作世界的关系，以及受测对象在未来就业过程中可能的满意程度。

就业成熟度问卷则是用来测量个体在就业发展过程中有关能力的发展状况，如自我了解能力、就业计划能力、就业决定能力等。

五、解释测评结果

测评结果的解释应与实施测评的目的相对应，不同的测评目的会引导不同的解释方式与解释方向。测评的解释应在测评手册所规定的范围之内，遵循测评结果解释的一般原则。

六、探索教育或职业资料

不论受测对象是缩小就业选择的范围，或是扩展就业探索的领域，测评所得的资料都可以用来对相关职业或教育世界做一番深入的了解。一个设计良好、适用于就业心理辅导的测评，其结果能使受测对象迅速而有根据地在一个特定的职业群里进行就业探索。

七、探索个人与环境的关系

测评结果能够让个体肯定对自我的了解，增加自由选择的程度。但是就业的选择是一个非常复杂的过程，会受到环境等多个因素的影响，这些因素包括家庭背景、父母期望、社会价值与社会需要，等等。测评资料可以使受测对象"知己"，了解自己的兴趣、能力倾向和价值观等方面。但是，受测对象还要"知彼"，还要探索和了解来自家庭、社会等方面的需要和期望，以及这些因素对个体就业选择和就业发展的影响。个体需要平衡两者间的关系，进行合理的选择。

八、就业决定

就业心理辅导最终的目的是希望受测对象能澄清困惑，做好就业决定。一个好的就业决定必须以"知己"与"知彼"为基础，而心理测评的结果是提供这个基础不可或缺的资料。可以这么说，测评的实施是手段，协助就业决定是测评在就业心理辅导中应用的最终目的。

第三节　常见就业心理测评

一、就业心理测评的分类

这里讲的测评是标准化测评，标准化测评要具备下列条件：

(1) 给所有被试者实施有代表性的且相同的一组测题，为他们的测评提供直接比较的基础；

(2) 实施测评的程度(包括测评指导语、测评时间限制、测评情境等)要有详细的规定，以保证每一个被试者有相同的测评条件；

(3) 记分方法要有详细的规定，以使评分误差最低；(上述三点与得分的步骤有关)

(4) 要建立常模(标准化样的平均数)，为测评分数提供参照点。

这样，一个测评就能作为测量人的某种心理特性(智力、能力倾向、人格特征、学业成绩等)的工具。标准化测评可以按不同的标准加以分类。

(一) 根据测评对象分类

1. 智力测评

智力测评的目的在于测量智力的高低，一个人的智力水平用智商(IQ)表示。智力测评是衡量智力高低的参考，它对于估价一个人的能力水平并给其安排恰当的工作有重要的作用。例如，某项工作要求智商 120，那么智商低于或高于 120 的人都需要用人部门多加考虑，前者会由于能力低而无法胜任，后者则可能由于智商超出该项工作性质要求而不安于现状，甚至轻视这项工作，造成不良后果。因此，劳动人事部门在选用和安排人才时，应当尽可能做到每个人的智力水平与其工作性质相适应。

2. 能力倾向测评

能力倾向测评又称性向测评，目的在于发现被试者的潜在才能，深入了解其长处和发展倾向。能力倾向测评一般可以分为：

(1) 一般能力倾向测评：测量一个人多方面的特殊潜能，多用于选择人才和就业指导。例如，区分能力倾向测评可以预测一个人哪方面潜在能力较强或较弱。

(2) 特殊能力倾向测评：偏重测量一个人的特殊潜在能力，如音乐能力倾向测评、机械能力倾向测评。

(3) 成绩测评：测量一个人经教育训练后的学业成绩，又称为成就测评。成绩测评可分为科学测评和综合测评，前者测量某人某学科的知识、技能，后者测量某人各学科的知识、技能。

成绩测评与一般能力倾向测评和特殊能力倾向测评的区别在于，前者是测量在工作中所具有的实际能力；后者是通过心理指标测量在未来工作中的胜任能力。

(4) 人格测评：又称个性测评，测量情绪、需要、动机、兴趣、态度、性格、气质等方面的心理指标。

(二) 根据测评人数分类

1. 个别测评

个别测评只能由同一个主试者在同一时间内测量一个被试者。个别测评的优点是：主试者对被试者的言语、情绪状态有仔细的观察，并且有充分的机会与被试者合作；唤起被试者最大努力，以保证其结果正确可靠。个别测评的缺点在于：时间不经济，测评的手续复杂，训练有素者方能胜任。

2. 团体测评

团体测评可由一位主试者同时测量若干被试者。各种教育测评都是团体测评，　部分智力测评也是团体测评。团体测评的优点是：时间经济，主试者不必接受严格的专业训练即可担任。团体测评的缺点在于：对被试者的行为不能作切实的控制，所得的结果不及个别测评准确可靠。

(三) 根据测评材料分类

1. 语言或文字测评

语言或文字测评可以测量人类高层次的心理功能，编制和实施都较容易。人类的心智能力不能完全以图形或实物测量出来，所以语言或文字测评的应用范围较广，团体测评多数采用这种方法。然而，语言或文字测评不能应用于语言有困难的人，而且难于比较语言文化背景不同的人。

2. 非文字测评或操作性测评

非文字测评或操作性测评以图画、仪器、模型、工具、实物为测评材料，被试者以操作表达。非文字测评或操作性测评的长处和短处正好与语言或文字测评相反。

(四) 根据测评功用分类

1. 预测测评和成就测评

预测测评用于推测个体在某方面未来成功的可能性，智力测评和能力倾向测评就属于此类，它们多数根据作业分析的结果来选择测评材料。成就测评在于考查人体在某方面目前的成绩，如一般教育测评。所以，成就测评所测量的是个体现在的成绩，它往往是根据作业样本来选择测评材料。

2. 难度测评和速度测评

难度测评的功用在于测量被试者的程度高低，其时间限制的标准通常是使95%的被试者都有做完测评的机会，测量由易到难排列，以测量被试者解决难题的最高能力。速度测评在于测量被试作业的快慢，它的测题难度相等，但严格限制时间，看规定时间内所完成的测题数量。

3. 普通测评与诊断测评

普通测评在于考查一个人或一个团体在某些心理品质方面的分布情况。诊断测评则进一步诊断被试者在某方面的特殊优点和缺点。

二、能力倾向测评

(一) 能力倾向测评概述

1. 能力倾向测评的涵义

能力倾向测评(aptitude test)又称为性向测验，它是由智力测评演变而来的。虽然智力测评已经能够测量多方面的智能，但是还有许多能力如机械能力、音乐能力和美术能力等，无法靠一般智力测评测量出来。所以，心理学家编制了许多机械、文书、音乐和美术等能力倾向方面的测评，用来弥补智力测评的不足。

能力倾向测评有广义和狭义两种理解。广义的能力倾向测评是指测量受测对象的潜在能力，测评结果可供教育或心理辅导参考。如果将这些测评以内容和功能来区分的话，则包括普通能力倾向测评、特殊能力倾向测评和多因素能力倾向测评三大类，其中特殊能力倾向测评和多因素能力倾向测评就是狭义的能力倾向测评，它们主要测量受测对象特殊的潜在心理能力。

特殊能力倾向测评只测量单一的能力倾向，如手指灵巧度测评、文书能力测评、美术能力倾向测评、音乐能力倾向测评、机械能力倾向测评等。这些测评所测量的技能或能力，和某些特殊职业所需要的能力有直接关系。

多因素能力倾向测评又称为能力倾向成套测评(aptitude test battery)，或综合能力倾向测评，指同时测量受测对象多方面的技能和能力倾向的测评。每个能力倾向成套测评包括了若干分测评，每个分测评测量不同的能力倾向。根据多种能力倾向测评的分数，个人可以了解自己的长处与短处，这对于决定就业发展方向是非常有价值的参考资料。

2. 能力倾向测评在就业心理辅导中的应用

谈到心理测评在就业心理辅导中的应用，能力倾向测评可说是最早的一种。回溯就业心理辅导的历史，在早期"特质因素论"的时代，心理能力的测量属于非常重要的工作。特质因素理论的基本假定即认为每个人都有独特的能力或特质，这些能力或特质是能够被客观地加以测量的，并且这些能力或特质与不同职业所需要的条件有密切关系。因此，评价个人的能力与特质就成了职业辅导人员的主要工作。特质因素理论主要提倡者之一的威廉姆逊曾指出，心理测评在就业心理辅导中最突出的作用就是分析受测对象的潜在能力与职业或训练所需要的各种能力之间的匹配度。威廉姆逊特别强调了咨询人员在这种评估过程中的角色与作用。该时期的这种趋势，鼓舞了人们对于工作内容、工作所需要条件的分析。

正是由于对工作内容、工作所需条件分析的重视，就业心理辅导人员逐渐发现测量单一特质的心理测量工具已经不能满足要求，需要加以补充与改进，能力倾向成套测评由此应运而生。同时，统计学中因素分析法的出现，也为多因素能力倾向测评提供了技术支援，因而在第二次世界大战以后，能力倾向成套测评在工业界和军事界的人员选拔上得到广泛应用，各种能力倾向成套测评也不断得到丰富和完善。

3. 能力倾向测评的目的

就业心理辅导专家舒伯、克利茨等人认为，能力倾向是指一种特殊的专长，或者是个体所具有的获得这项专长的能力，也可看作为从事某项工作的倾向或能力。

有人认为，能力倾向是一个人天生的、无法改变的潜在特质，这些特质可以配合某些职业所需要的条件，给予启发与探索。也有些专家如编制区分能力倾向测评的班奈特等人认为，这种假设在解释测评结果时会有误导的倾向。一般认为，能力倾向应该是遗传与环境相互影响的结果，一个人天生的能力可能受后天环境的影响，但也有可能不受后天环境的影响，并且遗传因素和环境因素会相互发生影响。因此，能力倾向测评所反映出来的是遗传与环境交互作用下，个人学习知识与技能的能力。

从这个观点出发，能力倾向测评的分数显示个体在受测时的经验与能力。由于学业能力倾向测评所要了解的是受测对象在学业课程上表现的所有技能，机械能力倾向测评所要了解的是受测对象在机械工作上所表现的所有技能，所以能力倾向测评所得的分数可以用来预测个体未来在教育或职业中的表现。基于这种特性，能力倾向测评长久以来一直是就业心理辅导中不可缺少的重要工具，能用来预测受测对象在工作、职业训练、升学或选择专业上的表现，是就业辅导人员相当重要的参考资料。

(二) 一般能力倾向测评介绍

美国劳工部于 1934 年开始，花费 10 多年时间研制了《普通能力倾向成套测评》(general

attitude test batter，GATB)，可对九种必需的能力倾向进行测评，包括智能(G)、言语能力(V)、数理能力(N)、书写知觉(Q)、空间判断能力(S)、形状知觉(P)、运动协调(K)、手指灵巧度(F)、手腕灵巧度(M)，其中测评项目共有 15 项(A—K 是纸笔测验项目、M—P 是操作测验项目)。在以后的五十年中，该测评在美国做过多次修订和改编，同时被以不同的文字、形式版本翻译至世界上许多国家，对职业能力倾向测评产生了重要影响。

日本于 1949—1951 年对美国的 GATB 加以引进并修订、标准化，于 1952 年发表了《一般职业性向(能力倾向)测评》，经过数次修订，现在的测评由 15 项分测验构成，用以测定与美国 GATB 相同的九种性向(能力倾向)。

我国中国科学院方俐洛等人于 1989—1993 年，借鉴日本版 GATB 测验，吸收其分测验多而费时少(费时 50 分钟，为美国的 1/2 不到)的特点和结构框架，形成了 15 个分测验的中国版 GATB 测验。中国版的 GATB 通过因素分析将能力倾向分为三种能力倾向群：认知机能群、知觉机能群和运动机能群；对应的职业类型基本模型为三种：认知型、知觉型和运动机能型。两个机能群都优异的归为认知—知觉型、知觉—运动型、认知—运动型中的一类，三个机能群都优异的为万能型，以上任何一类都不符合的人称为不定型。上海教育科学研究所的沈之菲于 20 世纪 80 年代借鉴美国的 GATB 测验，编制研究、修订并标准化了中学生一般能力倾向成套测验，简称 SS-GATB，包含了同样 9 种能力的测验。

1. 一般能力倾向成套测评

一般能力倾向成套测评具体包含下列九种能力倾向：

(1) G——智能(intelligence)。一般的学习能力，包括对说明、指导语和诸原理的理解能力，推理判断能力，迅速适应新环境的能力。

(2) V——言语能力(verbal aptitude)。对言语相互关系及文章和句子意义的理解能力，表达信息和自己想法的能力。

(3) N——数理能力(numerical aptitude)。准确、快速地进行数学运算和数字推理的能力。

(4) Q——书写知觉(clerical perception)。直观地比较、辨别词和数字，对字词、印刷符号、票据之细微部分正确知觉的能力以及发现错误或校正的能力。

(5) S——空间判断能力(spatial)。对立体图形以及平面图形与立体图形之间关系的理解能力。

(6) P——形状知觉(form perception)。对实物或图形的细微部分正确知觉的能力，即对图形的形状和阴影的细微差异、长度的细小差异进行辨别的能力。

(7) K——运动协调(motor coordination)正确而迅速地使眼和手或手指协调，并迅速完成作业的能力，正确而迅速地作出反应动作的能力，使手能跟随眼所看到的东西迅速运动并进行正确控制的能力。

(8) F——手指灵巧度(finger dexterity)。快速而正确地活动手指，并能很好地用手指操作细小东西的能力。

(9) M——手腕灵巧度(manual dexterity)。随心所欲地、灵巧地活动手和腕的能力，即拿取、放置、调换、翻转物体时手的精巧运动和腕的自由运动能力。

2. 最新 GATB 的 12 个分测验

最新的一套 GATB 是由美国雇用服务处修订的，适用于中学生及成年人。这套测评包括 12 个分测验，共需施测时间 120～130 分钟，包含对上述 9 种不同的能力因素进行评定。

最新 GATB 的 12 个分测验分述如下：

(1) 名称比较(name comparison)。

名称比较测验用于检查被试者的书写知觉能力，测量他们对简单知觉任务的反应速度。该测验要求被试者指出题目给出的两个名称是否是完全一样或者它们在哪些细节上不同。

例：John Goldsten Co——John Goldston Co

　　Pewee Mfg Cor——Pewee Mfg Co

(2) 计算(computation)。

计算测验通过让被试者快速进行简单试题运算来检查他们的计算能力。该测验要求被试者迅速和准确地进行加减乘除的算式运算。

例：　　　256　　　　　37

　　　　－ 83　　　　× 8

(3) 三维空间(three- dimensional space)。

三维空间测验用于检查学生对空间图形的判断和推理能力。例如，在一个平面图上标出虚线，要求被试者指出按虚线折叠可以折成四个三维形状中的哪一个(见图 4-1)。

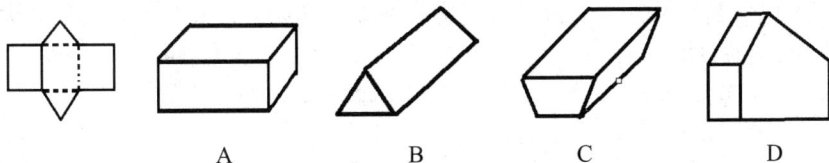

图 4-1　三维空间测验题例

(4) 词汇(vocabulary)。

词汇测验通过让被试者快速找出同义词或近义词，检查他们对词汇的理解能力。该测验要求被验者在一组四个单词中找出成对的同义词或近义词。

例：　a. 谨慎的　　b. 友好的　　c. 不友善的　　d. 遥远的

　　　a. 赶紧　　　b. 剥夺　　　c. 使加快　　　d. 反驳

(5) 工具相配(tool matching)。

工具相配测验用于检查被试者对形状知觉的能力。例如，给予被试者一个工具图形作为刺激物，要求他们从几个差别很小的图形中选出与刺激物相同的图形(见图 4-2)。

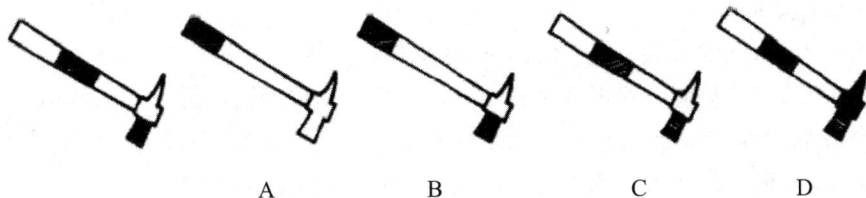

图 4-2　工具相配测验题例

(6) 算术推理(arithmetic reasoning)。

算术推理测验通过让被试者解答应用题来检查他们的数学推理能力。该测试要求被试者理解文字叙述的应用题并运算。

例：约翰每小时工作的工资为 1.20 美元，他一星期工作 35 小时可拿多少工资？

(7) 形状相配(form matching)。

形状相配测验用于检查被试者的形状知觉能力。例如，给一张图纸作为刺激物，图纸上有各种形状的图案，要求被试者在应答表上把与刺激物形状相同的图案选出来(见图 4-3)。

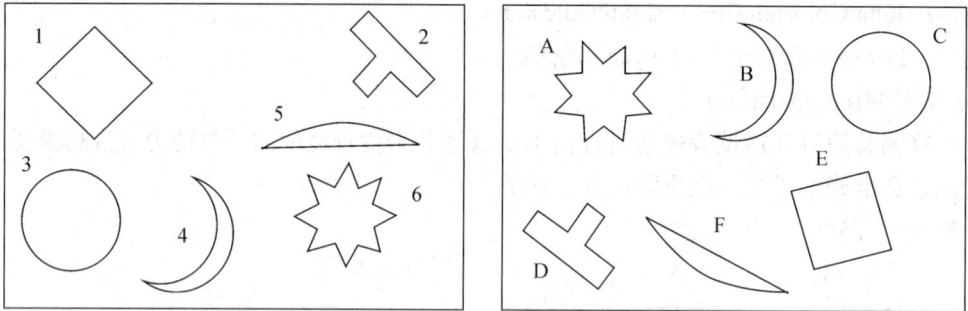

图 4-3　形状相配测验题例

(8) 作记号(mark making)。

作记号测验用于鉴定被试者的手眼协同性及反应速度。例如，要求被试者在答案纸上的一组格子中用笔画一个特定的符号，组成一个简单的图案，看他们在 60 秒内准确填写该符号的格子数目(见图 4-4)。

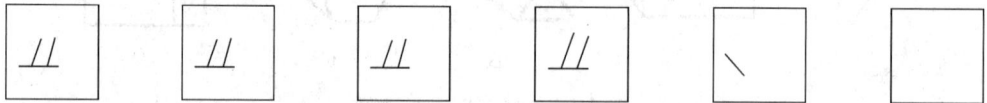

图 4-4　作记号测验题例

(9) 放置(place)。

例如，有两块钉板，上面有若干孔，其中一块板上插满栓子，要求被试者用双手把置于一块板上各个孔内的栓子移到另一块板上，测验需做三次，根据三次移动栓子的总数评分。

(10) 转动(tum)。

例如，仍旧用上述测验(9)中的两块钉板，要求被试者用比较灵活的那只手从一块钉板上拔出一个栓子，在手中旋转 180°，再把这个栓子的另一端重新插到孔内，测验需做三次，根据转动栓子的总数评分。

(11) 装配(assemble)。

例如，一块板分成两端，每一端都有 50 个孔，在其中一端的每一孔里放一个小铆钉，在一个转轴里放一个垫圈，要求被试者用一只手拿起一枚铆钉，另一只手拿起一个垫圈，把垫圈套在铆钉上，然后把它们放置到这块板上另一端相应的孔内，要在 90 秒内尽可能多地把铆钉和垫圈装配起来并放入孔中，最后看完成件数的多少。

(12) 拆卸(disassemble)。

例如，在 90 秒内，要求被试者拆卸测验 11 组装配好的铆钉和垫圈，然后再把它们放回最初的位置，最后看拆卸件数的多少。

以上 12 个分测验中，测验 1～8 为书面测验，测验 9～12 为器具测验。全套测验在很大程度上属于速度性测验。

GATB 的 9 种能力因素指标已被世界许多国家承认和采用，并已编入美国劳工部编撰的经典《职业条目辞典)，作为重要的参数指导资料。表 4-1 所示为特定职业所应具备的 GATB 各因素的成绩。以上 12 个分测验的记分采用标准分数，各能力因素的原始分数转换为标准分数后，便可以与表 4-1 的成绩相对应，即可以看出 GATB 同就业指导与职业的适配关系。

表 4-1　有关职业的 GATB 因素的平均成绩

职业代号	名称	因素								
		智能	言语能力	数理能力	空间判断	形状知觉	书写知觉	运动协调	手指灵巧	手腕灵巧
020	计算机程序编制员	132	125	131	122	120	128	117	109	113
078	医学技术专家	126	127	122	117	126	130	122	114	117
079	牙医助理	104	105	102	107	116	117	114	112	114
	外科医师	97	102	93	97	107	108	108	106	107
193	航空管理专家	118	114	115	113	109	111	112	101	106
195	社会问题工作者	116	120	112	105	102	119	115	99	98
202	速记员、打字员	106	104	106	106	119	113	114	102	101
208	排字工人穿孔机操作员	110	113	106	104	107	120	114	102	101
212	银行出纳员	111	111	110	107	115	120	114	107	101
213	制作机操作员	111	109	112	106	110	116	112	116	107
219	办公室办事员	108	109	111	101	114	123	117	...	...
241	权力调整员	116	109	116	114	108	111	107	97	107
276	建筑机械推销员	113	109	107	111	100	104	102	96	98
317	食品行业工人	82	85	80	91	85	91	91	87	97
319	饮用喷泉女工	95	98	95	95	101	104	104	99	102
355	护士助手	89	95	85	91	91	100	100	86	94
	精神病医师助手	95	97	90	95	88	94	96	91	91
375	巡逻员	112	110	106	112	108	106	112	101	117
529	芦笋分类工	96	99	95	96	97	99	101	97	108
601	工具冲模制造工	109	100	105	119	111	101	104	106	115
690	花式刺绣工	93	93	91	94	96	99	101	95	101
712	牙科实验室技师	96	96	91	102	98	96	99	98	108
726	电子装配工	95	100	89	100	104	105	111	108	113

三、职业兴趣测评

(一) 职业兴趣测评概述

1. 职业兴趣测评的涵义

兴趣是指一个人对其环境中的人、事、物的喜爱程度，职业兴趣就是个体对某专业或职业的喜爱程度，职业兴趣测评即测量一个人对某种专业和职业活动的喜爱或不喜爱的程度。当一个人对于其所从事的对象、课程、活动、教育、职业或娱乐等活动产生兴趣时，就会全心全力地置身于其中，从中得到快乐和满足。反之，如果一个人对于其所从事的活动缺乏兴趣，即使经常参与该活动，也会觉得索然无味，无论是对活动的参与度或是满足感都会大打折扣。

2. 职业兴趣测评的类型

由于测量技术的不同，职业兴趣测评量表的类型可分为两种。

第一种类型为常模性量表(normative scale)，测量出来的结果可以拿来和从事某一特殊职业的人作比较，这种用来作比较的职业团体也有可能是大学的某个专业。第一个规范性的职业兴趣量表是斯特朗于 1929 年创建的。

第二种类型为同质性量表(homogeneous scale)，用来测量兴趣的一般性、整体的或是基本的范围。这一类量表通常以若干相似的题目为单位，再以数个单位组成一份测验。每个单位可以用来测量一个特殊的兴趣范围，如医学或文学。库德的职业兴趣量表、霍兰德的自我探索量表，都是以这个思路建立的。

(二) 职业兴趣测评介绍

1. 斯特朗兴趣量表

(1) 斯特朗兴趣量表概述。

斯特朗兴趣量表的前身为斯特朗职业兴趣量表(Strong vocational interest blank，SVIB)，至今已经过四次修订。它由斯特朗于 1929 年首创初版，仅限于男性使用，适用于女性的版本稍后于 1933 年出版。1938 年(男用版)和 1946 年(女用版)先后进行第一次修订，1963 年进行第二次修订，第三次修订在 1974 年，最近一次修订在 1985 年。1963 年斯特朗去世之后，SVIB 的修订工作由其弟子坎贝尔(Campbell)主持，所以 1974 年的修订本又称为斯特朗坎贝尔兴趣量表(Strong-Campbell interest inventory：fomT325，SII)。1988 年坎贝尔放弃了著作权，故目前该量表的正式名称是斯特朗兴趣量表：斯特朗职业兴趣量表的 T325 版(Strong interest inventory：from T325 of the Strong vocational interest blanks，SVIB)。

经过 60 多年的资料累积和不断修订，斯特朗兴趣量表被公认为心理测验中不可多得的经典工具，对测验本身的研究项目就不下 2000 种。目前，这份量表是全美在就业心理辅导以及人事选拔中应用最多的测量工具。

(2) 斯特朗兴趣量表的测验内容。

SVIB 的内容共有七个部分，由 325 个不同性质的题目组合而成。

第一部分为"职业"，包含 131 种不同职业的名称，如"演员"、"艺术家"、"图书管理员"等。

第二部分为"学校课程"，包含 36 种学校的学习科目或课程名称，如"簿记"、"化学"、"地理"等。

第三部分为"活动"，包含 51 项一般寻常人的活动事项，如"负责任"、"成人指导"、"调解纠纷"等。

第四部分为"休闲活动"，包含 39 种与休闲娱乐有关的活动，如"钓鱼"、"打高尔夫球"、"桥牌"等。

第五部分为"人物类型"，包含 24 种日常生活中容易接触到的人物，如"军人"、"音乐天才"、"杰出科学家"等。

以上五个部分的作答方式均为：在"喜欢"、"不喜欢"或"无所谓"三个选项中选择一个答案。

第六部分为"两种活动的偏好"，这部分题目形式较为特别，共有 30 题，每题有两种兴趣活动，受测对象必须在两者中选择自己更喜欢的一个，如驾驶飞机—代售机票；计程车司机—警察；餐厅领班—守灯塔员。

第七部分为"个人特质"，包含 14 种描述个人特质的陈述语句，填答方式为：在"是"、"否"或"无法决定"中选择一项，例如"很容易结交新朋友"、"快速作决定，不经深思熟虑"等。

2. 库德量表

(1) 库德量表概述。

库德共发展出四种量表，详见表 4-2。

表 4-2　四种库德量表

量表名称	型式	对象	记分
库德职业偏好量表 Kuder preference record-vocational	CP 与 CM	高中生与成人	CP：手记分 CM：机械记分
库德个人偏好量表 Kuder preference record- personal	AH	高中生与成人	手记分
库德普通兴趣量表 Kuder general interest surrey	E	初、高中学生	手记分
库德职业兴趣量表 Kuder occupational interest survey	DD	9～12 年级以上至成人	电脑记分

库德兴趣量表的发展历史几乎和斯特朗兴趣量表一样悠久。如表 4-2 所示，库德职业偏好量表是库德最早的量表，其采用的评量方式和斯特朗的评量方式有两个基本的差异。

首先，库德兴趣量表采用的是一种三合一式的强迫选择(forced choice triad items)，每一个题项包括三个分属于不同兴趣范畴的活动项目，要求受测对象从中勾选最喜欢和最不喜欢的活动。

其次，分数的组合并非以职业为单位，而是以兴趣范围为单位；各单位内题目的内部一致性高，而单位间的题目彼此相关性低。库德普通兴趣量表是库德职业偏好量表的修订与延伸，适用的年龄层更低，只要有小学六年级程度的阅读能力即可作答。因此，量表设计的目的并不在于选择职业，而侧重于了解个人的兴趣，为课程选择等就业探索作参考。

库德职业兴趣量表推出的时间最晚，与斯特朗的 SVIB 类似，是以效标为基准的方式呈现。但稍有不同的地方是，个人的兴趣分数并非与单一的参照职业团体作比较，而是将个人的兴趣组型与参照职业团体的兴趣组型作比较。以下仅就较常用的后两种量表的测验内容进行逐一介绍。

(2) 库德量表的测评内容。

① 库德普通兴趣量表。本测验一共有 168 个三合一的题项、504 种兴趣活动，分成 11 种分量表，它们分别为户外(outdoor)、机械(mechanical)、计算(computational)、科学(scientific)、说服(persuasive)、艺术(artistic)、文学(literary)、音乐(musical)、社会服务(social service)、文书(clerk)和验证(verification)，前 10 项为兴趣类型，最后 1 项验证分数是用来确定被试者合作或坦诚的程度。各分量表的题目数量不等，最少的是音乐(16 题)，最多的是说服(70 题)。至于题目的呈现方式，均为三个陈述句组成 1 个题项，受测者必须在这三个陈述句中选出一个最喜欢的活动和一个最不喜欢的活动，是一种强迫式的选择。例如，在参观画廊、到图书馆浏览和参观博物馆中选择一个最喜欢的活动和一个最不喜欢的活动。

② 库德职业兴趣量表。适用此量表的年龄层较高，测验结果可供就业咨询和人员安置参考。此量表共有 100 个三合一的陈述句，其分量表包括以下四部分：

一是可靠性(dependability)，以文字描述的方式呈现，包括验证分数、无法用电脑读取的题数，以及职业量表与大学专业量表分数的高低等级；

二是职业兴趣估计(vocational interest estimates，VIE)，分为十种兴趣范围(同前)，这十种兴趣的百分位数可依据表 4-3 转换成霍兰德码；

表 4-3　VIE 百分位数与霍兰德码的转换

VIE 百分位数	霍兰德码
(户外 + 机械) / 2	R
科学	E
(艺术+音乐 + 文学) / 3	A
社会服务	S
说服	E
(计算 + 文书) / 2	C

三是职业量表(occupational scales)，它将受测对象的兴趣组型与 104 种职业人员的组型相比较；

四是大学主修专业量表(college major scales)，它将受测对象的兴趣组型与 39 种大学专业学生的组型作比较。

3. 自我指导探索量表

自我指导探索量表(self-directed search，SDS)是由著名就业心理辅导理论家霍兰德设计的，与斯特朗和库德的职业兴趣量表一起成为美国职业兴趣测验的三大著名量表。

SDS 基本上由两个部分组成，一个是职业类型测验，一个是职业分类表。SDS 的基本思想是先测定自己的兴趣特性(也叫人格特点)，然后根据自己的人格特点查找适合自己的职业。很显然，职业人格类型或特点与职业之间有一种内在的联系。

霍兰德把人格分成六种类型：实用型(简称 R)、研究型(简称 I)、艺术型(简称 A)、社会型(简称 S)、企业型(简称 E)、事务型(简称 C)。每个人的人格都是这六个维度按不同程度组合而成的。与此相应地，职业也可分为这六种类型，可简称为 R、I、A、S、E、C，又称为霍兰德码。职业所需要的特性与从业人员人格的六个维度密切相关。

为了标定个人的兴趣特性或人格特性，霍兰德采用其中三个主要维度来代表其特点，同时职业也用三个维度来标定。这三个维度的排列方式称为职业三个字母，如 RIA、ASE 等。这样，经过第一部分职业类型测验确定三个霍兰德码，据此就可以和第二部分职业分类表中的三字母码相匹配。

SDS 的基本内容和实施过程如下：

要求根据个人的经历或感觉，确定自己感兴趣的职业，以便与后面测验的结果作比较。

(1) 测量。这个测验有四个方面的内容：活动、能力、职业和能力自我评价。每个方面的内容都按六种类型以 R-I-A-S-E-C 的顺序排列。而且每个方面的各种类型的题目数量是相等的(能力自我评价例外，它主要是进行六种类型活动能力水平等级的评估)。这些项目不是随机排列的，是按六种类型分别集合在一起的。

(2) 确定霍兰德码。具体方法是：把所有肯定的问答按六种类型记总分，取最大的三个维度，按由大到小的顺序排列即可。

根据这个职业三字母霍兰德码在职业分类表中找出职业，并将所选定的职业按自己喜欢的顺序来排列起来，因为每一类往往不止一个职业，而对职业的喜欢程度又有所不同。如果这些职业都不喜欢，则可以将三字母码重新排列。一般来说，这些职业会与前面所填的理想职业基本一致。

四、人格测评

(一) 人格测评概述

人格测评包括人格的测量和评价两方面的含义。简单地说，测量就是依据一定的法则，使用测量工具对人格特征进行定量描述的过程；评价就是根据某种标准对测量出的人格特征进行价值判断的过程。常言道，"权，然后知轻重；度，然后知短长。物皆然，心为甚。"科学有效的人格测评有助于实现对复杂多变的人格特征及其发展规律的有效把握。人格测评是就业心理测评工作的重要方面，也是就业心理咨询不可缺少的手段，人格测量的方法有多种，如投射测验、主题测验、自陈问卷调查法等。其中，自陈问卷调查法应用较为普遍，并已有许多成熟的量表可供选用。

(二) 人格测评介绍

1. 大五人格测验

大五人格测验是由美国心理学家柯斯塔(Costa)等在 1992 年以大五人格模型理论为依据而编制的。该量表包括 300 个项目，被试者在五点量表(从完全同意到完全不同意)上指出每个句子表示他们自身特点的程度。除了五个因素的得分，被试者还有为每个维度量表设置的六个测量特质水平的层面量表得分，这些层面量表提供了有关大五因素的每个因素内的行为的更大区分性。国内有学者引进该测验后作了修订，把项目压缩成 65 个，按照人际交往类型(同其他人的关系如何，包含两个因素：外向性和独立性)、思考类型(实际性和支配性)、情感类型(自信心)的"大五人格模型"对受试者的个性偏好进行分析。

大五人格测验具有较高的信度和效度。通过受测者对测验项目的回答，可获知其人格的外向性、宜人性、谨慎性、神经质和开放性五个方面的情况。

外向性的显著标志是个体对外部世界的积极投入。外向者乐于和人相处，充满活力，常常怀有积极的情绪体验。内向者往往安静、抑制、谨慎，对外部世界不太感兴趣。内向者喜欢独处，他们的独立和谨慎有时会被错认为是不友好或傲慢。

宜人性反映了个体在合作与社会和谐性方面的差异。宜人的个体重视和他人和谐相处，因而他们体贴、友好、大方、乐于助人、愿意谦让。不宜人的个体更加关注自己的利益，他们一般不关心他人，有时候还怀疑他人的动机。不宜人的个体比较理性，适合科学、工程、军事等要求客观决策的职业。

谨慎性指人们控制、管理和调节自身冲动的方式。冲动并不一定就是坏事，有时候环境也要求我们能够快速决策。冲动的个体常被认为是快乐的、有趣的、很好的玩伴。但是冲动的行为常常会给自己带来麻烦，虽然会给个体带来暂时的满足，但却容易产生长期的不良后果，比如攻击他人、吸食毒品，等等。冲动的个体一般不会获得很大的成就。

谨慎的人容易避免麻烦，能够获得更大的成功。人们一般认为谨慎的人更加聪明和可靠，但是谨慎的人可能是一个完美主义者或者是一个工作狂。极端谨慎的个体会让人觉得单调、乏味、缺少生气。

神经质指个体体验消极情绪的倾向。神经质维度得分高的人更容易体验到诸如愤怒、焦虑、抑郁等消极的情绪，他们对外界刺激的反应比一般人强烈，对情绪的调节能力比较差，经常处于一种不良的情绪状态下。并且，神经质维度得分高的人思维决策及有效应对外部压力的能力比较差。相反，神经质维度得分低的人较少有烦恼，不易情绪化，比较平静，但这并不表明他们会经常有积极的情绪体验，积极情绪体验的频繁程度是外向性的主要特征。

开放性描述一个人的认知风格。开放性得分高的人富有想象力和创造力，好奇心强，欣赏艺术，对美的事物比较敏感。开放性的人偏爱抽象思维，兴趣广泛。封闭性的人讲求实际，偏爱常规，比较传统和保守。开放性的人适合教师等职业，封闭性的人适合警察、销售服务性职业等。

2. 卡特尔 16 种人格因素问卷

卡特尔 16 种人格因素测验是美国学者卡特尔在综合采用观察法、实验法和多因素分析法确定了人格结构的十六种特质的基础上，编制的理论构想型人格测验。国内学者对此测验进行了引进、修订，并建立了部分省市人群的常模。

卡特尔所确定的 16 种人格特质的名称和代号是：

(A)乐群性　　(B)聪慧性　　(C)稳定性　　(E)特强性　　(F)兴奋性　　(G)有恒性

(H)敢为性　　(I)敏感性　　(L)怀疑性　　(M)幻想性　　(N)世故性　　(O)忧虑性

(Q_1)试验性　　(Q_2)独立性　　(Q_3)自律性　　(Q_4)紧张性

上述这些人格特质的含义解释如下：

因素 A

高分者：开朗、热情、随和，易于建立社会联系，在集体中倾向于承担责任和担任领导，在职业中容易得到晋升，典型代表人物如狄更斯、富兰克林、罗斯福。推销员、企业经理、商人、会计、教士、社会工作者等多具有此种特质。此种特质的人在性方面倾向于自由、早婚。

低分者：保守、孤僻、严肃、退缩、拘谨、生硬，在职业上倾向于从事富于创造性的工作，如科学家(尤其是物理学家和生物学家)、艺术家、音乐家和作家，典型代表人物如达尔文、威尔逊、爱迪生、牛顿。

因素 B

这是一个智力因素，并非产生于因素分析，高分者较聪明，低分者较迟钝。

因素 C

高分者：情绪稳定、成熟，能够面对现实，在集体中较受尊重，较少患慢性病，不容易患精神疾病，容易与别人合作，多倾向于从事技术性工作、管理性工作、飞行员、空乘、护士、研究人员、优秀运动员等，典型人物如华盛顿。

低分者：情绪不稳定、幼稚、意气用事，在事业和爱情中受挫时情绪沮丧，不易恢复，易患慢性疾病，多倾向于从事会计、办事员、农工、艺术家、售货员、教授等职业，典型人物如尼采、莫泊桑、哈姆雷特。此种特质的人一般婚姻稳定性较差。

因素 E

高分者：武断、盛气凌人、争强好胜、固执己见，有时表现出反传统倾向，不愿循规蹈矩，在集体活动中有时不遵守纪律，社会接触较广泛，有时饮酒过量，睡眠较少，不太注重宗教信仰，在婚后更看重独立性。在学校学习期间，学习成绩一般或稍差，在大学期间可能表现较强的数学能力。在职业上倾向于飞行员、竞技体育运动员、管理人员、艺术家、工程师、心理学家、作家、研究人员。此种特质的人创造性和研究能力较强，经商能力稍差，典型代表人物如恺撒、卢瑟福。

低分者：谦卑、温顺、惯于服从、随和，职业选择倾向于教士、咨询顾问、农业工人、教师、医生、办事员，典型人物如达尔文、莎士比亚以及许多著名宗教领袖。

因素 F

高分者：轻松、愉快、逍遥、放纵、身体较健康、经济状况较好，不容易患各种精神疾病和冠心病。性方面自我约束力较差，社会联系广泛，在集体中较引人注目，典型人物如伏尔泰等。在家庭中，夫妻相互独立性较强。在职业上倾向于运动员、商人、飞行员、战士、空乘、水手。惯犯中具此种特质的人较多。

低分者：节制、自律、严肃、沉默寡言，不容易犯罪。在职业上倾向于会计、行政人员、艺术家、工程师、教士、教授、科研人员等。在经济生活、道德行为、体育活动等方面都较谨慎，不喜欢冒险，学术活动能力比社会活动能力强一些，典型人物如达尔文、欧文(英国诗人)。

因素 G

高分者：真诚、重良心、有毅力、道德感强、稳重、执著，对父母孝敬尊重，对异性较严谨，受到周围人的好评，社会责任感强、重视宗教、工作勤奋、睡眠较少，在直接接触的小群体中会自然而然地成为领导性人物。在职业上倾向于会计、教士、民航驾驶员、空乘、百货店经营经理等。此种特质的人很少有犯罪违法行为。宗教先知和宗教领袖多具有此类特质，典型人物如林肯、康德等。

低分者：自私、唯利是图、不讲原则、不守规则、不尊重父母、对异性较随便、缺乏社会责任感、轻视宗教。在职业上倾向于艺术家、社会工作者、社会科学家、竞技运动员、作家、记者等。具有此种特质的人可能有违法行为，那些声名狼藉的人多具有此特质，典型人物如切利尼(意大利雕塑家)等。

因素 H

高分者：冒险、不可遏制，在社会行为方面胆大妄为，副交感神经占支配地位。在职业上倾向于竞技体育运动员、商人、音乐家、机械师等，典型人物如罗斯福、丘吉尔。

低分者：害羞、胆怯、易受惊吓，交感神经占支配地位。在职业上倾向于牧师、教士、编辑、农业工人，典型人物如狄更生、卡文迪许。

因素 I

高分者：细心、敏感、依赖，通常身体较弱、多病，不太爱参加体育锻炼，遇事优柔寡断、缺乏自信，儿童期间多受到家庭的溺爱和过分保护，很少喝酒，一般女性得分高于男性。在职业上倾向于美术、牧师、教士、教授、行政人员、生物学家、社会科学家、社会工作者、编辑；在学习上，语文优于数学，典型人物如罗素、富兰克林·罗斯福的夫人。

低分者：粗心、自立、现实，通常身体较健康，喜爱体育活动，遇事果断、自信，在职业上倾向于物理学家、工程师、飞行员、电气技师、销售经理、警察等，典型人物如马克·吐温、拿破仑。

因素 L

高分者：多疑、戒备，不易受欺骗，易困，多睡眠，在集体中与他人保持一定距离，缺乏合作精神，有时有自杀、违法、吸毒等行为。在职业上倾向于艺术家、编辑、农业工人、管理人员、创造性科研人员，典型人物如亚历山大大帝、斯大林、巴顿(美国将军)、戴高乐。

低分者：真诚、合作、宽容，容易适应环境，在集体中容易与人形成良好关系。职业上倾向于会计、飞行员、空乘、炊事员、电气技师、机械师、生物学家、物理学家，典型人物如居里夫人、艾森豪威尔。

因素 M

高分者：富于想象、生活豪放不羁、对事漫不经心，通常会在中学毕业后努力争取继续学习而不是早早就业，在集体中不太被人重视，不修边幅，不重整洁，粗枝大叶，经常变换工作，不易被晋升。具此种特质的人大多属于艺术家，较多有吸毒等违法方面的行为，典型人物如斯宾诺莎、福楼拜。现代"嬉皮士"多具此种特质。

低分者：现实、脚踏实地、处事稳妥、忧患意识强，办事认真谨慎，典型人物如卡内基等。

因素 N

高分者：机敏、狡猾、圆滑、世故、人情练达、善于处世，不易罹患精神疾病。在社会中容易取得较好的地位，善于解决疑难问题，在集体中受到人们的重视。职业上倾向于心理学家、企业家、商人、空乘等，典型人物如米歇尔、伏尔泰等。

低分者：直率、坦诚、不加掩饰、不留情面，有时显得过于刻板，不为社会所接受，在社会中不易取得较高地位。职业上倾向于艺术家、教士、汽车修理工、矿工、厨师、警卫，典型人物如托尔斯泰、卢梭等。

因素 O

高分者：忧郁、自责、缺乏安全感、焦虑、不安、自扰、杞人忧天、害羞、不善言辞、爱哭，一般朋友较少，在集体中既无领袖欲望，亦不易被推选为领袖，而且常对环境进行抱怨，牢骚满腹。在职业上倾向于艺术家、教士、农业工人，大多数宗教领袖都具有此种特质，典型人物如基督、释迦牟尼、丘吉尔等。

低分者：自信、心平气和、坦然、宁静，有时自负、自命不凡、自鸣得意，容易适应环境，知足常乐。在职业上倾向于战斗机飞行员、竞技体育运动员、行政人员、物理学家、机械师、空乘、心理学家，典型人物如成吉思汗、斯大林以及许多成功的行政领袖。

因素 Q_1

高分者：好奇心强，喜欢尝试各种可能性，思想自由、开放、激进，易接近进步的政治党派，对宗教活动不够积极，身体较健康，在家庭中较少有大男子主义。在职业上倾向于艺术家、作家、会计、工程师、教授，典型人物如萧伯纳、易卜生、马克思。

低分者：保守、循规蹈矩、尊重传统。在职业上倾向于运动员、教士、农业工人、机械师、军官、音乐家、商人、警察、厨师、保姆，典型人物如丘吉尔、维多利亚女王、法朗士、道格拉斯。

因素 Q_2

高分者：自信、有主见、足智多谋，遇事勇于自己做主，不依赖他人，不推诿责任。在职业上倾向于创造性工作，如艺术家、工程师、科学研究人员、教授、作家，典型人物如哥白尼、牛顿等。

低分者：依赖性强，缺乏主见，在集体中经常是一个随波逐流的人，对于权威是一个忠实的追随者。在职业上倾向于空乘、厨师、保姆、护士、尼姑、社会工作者，典型人物如阿尔弗雷德、奥斯汀(英国诗人)等。

因素 Q₃

高分者：有较强的自制力、意志力，能较坚定地追求自己的理想，有良好的自我感觉和自我评价，通常注重性道德，饮酒适度，在集体中能提出有价值的建议。在职业上倾向于大学行政领导、飞行员、科学家、电气技师、警卫、机械师、厨师、物理学家，典型人物如威尔逊(美国总统)等。

低分者：自我矛盾、松懈、随心所欲、为所欲为、漫不经心，不能自制，不遵守纪律，不尊重社会规范，不太注重性道德，饮酒无节制。在职业上倾向于艺术家，典型人物如罗宾汉、第欧根尼。

因素 Q₄

高分者：神经质、不自然、做作、紧张、有挫折感，经常处于被动局面，在集体中很少被选为领导，通常感到不被别人尊重和接受，经常自叹命薄，在压力下容易惊慌失措，易患高血压症。在职业上倾向于农业工人、售货员、作家、记者，典型人物如爱德华八世等。

低分者：放松、平静，有时反应迟钝、不敏感，很少有挫折感，遇事镇静自若。在职业上倾向于空乘、飞行员、海员、地理学家、物理学家，典型人物如马修、阿诺德(英国诗人)。

上述人格特质因素是各自独立的，每一种因素与其他因素的相关度极小。由于这些因素的不同组合，就构成了一个人不同于其他人的独特个性。

卡特尔16种人格因素测验标准版共由187个测验项目组成，包含16种人格特质因素，每一种人格特质因素由 10～13 个项目予以确定。测验中的项目多用中性词句，项目并没有直接联系到人格。每一因素(分量表)两端都有愿意接受的和不愿意接受的，以便于减少回答偏差。每一项目只出现在一个量表中，回答是或否的项目较为均衡，可降低定式选择回答的倾向。将16个分量表的得分放在一起，即可以得到关于受测者个性的剖析图。

在卡特尔16种人格因素测验的经验效度标准资料中，包括 50 种不同职业的剖析图类型和职业方程式，这些方程是通过对不同职业组的测量结果的回归分析得到的，可以被用来评价受测者在不同职业上的发展潜力而作为就业咨询的参考因素之一。效度标准资料中还包括 50 种不同精神心理疾患的典型剖析图，可以作为精神心理诊断的一种参考。该测验自20世纪50年代推出以来，已被世界上许多国家所采用，并广泛应用于人才选拔、人事招聘、心理咨询等领域。

五、就业价值观测评

(一) 就业价值观概述

就业价值观是人格倾向性的核心成分，是就业发展方向的风向标，也是决定人动机与行为的最根本因素。关于就业价值观的内涵，可以从三个方面加以理解。

首先，就业价值观是一种认识评价，即个体对就业价值的认识与评价，每个人都会基于自己对就业的认识，将就业评价为所谓的"好"与"坏"。"好"的工作可以帮助个体实现人生目标和体现个人价值，并得到社会的认可；"坏"的工作被认为是背离目标与需求的，是被社会所排斥的。需要说明的是，这里的所有认识与评价都基于个体的主观意识，是相对的，换一个人和角度也许这些评价的结果就不同了。也可以这样说，就业价值观所导致的就业目标只是符合了主体的需求，而并非适用于整体。

其次，就业价值观直接决定了个体的就业目标。对个体的就业决策影响最大的就是就业价值观，有的人的价值观是"物质至上"，那他的就业目标一定是追求最大化的物质获取；有的人的价值观是"情感至上"，那人与人之间和谐的关系及积极的情绪、情感体验将成为他就业追求的目标。总之，"个体从事什么职业""希望通过工作获得什么结果"，都与个体的就业价值观紧密相连。

最后，就业价值观是人们评价就业和做决策的主观标准。按照"有限决策"的观点，人们评价和决策时不可能穷尽所有的相关条件，而只是考虑了主观认为最有价值或影响最大的条件，如果该条件合适即可选择。大多数人的就业决策也是如此，而这个"最有价值"或"影响最大"的条件多为"所选职业与其价值观吻合"。那么，就业价值观就成为就业评价与决策的关键因素，甚至是唯一因素，不管实际上是否科学(因为价值观存在差异性和主观性，甚至可能发生扭曲)，就业价值观都在很多人的就业生涯规划中扮演着重要的角色。所以，要保证就业决策的科学性和有效性，可以考虑从树立正确、恰当的就业价值观入手。

(二) 就业价值观测评介绍

比较有代表性且较常用的就业价值观评测工具如《WVI 就业价值观澄清测量表》，该测试量表是美国心理学家舒伯于 1970 年编制的，用来衡量工作中和工作以外的价值观，以及激励人们完成工作目标。量表将就业价值观分为三个维度：一是内在价值观，即与就业本身性质有关的因素；二是外在价值观，即与就业性质有关的外部因素；三是外在报酬，共计 13 个因素，即利他主义、美感、智力刺激、成就感、独立性、社会地位、管理、经济报酬、社会交际、安全感、舒适、人际关系、变异性或追求新意。

该量表共有 52 道题目(题目示例见表 4-4)，每个题目都有 5 个备选答案，要求被试者根据自己的实际情况或想法，在题目后面选出相应字母(A. 非常重要；B. 比较重要；C. 一般；D. 较不重要；E. 很不重要)，每题只能选择一个答案。通过测验，可以大致了解被试者的就业价值观念倾向。

表 4-4 职业价值观量表

题 目	选 项				
	A	B	C	D	E
1. 你的工作必须经常解决新的问题					
2. 你的工作能为社会福利的提升带来看得见的效果					
3. 你的工作奖金很高					
4. 你的工作内容经常变换					
5. 你能在你的工作范围内自由发挥					
……					

该量表中的 52 个题分别对应考察了 13 种就业价值观。被试者选择 A 得 5 分、选择 B

得 4 分、选择 C 得 3 分、选择 D 得 2 分、选择 E 得 1 分。测试结束后，需要将量表各题得分按"就业价值观评价表"(见表 4-5)中的归类进行汇总，所得的 13 个总分即表示被试者在对应就业价值观类型上的偏向。一般认为，得分最高的三个类型从高分到低分的组合即为个体的主导就业价值观。

表 4-5　就业价值观评价表

价值观	说明
利他主义	工作的目的和价值在于直接为大众的幸福和利益尽一份力
美感	工作的目的和价值在于能不断追求美的东西，得到美的享受
智力刺激	工作的目的和价值在于不断进行智力操作、动脑思考、学习以及探索新事物、解决新问题
成就感	工作的目的和价值在于不断创新，不断取得成就，不断得到领导与同事的赞扬，或不断实现自己的目标
独立性	工作的目的和价值在于能充分发挥自己的独立性和主动性，按自己的方式、步调或想法去做事，不受他人的干扰
社会地位	工作的目的和价值在于自己从事的工作在他人心目中有较高的社会地位，从而使自己得到他人的重视与尊敬
管理	工作的目的和价值在于获得他人或某事物的管理支配权，能指挥和调遣一定范围内的人或事物
经济报酬	工作的目的和价值在于获得优厚的报酬，使自己有足够的财力去获得自己想要的东西，使生活过得较为富足
社会交际	工作的目的和价值在于能和各种人交往，建立比较广泛的社会联系和关系，甚至能和知名人士结识
安全感	不管自己能力怎样，希望在工作中有一个安稳局面，不会因为奖金、涨工资、调动工作或领导训斥等经常提心吊胆、心烦意乱
舒适	希望能将工作作为一种消遣、休息或享受的形式，追求比较舒适、轻松、自由、优越的工作条件和环境
人际关系	希望一起工作的大多数同事和领导人品较好，相处在一起感到愉快、自然，认为这就是很有价值的事，是一种极大的满足
变异性或追求新意	希望工作的内容经常变换，使工作和生活显得丰富多彩，不单调枯燥

第五章　常见就业心理障碍与调适

第一节　就业心理障碍概述

一、心理健康与心理不健康

(一) 心理健康的涵义

第三届国际心理卫生大会(1946)曾认定心理健康的标志是："身体、智力、情绪十分协调；适应环境，在人际关系中彼此能谦让；有幸福感；在职业工作中能充分发挥自己的能力，过着有效率的生活。"

本书把心理健康定义为：心理健康是指心理形式协调、内容与现实一致和人格相对稳定的状态。

(二) 心理健康的标准

1. 评估心理健康的三个标准

许又新(1988)提出心理健康可以用三类标准(或三个维度)来衡量，即体验标准、操作标准、发展标准。他同时指出，衡量心理是否健康时，不能孤立地只考虑某一类标准，要把三类标准联系起来，综合地加以考察和衡量。

第一，体验标准指个人的主观体验和内心世界的状况，主要包括是否有良好的心情和恰当的自我评价，等等。

第二，操作标准指通过观察、实验和测验等方法考察心理活动的过程和效应，其核心是效率，主要包括个人的心理活动效率和个人的社会效率或社会功能，如工作及学习效率高低、人际关系和谐与否，等等。

第三，发展标准着重对个体心理发展状况进行纵向考察与分析。

2. 心理健康水平的十个标准

郭念锋于 1986 年在《临床心理学概论》一书中提出了评估心理健康水平的十个标准。

(1) 心理活动强度。心理活动强度是指对于精神刺激的抵抗能力。在遭遇精神打击时，不同的人对于同类精神刺激的反应各不相同，这表明不同人对于精神刺激的抵抗力不同。抵抗力差的人往往反应强烈，并容易遗留下后患，可以因为一次精神刺激而导致反应性精神障碍或癔病；而抵抗力强的人，虽有反应，但不强烈，不会致病。这种抵抗力，或者说心理活动强度，主要和人的认识水平有关。一个人对外部事件有充分理智的认识时，就可以相对地减弱刺激的强度。另外，人的生活经验、固有的性格特征、当时所处的环境条件以及神经系统的类型，也会影响这种抵抗能力。

(2) 心理活动耐受力。它是指对强大精神刺激的抵抗能力。这种精神刺激可以使耐受力差的人处在痛苦之中，在经历一段时间后，便在这种精神折磨下出现心理异常，个性改变，精神不振，甚至产生严重生理疾病；但是，也有人虽然被这种不良刺激缠绕，日常也体验到某种程度的痛苦，但最终不会在精神上出现严重问题，有的人甚至把不断克服这种精神苦恼当作强者的象征，作为检验自身生存价值的指标，还有人甚至可以在别人无法忍受的逆境中做出光辉成绩。我们把长期经受精神刺激的能力，看作衡量心理健康水平的指标，称为心理活动耐受力。

(3) 周期节律性。人的心理活动在形式和效率上都有着自己内在的节律性，例如人的注意力水平就有一种自然的起伏。不只是注意状态，人的所有心理过程都有节律性，一般可以用心理活动的效率做指标去探查这种客观节律的变化。有的人白天工作效率不太高，但晚上就很有效率，有的人则相反。如果一个人的心理活动的固有节律经常处在紊乱状态，不管是什么原因造成的，我们都可以说他的心理健康水平下降了。

(4) 意识水平。意识水平的高低往往以注意力品质的好坏为客观指标。如果一个人不能专注于某种工作，不能专注于思考问题，思想经常"开小差"或者因注意力分散而出现工作上的差错，我们就要警惕他的心理健康问题了。因为注意水平的降低会影响意识活动的有效水平。思想不能集中的程度越高，心理健康水平就越低，由此而造成的其他后果，如记忆水平下降等也越严重。

(5) 暗示性。易受暗示的人，往往容易被周围环境的无关因素引起情绪的波动和思维的动摇，有时表现为意志力薄弱。他们的情绪和思维很容易随环境的变化而变化，具有精神活动不太稳定的特点。当然，受暗示的情况在每个人身上都多少存在，但水平和程度差别是较大的，女性比男性较易受暗示。

(6) 康复能力。在人的一生中，谁也不可避免遭受精神创伤，在精神创伤之后，情绪会出现极大波动，行为暂时失常，甚至某些生理疾病都是可能出现的，但是由于人们各自的认知能力和经验不同，从一次打击中恢复过来所需要的时间也有所不同，恢复的程度也有差别。这种从创伤刺激中恢复到往常水平的能力，称为心理康复能力。康复水平高的人恢复得较快，而且不留明显痕迹，每当再次回忆起这次创伤时，他们表现得较为平静，原有的情绪色彩也会很平淡。

(7) 心理自控力。情绪的强度、情绪的表达、思维方向和思维过程都是在人的自觉控制下实现的。所谓不随意的情绪和思维，只是相对的，它们都有随意性，只是水平不高，以致难以察觉罢了。对情绪、思维和行为的自控程度与人的心理健康水平密切相关。当一个人身心十分健康时，他的心理活动会十分自如，情绪的表达恰如其分，辞令通畅，仪态大方，不过分拘谨，不过分随便。这就是说，我们观察一个人的心理健康水平时，可以从他的自我控制能力进行判断。为此，精神活动的自控能力不失为一个判断心理健康水平的指标。

(8) 自信心。当一个人面对某种生活事件或工作任务时，首先是估计自己的应对能力。有些人进行这种自我评估时有两种倾向，一种是估计过高，一种是估计过低，前者是盲目的自信，后者是盲目的不自信。这种自信心的偏差所导致的后果都是不好的。前者由于过高地评估自我，会在实际操作中因掉以轻心而导致失败，从而产生失落感或抑郁情绪；后者由于过低评价自己的能力而畏首畏尾，因害怕失败而产生焦虑不安的情绪。

一个人是否有恰如其分的自信，是精神健康的一个标准。自信心实际上是正确自我认知的能力，这种能力可以在生活实践中逐步提高。但是，如果一个人具有"缺乏自信"的心理倾向，对任何事情都显得畏首畏尾，并且不能在生活实践中不断提高自信心，那么可以说，此人的心理健康水平是不高的。

(9) 社会交往。人类的精神活动得以产生和维持，其重要的支柱是充分的社会交往。如果社会交往被剥夺，必然会导致精神崩溃，出现种种异常心理。因此，一个人能否正常与人交往，标志着一个人的心理健康水平。

当一个人毫无理由地与亲友和社会中其他成员断绝来往，或者变得十分冷漠时，就构成了精神障碍症状，叫做"接触不良"。如果过分地进行社会交往，与任何素不相识的人也可以"一见如故"，也可能是一种躁狂状态。在现实生活中，比较多见的是心情抑郁，人处在抑郁状态下，社会交往受阻较为常见。

(10) 环境适应能力。从某种意义上说，心理是适应环境的工具，人为了个体保存和种族延续，为了自我发展和完善，就必须适应环境。因为，一个人从生到死，始终不能脱离自己的生存环境。环境条件是不断变化的，有时变动很大，这就需要采取主动性或被动性的措施，以使自身与环境达到新的平衡，这一过程叫做适应。主动适应的内涵是积极地去改变环境；消极适应的内涵是躲避环境的冲击。

有时，生存环境的变化十分剧烈，个体对它无能为力，面对它只能韬晦、忍耐，即进行所谓的"消极适应"。"消极适应"只是形式，其内在意义也包含积极的一面，起码在某一时期或某一阶段上有现实意义。当生活环境突然变化时，一个人能否很快地采取各种办法去适应，并以此保持心理平衡，往往标志着一个人心理活动的健康水平。

二、就业心理障碍概述

对大学生来说，从求职就业开始的职业生涯是他们人生重要的组成部分。选择适合的职业，充分发挥自己的潜能，满足职业兴趣与理想，实现人生目标与意义是每一个有志大学生的愿望。但是，对于涉世未深、刚刚接触社会的大学生而言，不管是职业选择、生涯规划，还是工作实践都是具有巨大挑战性的课题。

大学生就业是人生之路的重要十字路口，是毕业生思想负担或心理压力最重、思想最容易出现混乱和矛盾的时期。这一时期，学业上"只许成功，不许失败"，求职过程中近乎残酷的竞争，以及来自家庭、社会等方方面面的压力汇集在一起，使毕业生承受了巨大的心理压力。而近年来，由于就业体制的变化、应用型本科院校转型发展和社会转型等方面因素的影响，大学毕业生的就业压力越来越大。面对就业矛盾日益尖锐、社会竞争日益加剧的形势，在择业过程中，部分大学生的择业心理呈现出多种不成熟的表现形式，常常会因此产生不同类型和程度的心理不健康状态，衍生出许多就业心理障碍。就业心理障碍是指人们在寻找理想职业的过程中所遇到的难以克服的阻碍而产生的紧张状态或情绪反应，如紧张、焦虑、烦躁、郁闷等。能否正确认识且有效应对这些问题，保持身心的健康稳定，是大学生就业成败的关键。

第二节　常见就业心理障碍

一、自我认知心理障碍

自我认知是自我意识的认知成分，包括自我感觉、自我观察、自我分析、自我评价等内容，它所回答的是"我是怎样的一个人"。自我认知要求对自己各方面有一个系统的、真切的了解和认识，并能够按照社会性的尺度考察自己，对自己作出恰当的评价。

(一) 自卑

自卑是一种缺乏自尊心、自信心的表现，自卑常和怯懦、依赖等心理交织在一起。自卑心理通常表现为对自己的能力评价过低，看不起自己。

自卑是大学生在求职过程中一种常见的心理现象，这是由于受到暂时性挫折而产生的一种心理障碍。大学生在求职过程中难免会有面试失败的经历，在工作上难免会遇到各种各样的打击，这些失败和挫折会使大学生产生自卑心理。德国哲学家黑格尔说过："自卑往往伴随着懈怠"。有自卑心理的大学生总认为自己在某些方面不如他人，如学习成绩、社交能力以及家庭背景等。特别是一些性格比较内向、不善言辞、成绩平平者，他们面对择业市场时，常常产生自卑心理，不敢大胆推荐自己，认为自己竞争力不够。

有些大学生不能客观地认识自己，在择业中缺乏自信心，勇气不足。例如，有的大学生认为自己相貌不好，怕用人单位以貌取人，更害怕被用人单位拒绝而无地自容。自卑心理源于他人对自己的不客观评价和自己对自己的消极暗示。反复的消极暗示可能导致认知功能的丧失，尤其是对于一些自我意识发展不健全的大学生，强烈的自卑心理会成为他们择业乃至生活的最大障碍。自卑使一些学生悲观失望、忧郁孤僻、不思进取，阻碍了其聪明才智的正常发挥，使其在择业过程中过于拘谨，缺乏勇气和自信，不敢面对竞争，不敢参与竞争；在面试时，更是紧张得言行拘谨，词不达意，从而错失良机，影响求职择业。

(二) 自负

自负是一种过高地估计个人能力，失去自知之明的心理。自负的学生与自卑的学生正相反，前者往往盲目乐观和自信，在求职择业过程中表现为不能清醒地分析当前的就业形势，不能正确评价自身的能力和素质，盲目追求好单位、高工资，期望值过高。在自负心理的支配下，部分大学生的择业观念不正确，自认为是"天之骄子"，对自己估价过高，自认为什么都懂，什么都会，心理定位偏高，只看到自己的优点，看不到自己的弱点，表现出非常强的优越感。因此，在择业过程中，他们往往不切实际地追求高工资、高名利的单位，而对一般的工作单位百般挑剔，甚至提出过高的要求。这些学生好高骛远，期望值过高，看不上这个单位，瞧不起那个职业，不愿从基层做起，认为那样会让自己的能力淹没在平凡中。孤傲心理是不能客观地自我分析和自我评价的表现。一旦有了这种心理，就很容易脱离实际，以幻想代替现实，使自己的择业目标和现实产生极大的反差，倘若未能如愿，则情绪会一落千丈，从而产生孤独、失落、烦躁、抑郁等心理现象。

(三) 攀比

攀比是指学生不能积极地对自己进行正确、客观、公正的分析，特别是忽略自身的个体差异性与自我的主动性和创造性，与其他学生的择业情况存在偏差时产生负面情绪的心理过程。攀比心理表现在：总是这山望着那山高，总认为别人的准备和选择比自己的好，盲目地向别人看齐。在就业工作中，每个人由于家庭背景以及能力和性格、碰到的机遇各不相同，所以在职业选择上不具有可比性。而青年大学生大都争强好胜、虚荣心强，不屑到基层工作，总想找一份十全十美的工作，这种攀比心理使得他们经常四处碰壁。一些同学看见或听说别人找到了条件优越、效益较好的单位，心理上就不平衡，抱着"他能去，我更能去"的观点，非要找一个条件更好的单位，而不考虑自身条件、社会需要、职业发展及就业中的机遇因素。这些消极与不良的心理，极大地影响了他们在与应聘单位的互动中对自己和对方进行客观的思维和判断能力，浪费或错失了许多就业机会，最终使自己很难实现理想的就业目标。

(四) 从众

从众心理是指大学生在就业中在认知、判断和行为等方面与他人保持一致的心理。大学生正处于人格逐渐完善和成熟的阶段，容易受社会思潮和社会观念的影响，缺乏主见和能动性，从众心理较为严重。持有这种心理的大学生，无论是应聘前的准备还是单位的选择，都表现出个人意向的缺失，人云亦云，盲目听从或跟随别人的意见，"月亮走，我也走"，而不考虑自己的专业范围、职业兴趣、事业追求、实际能力与综合素质等。例如，部分大学生容易忽视自身所学专业和特长而盲目从众，如盲目寻求热门单位、热门职业，将自己的就业单位定位于机关事业单位、国有大中型企业；将自己的就业区域定位于大中型城市、经济发达地区，死守"天(天津)、南(南方沿海城市)、海(上海)、北(北京)"，不去"新(新疆)、西(西藏)、兰(兰州)"；将自己的起点固定于高薪职位，盲目追求物质享受，强调职业的功利价值，等等。在从众心理的驱使下，大学生不顾自身实际情况，在心理上限制了自己，使择业面变窄；当看到其他同学纷纷签约时，按捺不住躁动，仓促签约，最终不能做到"人职匹配"。

(五) 依赖

依赖心理是指大学生在就业中缺乏独立意识和自主承担责任的意识。持有这种心理的人缺乏独立意识和责任感，缺乏进取精神，没有个人独立的决策能力，抱着"等、靠、要"的依赖思想，寄希望于学校、家庭，甚至把自己的就业看作学校、家长的"义务"。这部分学生虽然已经长大成人，渴望早日走向社会，但通常自立意识不强，缺乏独立承担责任、解决问题的能力，对其就业以及往后的发展存在着消极思想和看法；在择业时，从不主动寻找机会，不能主动地去竞争、去推销自己，把择业的任务推给父母、亲友，一切依赖他人。

在人才市场上，父母代替子女与用人单位洽谈的场面屡见不鲜，好像不是大学生自己求职，而是父母亲属在求职。产生依赖心理的学生群体主要来自于独生子女或者家庭经济、社会条件较好的学生群体之中，这一类学生群体大部分是 20 世纪 80 年代出生的，良好的社会环境和家庭环境造就了他们依赖性强、独立性差的心理特点。因此，在就业过程中，他们往往缺乏主动性和积极性，不去主动寻找和争取就业岗位，而期望家庭成员利用各种力量为其提供现成的、优越的工作岗位。

(六) 功利

功利是指大学生在择业时一味地追求那些经济收入丰厚、社会声望较高的职业和经济发达、生活环境优越的地区的心理倾向。这种心理也被近年来诸多关于大学生择业行为的调查报告所证实。调查表明：大学生在择业时选择的单位性质依次为外资企业(28.27%)、合资企业(13.84%)、事业单位(13.72%)、国有企业(13.6%)、党政机关(6.34%)；大学生选择的单位所在地区依次为上海(32.25%)、北京(27.56%)、深圳(12.56%)、广州(6.85%)、大连(5.01%)。

对经过十几年寒窗苦读的大学生来说，在走向社会之际，希望有一个称心如意的工作，这是真实人性的表现，本无可厚非。然而，对大多数大学生来说，这恰恰也是一个心理误区。首先，这些被大学生首选的职业岗位毕竟有限，不可能满足大学生的普遍要求；其次，大学生的自身条件也各有差异，这些为大学生普遍向往的职业未必是自己成就一番事业的最佳选择。具有这种功利障碍的学生中农村贫困大学生占有较大比例。他们为了保持"山窝里飞出的金凤凰"、光宗耀祖的自豪感和做"人上人"的优越感，想通过自己的实力和学习，毕业后留在大城市、大机关、大企业、大公司，成就一番大事业，实现人生价值，改变命运，回报父母和家庭。功利思想加剧了他们对物质生活的渴求，常常会令他们产生一种不切实际的幻想和攀比心理，使其对就业的选择变得盲目和急功近利，因此极大地加重了心理负担和就业压力。

(七) 固执狭隘心理

固执狭隘心理是指大学生在择业中缺少变通性，例如狭隘的"专业对口"心理。他们不顾社会需要，不顾社会分工与专业分工的辩证关系，只看到专业的独特性，无视专业的伸缩性；只看到专业的唯一性，无视专业的适应性。

在人事制度和大中专毕业生就业制度改革后，毕业生想用其所学，发挥专业特长，成为职业能手，这是"专业对口"心理产生的个体现实需要。但是，如果一味地按自己所学专业去择业，就会使自己受到限制。专业不等于职业，即使专业与职业完全对口，要在这个职业中充分发挥自己的作用，仅靠在校学到的专业知识也是不够的。实际上，很多用人单位不仅看重专业，更看重专长，尤其看重创造性和协调能力。日本中型以上的公司在招聘时，从来不管你是哪个专业的，只要他认为你适合这个岗位，无论你是什么专业都行。

目前，职业和专业呈现了相关性、边缘性、交叉性和通用性的趋势，个体在择业求职时，不能只拘泥于自己的专业，应该学会变通，灵活地自我调节。如果死板地固守自己既定的目标，忽视现实，那么择业范围将大大缩小，成功的机会也大大降低。

二、情绪心理障碍

(一) 情绪心理障碍概述

当人们在感知事物时，不论是对躯体内部的感觉，还是对外部世界的感知，必然会伴随着相应的态度和外部表现，如面部表情、身体的姿势和音调的高低等，以表达喜、怒、哀、乐、爱、憎等情绪体验，总称为情绪活动，它是人类对客观事物的主观态度。例如，一个人听到坏消息时，随之可产生悲哀和痛苦的体验，流露出忧愁的表情，并且哭泣。相反，当一个人听到好消息时，就可产生高兴和喜悦的体验，流露出愉快的表情，并且发笑。当人们在感知事物时，不能正常地表达情绪活动的状态，即为情绪心理障碍。

(二) 情绪心理障碍介绍

1. 焦虑

焦虑是由心理冲突或挫折引起的，是一种复杂的情绪反应，主要表现为恐惧、不安、忧虑及某些生理反应。

有的大学生在求职时往往希望尽快落实就业单位，或幻想无需付出多大努力就能找到称心如意的单位；有的大学生求职时，面对用人单位严格的录用程序(如笔试、口试、面试、心理测试)感到胆战心惊；有的人因学习成绩不理想而烦恼；有的人因性别和学历层次等不敢大胆求职。绝大多数大学生在择业过程中，都会或多或少地出现焦虑。优秀学生焦虑的问题是能否找到实现人生价值的理想单位；学业成绩不理想的学生焦虑没有单位选中自己怎么办；女同学为用人单位"只招男性"而焦虑……对每一个涉世不深、社会经验缺乏的大学生们来说，就业过程中存在一定的焦虑是正常的，这是他们人生中的一次重大转折，如何做出正确的选择，成为他们困惑的难题。就业对毕业生来说，既是机遇又是挑战，数年的寒窗苦读，一方面是为了更好地参加祖国现代化建设，另一方面是为了找到一份理想的职业，实现自我价值。

从心理学上说，轻度的焦虑人皆有之，是正常；适当的焦虑可以使人产生压力感，促使人积极向上；过度的焦虑则会干扰人的正常活动，导致严重的心理障碍或疾病。高强度的焦虑表现为：心急如焚，顾虑重重，没精打采，坐立不安，注意力难以集中，精神恐惧；或者因为应聘失败，意志消沉，甚至产生彻夜难眠的现象；行为上也表现为反应迟钝，无所适从，生理机制失调，如呼吸和脉搏加快，四肢发凉，出虚汗，心理产生压迫感或放射性疼痛等。这些势必会导致用人单位对自己做出不正确的评价，也必然造成就业失败。

2. 抑郁

抑郁是指情绪低落、内心沉重、忧虑沮丧、悲观失望、生活乏味、自我感觉不良、疲倦乏力、无精打采等以心境低落为主的情绪症状，甚至有生不如死之感。

大学生在求职过程中由于常常遭受挫折，不被用人单位认可，会因情绪低落、心情压抑、沮丧、无精打采而产生抑郁心理。处于抑郁状态的大学生，一般以个体心中持久的情绪低落为主，常伴有身体不适、睡眠不足，陷入择业失败的阴影中难以自拔，生活中稍有不顺心的事，情绪就很难平静下来，过度敏感。如果不能在一定时间内化解抑郁心理，严重的会导致心理障碍或心理疾病，从而影响再次择业。

3. 攻击

攻击是焦虑发展的严重阶段，学生对前途没有信心，逃避现实，以致出现思维紊乱，容易发怒，甚至出现攻击他人、损坏公物等行为。

一些大学生在择业过程中因为社会上的某些不正之风而导致落聘，由此而感到社会就业竞争不公，对社会产生敌视心理。还有些大学生在求职中因输给同班同学而产生敌视或攻击心理。当个体受到挫折时，常常会产生愤怒情绪，并由此出现攻击性行为，把自己愤怒的情绪和行为直接作用于造成挫折的人或事物上。大学生遭受求职挫折，往往会情绪激奋，这种情绪一旦失去控制，很容易发生攻击性行为。这种攻击性行为可以分为直接攻击和间接攻击。有些大学生会暴跳如雷，和用人单位产生冲突；有的则会埋怨父母没有社会资源可以利用或办事不力，这是直接攻击；有些大学生会将矛头转向其他目标，如踢门、摔杯子等，这是间接攻击；有些大学生则把矛头指向自己，进行自我攻击，如就业受挫后会责怪自己无能，严重的还可能会自杀。近年来出现大学毕业生自杀的现象正是自我攻击的一种表现。

三、人际关系障碍

(一) 人际关系障碍概述

人际关系包括人际相处和人际交往两个方面。相应地，人际关系障碍也涉及两种类型，即人际相处障碍和人际交往障碍两个方面。

(二) 人际关系障碍介绍

1. 人际相处障碍

人际相处障碍是指在日常生活中难以与周围的人和谐共处，较多体验到负面情绪，明显影响人际双方正常生活的一类现象。这种障碍的心理危害性很大，能够顽固地折磨个体，造成多种神经症或身心疾患。从相处障碍的严重程度，由轻而重可分为人际紧张、人际敌视、人际冲突。

(1) 人际紧张。由于言谈举止、行为习惯等方面的差异而导致与人相处时不能彼此、悦纳的情形，称为人际紧张。当个体能够感到自己的人际关系有点不正常时，人际张力增大。处于紧张状态的人际关系，只要双方适当改变自己的某些方面，就可能缓解紧张，恢复和谐的人际关系。不过，人际紧张的原因有时是比较隐晦的，人际双方都不清楚如何调整自己，从而使紧张状态持久地存在着。

(2) 人际敌视。处于人际紧张的个体，由于没有及时解决相应的问题，使人际紧张进一步发展，当人际张力增大到某一程度时，就形成了人际敌视或人际僵局。如果说人际紧张还好调理的话，那么人际僵局就难改善了。这种敌视成了人际双方顽固的情感与态度的定势，一方弥散性地敌对、仇视另一方，犹如积了几辈子的怨恨。

(3) 人际冲突。人际相处障碍的最高表现形式是人际冲突，即人际双方在言语、行动上直接而强烈的对立乃至殴斗。虽然人际冲突具有突发性，出现的频率也不高，但是相处中的人际冲突往往是在人际敌视的基础上，由某种当前因素引发的。发生冲突时，个体的理智下降，非常容易做出极具伤害性的事情，以至于长久地留下心理创伤或生理损害。

2. 人际交往障碍

人际交往障碍是指在现实生活中无法按照自己的意愿与别人进行必要的交流与沟通，个体为此而感到苦恼，并已经明显影响个体正常生活的一类现象。这种障碍不但影响个体的人际状况，而且会使个体的整个精神方面都受到消极影响，产生自卑、孤独、自负等情感。交往障碍的不利后果使个体形成条件性的交往无能。大学生的人际交往障碍也不同程度的存在，从轻到重可分为人际羞怯、人际恐惧和人际逃避。

(1) 人际羞怯。个体在许多交往活动中习惯性地出现紧张反应，如脸红、结巴、口干、心慌，特别是面对一些特殊人物时更是如此，从而造成个体不愿积极交往的现象，称为人际羞怯。人际羞怯是一种胆小、脆弱的性格特征，是一种"丑媳妇怕见公婆"的人际心理障碍。有些学生缺乏主动参与意识，信心和勇气不足，在择业过程中谨小慎微，常常畏首畏尾，不敢自荐。在用人单位面前不是语无伦次，就是面红耳赤、张口结舌、支支吾吾、答非所问，辛辛苦苦准备的"台词"、腹稿，一急之下忘得一干二净；生怕说错话，害怕问题回答得不好而影响自己在用人单位代表心目中的形象，以致于不敢放开说话，该表达的未表达，不敢向用人单位展示和推销自我，没有把自己的优势和特点表现出来。这些学生渴望公平，但在机遇到来时却手忙脚乱，局促不安；他们盼望竞争，但在机遇面前却不能充分发挥自己的才能，在自我推销过程中退下阵来。这种怯懦心理也多见于一些女生以及性格内向和忧郁气质类型的学生。

(2) 人际恐惧。个体在交往活动中经常出现惊慌失措、局促不安、无所适从、自我迷失的现象，称为人际恐惧。这是比人际羞怯更严重的一种交往障碍，个体几乎无法进行交往活动。人际恐惧使个体极其敏感于交往，并且产生泛化，进一步加重人际交往障碍。人际恐惧是对特定的无实质危害的事物或场景的非理性的惧怕。对就业影响最大的当属人际恐惧。患有人际恐惧的个体表现出害怕公开交流、回避人际往来、缺乏自信等心理特征，在公共场合讲话时，会因紧张而出现双手发抖、脸红心跳、声音发颤，甚至口吃等焦虑反应。这类个体只要在公开场合，就会觉得自己说话不自然，不敢抬头或正视对方。在最初的就业应聘环节就会受到很大影响，如面试时无法正常表达，笔试时难于落笔、思维混乱等。当然，这种心理还会影响职业生涯的全程，这种不良心理给个体的社会交往带来障碍，不仅会影响职业活动中能力的正常发挥，还会影响生活的很多方面。有人认为紧张是恐惧，这是不对的，人际恐惧的评价更为复杂，不单单是以紧张与否来进行认定。通常来说，大部分人面对陌生、未知、重要场合时都会产生紧张心理，这是一种正常的现象，研究表明，适当的紧张状态有利于能力的发挥。简单地说，人际恐惧的紧张已经达到了个体无法承受和控制的程度，而一般的紧张是在可控范围内的，不会严重妨碍心理与行为活动的范畴。严重的恐惧心理对我们的生活、工作产生很大的不利影响，必须得到重视，如有需要应该向专业机构寻求帮助。

(3) 人际逃避。人际逃避的直接表现就是冷漠。冷漠是遇到挫折后的一种消极心理，是一种对周围的人或事无动于衷、漠不关心、置之不理的情绪体验，是个体对挫折的退缩式反应，是逃避现实的表现。一般而言，多数大学毕业生血气方刚，情感丰富，富有激情，但也有少数大学生对就业表现出冷漠。引起大学生情绪冷漠的主要原因是对战胜挫折、克服困难自感无能为力，从而失去信心和勇气，不积极主动争取就业机会，对原先追求的目标失去兴趣以至于甘心退让，表现为漠不关心、情绪低落、麻木冷漠。此外，缺乏家庭的温暖，缺乏安全、信任、尊重的社会环境，也会造成大学生性格孤僻、态度冷漠。在择业过程中，由于经受不住挫折的打击，有些大学生态度冷漠，不关心国家大事，不关心他人，对自己的人生价值、前途漠然处之；意志衰退，心灰意冷，缺乏进取精神；自以为看破世事，逃避现实，听天由命，随波逐流，消极应对。

第三节　就业心理障碍的调适

一、就业心理障碍调适的原则

就业心理障碍调适可采用的原则主要有差异性原则、主体性原则、自信性原则、竞争性原则、心理援助原则。

(一) 差异性原则

差异性原则是指在就业心理障碍调适中充分认识到大学生个体的差异性，采用不同的方法进行调适，目的是彰显个性、突出核心竞争力的同时，又能增强就业心理辅导的针对性。个体差异的存在是心理调适难以回避的问题，关键在于如何看待。就业指导教育坚持以学生为本，实现学生全面自由发展，努力提升就业效果。因此，必须重视学生的个体差异，尊重个性多样性，鼓励个人能力倾向的多样化，并通过分层指导、多样化的社会实践活动来实现目标。人性的多样性也决定了学生个人的能力和潜力存在差异。对多样性的承认，意味着对差异的尊重。学生的就业能力差异是一种自然现象，正因为存在能力差异，学生在就业过程中往往容易从个体角度考虑自身对就业的种种要求，而忽视或者轻视社会现实的要求，以至于自我评价呈现出个体性特点。当个体进入社会后，不可避免地会发生矛盾甚至冲突，从而对大学生就业造成严重影响。因此，就业心理的调适应坚持差异性原则，正视现实、接受现实，在正确认识社会需求和自身优势的基础上，调整就业期望值，树立"先就业、后择业、再创业"的良好心态。

(二) 主体性原则

主体性原则是指在大学生就业心理障碍调适中必须确立"主体观"，培养自主调节的能力，成长为能进行自我教育和独立进行就业活动的主体。在当前择业过程中，毕业生与用人单位始终是双选的主体，各级教育行政主管部门、教师只是在国家政策范围内行使指导、服务、检查、监督职能，必须充分尊重两个主体的意愿。学校要加强对毕业生的主体性教育。大学生既是就业指导的客体，也是就业实践活动的主体，其主体性表现在主体教育的过程中。从教育过程来看，就业、择业教育活动的组织实施，不仅能够提高学生参与活动的趣味性与实践性，有助于把就业心理辅导的相关理论内化成学生的自身要求，而且能发挥学生的主观能动性，实现从"教师主体"到"学生主体"的转变。要引导学生用理论指导就业实践，开展丰富多彩的就业实践活动，通过到用人单位参观学习、实习，到人才市场亲身体验和在校内举行人才洽谈会等活动，在实践中培养学生的职业素质和择业能力，增强学生的抗挫能力；通过深入人才服务中心、劳务市场等就业一线课堂，向学生提供咨询服务，从而培养学生的就业主体意识，调适学生的就业心理障碍。

(三) 自信性原则

自信性原则是指大学生在择业过程中对自身力量的一种确信，哪怕自己遭遇到就业挫折，也能进行自我心理调适，深信自己一定能够成功就业。自信是成功就业的关键，大学生需要合理定位个人的择业目标，积极奋进，逆势飞扬，内外兼修，提升个人的求职竞争力。首先要相信自己的力量，善于发现自己的优势。每个人都有优势和弱点，关键是要善于发现自己的优势，并利用优势，把它发挥到最佳状态。只有认识到了自己的优势，才能做到敢于竞争，才会有较好的竞争状态，从而获得自信。其次，要善于抓住机遇。机遇是可遇不可求的，自信可以帮助你抓住生活中转瞬即逝的机遇。当前，求职者可以不局限于去一个单位应试，还可主动寻找其他单位，主动寻找机会推荐自己。大学生要用自信成功敲开就业的大门。在择业遇到挫折和心理困惑时，学会客观地分析自我与现实，有效地排除心理困扰，保持积极而又稳定的心态，维护自己的身心健康，寻找最佳途径实现自己择业的理想和目标。

(四) 竞争性原则

竞争性原则是指大学生在就业心理调适中，必须明确"双向选择，自主择业"的机制为每一个大学生都提供了展示自我、公平竞争的大舞台，只有敢于竞争，才能抓住就业机遇。当前，大学生选择单位时要公开、平等的竞争，用人单位在选择毕业生时要择优录用。就业竞争机制的引入为大学生提供了一个自由而广阔的择业环境，这就对大学生提出了敢于竞争、善于竞争，主动适应社会现实的要求。

1. 敢于竞争

强化竞争意识是大学生在择业前最基本的心理准备。一是要在正确自我评价的基础上，充分相信自己的实力，敢于通过竞争去达到理想的目标。二是必须在心理上准备同"铁饭碗""大锅饭"的传统告别，必须从社会进步和深化改革的角度来加深对竞争机制的认识，强化自身的竞争意识，自觉地正视社会现实，转变观念，做好参加竞争的心理准备。

2. 善于竞争

要想在求职与择业中取得成功，仅仅做到敢于竞争还不够，还必须善于竞争。善于竞争需要具备良好的心理素质、实力和良好的竞争状态。这就要求大学生既要注意保持适当的就业期望值，又要有效调节自己的情绪，增强就业竞争意识，告别依赖和从众心理，勇敢面对社会竞争的挑战和压力，勇于承受在人才市场中遇到的困难和阻力。

(五) 心理援助原则

心理援助原则是指在大学生就业心理调适中需要社会、学校的支持，对学生开展就业指导教育、就业心理辅导等心理援助，让大学生迅速走出逆境，恢复积极健康的就业心态。首先，开展就业指导教育。专业化、全程化、系统化的就业指导能够唤起学生的职业生涯意识，帮助学生进行理性的自我认知与定位，发展职业素质，对解决学生在就业过程中的心理障碍有很大的作用。其次，加强就业心理辅导。这不仅可以解决学生就业过程中的心理问题，还能提高学生的心理适应能力。良好的心理素质和心理适应能力是学生未来职业发展所必需的重要素质。最后，发展社会支持系统。良好的社会支持系统能够有效缓解学生就业过程中的心理压力和情绪困扰。建立心理援助机制，学校要建立健全心理中心、就业发展中心等专门机构，通过咨询，为学生提供专业的辅导和帮助，缓解学生就业过程中的心理压力，解决心理困扰和问题。此外，还可以开展多种形式的学生自主活动，激发学生的主动性，促进学生之间的交流。

二、就业心理障碍调适的方法

解决大学生求职心理问题，一方面需要国家、学校采取有力的措施，为大学生提供良好的就业环境，尽可能提供更多的就业机会，尽快完善和规范毕业生就业市场，加快人事制度改革，建立公正公平的竞争机制；需要社会关心、帮助就业困难群体，需要高校大力加强就业指导和心理咨询工作。另一方面，学生要学会自我调适，主动自觉地适应环境，与环境保持协调，客观分析自我与现实，有效排除心理障碍，从而保持一种稳定而积极的心态，达到合理择业、顺利就业和健康成长的目的。

(一) 国家、学校采取的调适大学生就业心理问题的方法

1. 加强对在校生心理指导和咨询，提高大学生自我心理保健能力

目前，各高校招生规模不断扩大，在校生人数急剧增加。以往在家庭教育、学校教育、社会教育中，由于心理教育及心理指导滞后造成的学生心理素质较低等问题，以及因为日趋激烈的各种竞争和压力产生的不良心理，学校在学生心理指导和心理咨询等方面的工作任务更加繁重。解决这一问题的主要途径在于，积极开展大学生心理健康教育和心理咨询活动，全过程开展就业指导。教师要结合教学过程，渗透对学生进行心理健康教育的内容，帮助大学生客观认识自己，树立正确的职业思想和择业观念，敢于竞争，不怕挫折，提高就业竞争力。通过保持经常化和普及化的大学生心理辅导和心理咨询工作，学生能够在有

关心理保健理论的指导下，学习掌握科学有效的方式方法。

2. 做好大学生职业生涯规划工作，提高学生职业竞争能力

市场经济的蓬勃发展，大量新型产业、职业的涌现，国家就业制度、用人制度的深度改革，均使广大毕业生在职业的选择、定位、发展等方面面临更大的自由空间，同时对学生的就业竞争能力也提出了更高的要求。帮助大学生制定好职业生涯规划，是提高学生职业竞争能力的有效手段。第一，适宜的职业生涯规划，能够使学生正确认识自我、了解自我，包括自己的智力水平、业务能力、身体状况、心理特点等；能够进一步了解社会因素对择业的影响，如经济发展变化对不同职业需求的影响，社会资源、就业信息的有效利用以及机遇的把握；能够使学生通过一系列的科学测定，如有关个人潜力、职业能力倾向的科学测定，职业兴趣、气质类型与职业匹配、职业价值观与人职匹配的测验，对自己的职业倾向、发展潜力有一个总体把握，最终能够有目的地设计自己的将来，根据现有的条件和愿望及社会环境条件，提前选择好职业道路。第二，也是更重要的一点，职业生涯道路的正确选择能够使学生明确努力方向，奋发图强，在业务学习、能力培养、素质提高等方面有选择、有目标地进行努力和发展，从而不断提高实力，增强自信心，为未来的职业竞争做好物质和心理准备。

3. 高度重视就业指导工作，增强学生的社会适应能力

实践证明，大学生就业指导工作对于帮助学生调整心态、发挥水平、顺利实现就业目标具有重要作用。大学生就业指导工作主要包括三方面的内容：一是有关就业形势和国家政策方面的指导。通过这方面的指导，帮助学生客观分析就业形势，了解相关的国家指导性就业政策，为职业调整、定位做好心理准备。二是择业方法与技巧的指导，包括求职材料，如自荐书、求职信等的准备，面试、笔试等应聘过程中各种技巧的学习等。通过这方面的指导，帮助学生拉近与应聘单位的距离，达到应聘单位选人、用人的标准，以便在职业竞争中占得先机。三是就业心理指导，包括角色转换的心理准备，健康情绪的调整和保持，人际关系的有效沟通以及如何客观认识自我，怎样参与竞争，如何正确对待挫折等，确保学生在求职应聘过程中能够知己知彼，始终保持良好的心态。

(二) 大学生自我调适

解决大学生求职过程中心理问题的根本途径，是帮助其学会自我调适。所谓自我调适，就是自己根据自身发展及环境的需要对自己的心理进行控制调节，从而最大限度地发挥个人潜力，维护心理平衡，消除心理困扰。大学生学会自我心理调适，能够帮助自己在择业调到困难、挫折和心理冲突时，进行自我调节与控制，化解困境，排除困扰，改善心境，寻找最佳途径实现自己择业的理想和目标，而不至于因受挫而情绪一落千丈或丧失信心。因此，大学生要充分认识心理调适的积极作用，提高自我调适的自觉性，增强承受挫折、化解冲突和矛盾的能力，及时调整自己的心理状态，保持心理健康，顺利就业。

1. 自我反省法

"人，认识你自己。"这是古希腊德尔斐神庙门楣上的箴言。一个人无论做出多么不

符合逻辑，甚至是荒诞可笑的行为，背后都不是没有原因的，如果能明白自己这些行为背后潜在的驱动力是什么，那么就能更深入的认识和把握自己。一个人想做事成功，先要做人成功，而做人成功最重要的就是拥有健康的心态。自我反省其实是一种学习能力。就业是一个不断摸索的过程，人难免会在此过程中不断犯错。自我反省，正是认识错误、改正错误的前提。对每个人来说，反省的过程就是学习的过程，有没有自我反省的能力，具不具备自我反省的精神，决定了就业者能不能认识到自己所犯的错误，能不能改正所犯的错误，能不能不断学到新东西。

2. 自我转化法

心理问题通常可以使一个人萎靡不振，但是如果进行合理的自我转换，不把时间浪费在抱怨外在环境上，就能发愤图强。这种方法需要人具备积极进取的心理，能够使生活充实起来，以期取得成功。

当情绪低落时，不妨去访问孤儿院、养老院、医院，看看世界上除了自己的痛苦之外，还有多少不幸。当火气上涌时，有意识地转移话题或做点别的事情来分散注意力，便可使情绪得到缓解。在余怒未消时，可以用进行看电影、听音乐、下棋、散步等有轻松的活动，使紧张情绪松弛下来。

学会保持乐观的态度。古人云："人有悲欢离合，月有阴晴圆缺。"确实，人生不如意的事常有之，现实中没有几件事是圆满的。为几件家中或单位上不顺的事就悲观、情绪低落，甚至厌世，显然是不合适的。现实生活中哪里有十全十美的事。我们在心理咨询中，就曾遇到很多因为家庭条件差、单位人际关系差或疾病缠身等问题而悲观厌世，甚至想自杀的人。生活中，人人都会遇到许多坎坷和不顺心，平凡人有，名人有，达官贵人亦有。因此，只要对社会有一个较深刻的了解和认识，想想社会上还有许多人不如自己，就会变得坦然了。故要保持乐观态度，世上不会有永远美好的事物，今天虽身处逆境，情绪不佳，但通过奋斗，就可能获得成功，受人尊敬。社会是在发展变化着的，人应该适应社会，保持乐观的态度，对生活、对人生应充满信心。

3. 适度宣泄法

人在生活中难免会产生各种不良情绪，如果不采取适当的方法加以宣泄和调节，将对身心产生消极影响。因此，如果有不愉快的事情或委屈，不要压在心里，而应向知心朋友和亲人说出来或大哭一场。这种发泄可以释放内心的郁积，对人的身心发展是有利的。当然，发泄的对象、地点、场合和方法要适当，避免伤害他人。

4. 自我安慰法

自我安慰法，又称精神胜利法。当经过主观努力后仍无法改变事实时，为了减少内心的失望，常为失败找一个冠冕堂皇的理由，用以安慰自己，就像狐狸吃不到葡萄就说葡萄酸的故事一样，因而自我安慰法又称作"酸葡萄心理"。在因受挫折而情绪困扰时，可用"亡羊补牢，犹未为晚"，"塞翁失马，焉知非福"等话语来进行自我安慰，以解脱烦恼。

5. 松弛练习法

每个人自身都蕴藏有无限的潜力，只是未被激发或受到压抑。如果否定反馈或批评反应超过限度，就可能偏离正轨，使前进受阻。如果你见了生人就害羞，如果你惧怕陌生环境，如果你经常觉得不适应、担忧、焦虑和神经过敏，如果你感觉紧张、有自我意识感，如果你有类似面部抽搐、不必要的眨眼、颤抖、难以入眠等"紧张症状"，如果你畏缩不前、甘居下游，那么，说明你受到的压抑太重，你对事情过于谨慎且考虑的太多，限制了个性的发挥和表现。假如你是由于受压抑而导致不幸和失败，就必须有意识地练习解除压抑的方法，让生活中的你不那么拘谨，不那么担心，不那么过于认真。学会在思考之前讲话，戒除行动之前"过于仔细"的思考。

6. 自我暗示法

自我暗示法是一种在现代心理治疗、心理训练中广泛运用的调节身心机能的方法，它的特点在于通过言语或想象使自己的身心机能发生变化，其方法简单且容易达到自助的效果。运用自我暗示法缓解压力和调整不良情绪，主要是通过语言的暗示作用。比如，发怒时，提醒自己"不要发怒"，"发怒会把事情办砸"；忧愁时，提醒自己"愁也没有用，还是面对现实，想想办法吧！"着急时，警告自己"不要着急"；当有比较大的内心冲突和烦恼时，安慰自己"一切都会过去"，"已经度过了许多难关，这次也一定能顺利度过"等等。遇到挫折时，不妨先坐下来理一理头绪，看一看问题究竟有多少，切不可让它充塞在头脑而成为一堆乱麻。应该时刻想到："我能胜任！"或者"我可能会失败，但是失败是成功之母！只要坚持下去，一定会成功"不论遇到什么样的阻力，要始终保持自信的精神状态，要坚信："别人能办到的，我也能办到！"

自我暗示法一般是用内部默念进行的，但也可以通过自言自语，甚至在无人处大声呼喊的方式来加强效果，还可以将提示语写在日记本上、条幅上、床头上和压在玻璃板下等，以便经常鞭策自己。此外，要获得良好的暗示时间。自我暗示的时间应选择在大脑皮层兴奋性降低的状态下进行，如早晨刚醒、中午午休和晚上入睡前进行，这样效果较好。在大脑皮层兴奋性很高的状态下，不易进行自我暗示。如果需要立即进行自我暗示，应该尽量使自己的身心平静，放松精神，排除杂念，在专心致志的状态下进行。

暗示过程中尽量运用想象，这往往比自我意志努力的效果好。比如，失眠很让人苦恼，但往往你越想睡，越告诫自己要放松、安静，越无法入睡。而此时若想象着身体的放松状况，具体地想象自己已处在一个十分安静的环境里，则会轻松入眠。

选择好自我暗示的内容。暗示内容的选择标志着自我暗示的性质，我们应该选择积极的能促使内心健康的内容，倘若杯弓蛇影，就会给身心带来不良影响。在普遍暗示的基础上，加上特殊内容的暗示，如"我有信心对付各种各样的挫折"(普遍暗示)，"生气是对自己智慧的侮辱，焦急是对自己无能的惩罚，无助于事情的解决"(特殊暗示)，把二者结合起来，效果会更好。

三、就业心理障碍调适的意义

在严峻的就业市场下，大学毕业生的心理问题不断出现，日益严重，因而心理调试显得十分必要和关键。合理的心理调适，有利于大学毕业生理智看待毕业，从容面对就业问题；适当的心理调适，有利于大学毕业生顺利步入职场，完成属于自己的"升职记"；成功的心理调适，有利于大学生毕业逐步实践创业，达成人生的事业理想和愿望。

(一) 心理调适关乎毕业生就业

毕业生就业问题的心理调适能够帮助毕业生客观合理的认识自己。只有对自身有了更充分的认识，才能知道自己到底适合做什么、愿意做什么以及能做什么，这样才能适应就业，理性面对有关就业的诸多问题，集中精力寻找最适合的职业。在就业问题上，毕业生需要调适的自我认识包括对自身兴趣、性格、能力、价值观的认识。

1. 心理调适有利于把握个人兴趣与就业

兴趣是一个人认识、掌握某种事物，并经常参与该种活动的心理倾向，或者说兴趣是积极探究某种事物的认识倾向。如果毕业生对即将从事的职业感兴趣，就会对该职业活动表现出肯定的态度，并积极思考、探索和追求。从最早的弗兰克·帕森斯开始，就业指导专家就把兴趣当作就业选择的一个重要因素，是匹配人与职业的重要依据。有研究表明：如果一个人从事自己感兴趣的职业，那么他就能发挥全部才能的 80%～90%，而且长时间保持高效率而不感到疲劳；如果对所从事的工作没有兴趣，则只能发挥全部才能的20%～30%。人们根据自己的兴趣选择职业，可以说是一种生活的本能。

兴趣对人生事业的发展至关重要，它是就业选择应考虑的主要因素之一，需要我们加以心理干预。下面以加拿大职业分类词典中提到的各种职业兴趣类型的特点与相应的职业为例进行介绍，以供毕业生作心理调适时参考。

(1) 愿与事物打交道，喜欢接触工具、器具或数字，而不喜欢与人打交道的人，适合制图、修理、裁缝、木匠、建筑、出纳、记账、会计、勘测、工程技术、机器制造等职业。愿与大自然打交道，喜欢地理地质类的活动者，适合当地质勘探人员、钻井工、矿工等。

(2) 愿与人打交道，喜欢与人交往，对销售、采访、传递信息一类的活动感兴趣者，适合做记者、推销员、营业员、服务员、教师、行政管理人员、外交联络员等。

(3) 愿与文字符号打交道，喜欢常规的、有规律的活动的人，习惯于在预先安排好的程序下工作，适合做邮件分类员、办公室职员、图书馆管理员、档案整理员、打字员、统计员等。

(4) 愿做操作机器的技术工作，喜欢参与技术活动，操作各种机械，如大型的、马力强的先进机器，制造新产品，这类人适宜做飞行员、驾驶员、机械制造师等。

(5) 愿从事具体的工作，喜欢制作看得见、摸得着的产品并从中得到乐趣，希望很快看到自己的劳动成果，并从完成的产品中得到满足，有这类兴趣的人适合从事室内装饰、园林、美容、理发、手工制作、机械维修、厨艺等职业。

(6) 愿从事农业、生物、化学类工作或喜欢种养、化工方面实验性活动的人，适宜的职业有农业技术员、饲养员、水文员、化验员、制药工、菜农等。

(7) 喜欢帮助别人解决困难，乐于助人，试图改善他人的状况，帮助他人排忧解难的人，适合从事社会福利和助人的工作，如咨询人员、科技推广人员、教师、医生、护士等。

(8) 愿做组织和管理工作，喜欢掌管一些事情，以发挥重要作用，希望受到众人尊敬和获得声望，有这种愿望和兴趣的人一般适合做组织管理者，如行政人员、企业管理干部、学校领导和辅导员等。

(9) 愿研究人的行为和心理，喜欢谈涉及人的主题，对人的行为举止和心理状态感兴趣，这类人适合于从事心理咨询、政治研究、人类研究、人事管理、教育、行为管理、社会科学研究、文学创作等工作。

(10) 愿从事科学技术事业，喜欢通过逻辑推理、理论分析、独立思考或实验发现真理的过程，喜欢独立解决问题的人，适合从事生物、化学、工程、物理、自然科学、工程技术等领域的工作。

(11) 愿从事有想象力和创造力工作，喜欢创造新的式样和概念，喜欢独立的工作，对自己的学识和才能颇为自信，乐于解决抽象的问题，急于了解周围的世界，这类人多适宜于社会调查、经济分析、化验、新产品开发、演艺、绘画、创作、设计等领域的工作。

根据上述分类，一种兴趣类型可以对应多种职业，如果你对其中的某一方面缺乏兴趣，那就应努力培养和发展这方面的兴趣以适应相应的职业要求，否则，还是应选择更适合自己兴趣类型的职业。就业心理调适的目的就是帮助大学生准确掌握自己的兴趣类型，推动就业的成功。

2. 心理调适有利于协调个人性格与就业

性格也称人格特质，是一个人在生活中对人、对事、对自己、对外在环境所表现出来的一致性回应方式。每个人在其成长经历中，可能受到生理、遗传、家庭教养、文化、学习经验等因素的交互作用影响而形成自己的独特个性，因而每个人都具备不同的性格。你越了解自己的自然倾向和偏好，就越容易发现一条能最大限度发挥自身能力的职业轨道。因此，毕业生需要有意识地去发现自己的性格类型。性格类型的评估体系基于人类性格的四个基本方面：我们与世界的互相作用是怎样的及我们的能量向何方疏导(内向、外向)；我们获取信息的方式(感觉、直觉)；我们如何作决定(思考、情感)；我们对外在世界如何取向(判断、知觉)。

实际上，在现实生活中，每个基本方面的两种类型我们都会用到，但是仍会有一种天生的倾向与偏好。性格类型没有更好与更坏之分，每种性格类型都有它的优势和缺点，一旦搞清了这些，就会更容易结合自己的天赋和爱好来发现适合自己的工作，选择与自己性格相符的工作。心理学专家认为，根据性格选择职业，能使自己的行为方式与职业工作相吻合，更好地发挥自己的聪明才智和一技之长，从而得心应手地驾驭本职工作。

究竟是人们选择适合自己的职业，还是根据所选择的职业而养成某种性格，这很难说清楚，其中的原因有很多。性格活泼的人，适合有挑战性的工作，性格内向的人，适合稳定的工作；有的人适合与物打交道，有的人适合与人打交道。

性格因素是情感的内在方面，它包括以下几个方面：

(1) 自尊。简单地说，自尊就是个人对自身的价值判断，它表现为个人对自己的态度。自尊表达出赞同或反对的态度，并表明个人对自己的能力、成功和价值的相信程度。自尊是一种个人通过语言和其他明显的表达活动向别人传递的主观经验。

(2) 抑制。抑制是一种具有保护性能、抵制外部威胁的心理屏障，它与自尊心有着密切的联系，人们在了解自身的过程中逐渐建立起自我保护屏障。

(3) 焦虑。焦虑一词难以用一句话定义清楚，但它主要与不安、受挫、自疑、害怕或担忧联系在一起。

(4) 移情。用通俗的话说，移情就是设身处地，将心比心，了解别人的思想和感情。移情是个体在社会里和谐共处的主要因素，语言是移情的主要手段之一，但是，非语言交际也有助于移情过程，因而不容忽视。

(5) 外向。人们趋向于把性格外向者想象为善于交际，比较开放；相反，性格内向者则被想象为喜欢缄默，比较保守。一方面，西方社会较重视典型的性格外向者，尤其是在课堂上，老师喜欢健谈开朗的学生，他们能够自由地参与课堂讨论；另一方面，性格内向者有时被认为不及外向型的人聪明。

人的性格千差万别，或热情外向、或羞怯内向、或沉着冷静、或火暴急躁。就业心理学的研究表明，不同的职业有不同的性格要求。虽然每个人的性格都不能百分之百的适合某项职业，但却可以根据自己的职业倾向来进行一定的心理调节，培养、发展相应的职业性格。不同性格特征的人员，对企业而言，决定了每个员工的工作岗位和工作业绩；对个人而言，决定着自己的就业能否顺利。

每个人的性格都有积极和消极两个方面，通过适当的心理干预，有利于克服消极的性格品质，发扬积极的性格品质。例如，有的人在工作中积极热情，乐于助人，好出头露面，但做事持久性不强，常表现为虎头蛇尾，这种人就应该注意培养自己克服困难的决心和信心，锻炼自己的品格意志；又如，有的人办事热情高、拼劲足、速度快，但有时马马虎虎，甚至遇事就着急，性情暴烈，这种人就应该在发扬其性格长处的同时注意培养认真细致的精神，防止急躁情绪，要随时"制怒"；有的人做事深沉、认真、严谨，但有时优柔寡断、办事拖拉，这种人必须经常提醒自己"今日事今日毕"，并逐步养成当机立断的性格。

3. 心理调适有利于平衡个人能力与就业

能力是就业成功的条件，是经过学习和练习发展起来的，是在从事活动时有效运用天资和知识的力量。辛迪·梵和理查德·鲍尔斯将技能分为三种类型：专业知识能力、自我管理能力和可迁移能力(通用能力)。

专业知识能力是指那些需要通过教育或培训才能获得的特别的知识和能力，这些能力涉及学习的科目，但它并非只能通过正式的专业教育才能获得，一般用名词来表示。自我管理能力常被看作是个性品质，它能帮助个人更好地适应周围的环境，一般以形容词和副词的形式出现，如有条理的、有效率的。可迁移能力可以从生活的方方面面，特别是工作之外得到发展，同时可以迁移应用于不同的工作之中，通常用动词来表示，如指导、协调。

能力是简历和面试所使用的语言。也就是说，毕业生在求职过程中向用人单位展示的就是自己的能力，能力也是用人单位看重和考查的重要方面。在职场中，劳动者以能力换取薪酬，一个能清晰地向潜在雇主描述自己能力的人，最有可能获得一份正好能发挥自己特定能力的职位。因此，毕业生在就业求职前通过各种有效的途径和办法，培养正确认识自己的能力，并进行一定调整，是一项十分关键的工作。随着社会生产力的发展，社会分工越来越精细，各种职业都对其从业人员提出了更高的要求。因此，毕业生在就业时，必须在了解自己的优势所在、自己能力的大小、自己的能力在哪方面表现得更突出之后，再作出选择，这有助于实现成功就业。

(1) 调适能力差异与职业选择。能力是人在生理素质的基础上，经过教育与培养，并在实践活动中吸取他人的智慧和经验而形成和发展起来的。能力是一个人能否进入职业领域的先决条件，是能否胜任职业工作的主观条件。无论从事什么职业，总要有一定的能力作保证，没有任何能力，根本谈不上就业、从业，对个人来讲也就无所谓职业生涯可言。人在其一生之中，要从事各种各样的社会生活和社会生产活动，必须具备多种能力与之相适应。我们这里所言的能力，是指劳动者从事社会生产活动的能力，即就业工作能力。对管理者来说，能力就是要有多谋善断、灵活应变的聪明才智，要在风云变幻的各种形势面前多一些处理问题、解决问题的办法；对企业员工而言，能力是指劳动能力，也就是运用各种资源从事生产、研究经营活动的能力。工作能力包括体能、心理素质、智慧三方面，这三方面构成了一个人的综合能力，它是职业发展的基础，与个体的发展水平成正比。

由此可见，能力是一个人完成任务的前提条件，是影响工作效果的基本因素。因此，了解自己的能力倾向及不同职业的能力要求，进行一定的心理调适，对合理地进行就业选择具有重要意义。

(2) 职业能力类型与职业适宜性。职业能力是人们在职业活动中表现出来的实践能力，即从业者在职业活动中表现出来的改造自然和改造社会的能力。人们的职业能力存在着个体差异，这主要表现在质和量两个方面上。在质上，每个人有自己的特殊能力，比如，有的人擅长绘画，有的人擅长音乐；有的人擅长分析，有的人擅长综合。另外，就同种能力而言，个体间也表现出不同的差异。比如言语能力，不同的人就在形象性、生动性或逻辑性等方面各有所长，适合于不同的职业活动。

马克思说过："搬运夫和哲学家之间的原始差别要比家犬和猎犬之间的差别小得多，他们之间的鸿沟是分工造成的。"因此，对常人来说，能力特别是职业能力的形成和发展不取决于先天因素，而在于后天的环境、教育、训练以及实践活动。这就是说，可以通过发挥人的主观能动性，即进行心理调适，获取较高的职业能力。

从就业心理学角度而言，大学生自身的一些良好品质对能力的形成和发展具有重要意义。例如，谦虚能使人保持旺盛的求知欲和进取精神，这样不仅会激发人发挥自己的能力，还可以积极调动自己的潜能，从而促进能力的发展；再如，毅力不仅能帮助人战胜阻碍，成为成功的外部条件，而且能使人战胜身体上的某些缺陷(如口齿不清、失明、耳聋等)，使能力得到发展。古希腊政治家德摩斯梯尼年幼时有严重口吃，后来他坚持口含石子刘着大海高声演讲，终于成为一名演说家和政治家。另外，"勤能补拙"也说明个人的勤奋努力对能力发展有着积极的作用。

4. 心理调适有利于搭配个人价值观与就业

就业价值观也称就业意向，是个人希望从事某项职业的态度倾向，也就是个人对某一项职业的希望、愿望和向往。

就业价值观分为三个因素：第一个因素包括符合兴趣爱好、机会均等公平竞争、工作有挑战性、能发挥自己的才能、自主性大、不受约束、能提供培训机会、晋升机会多、能学以致用、有出国机会，这些项目都与个人发展有关，因而称为发展因素；第二个因素包括福利好、职业稳定、收入高、交通便利快捷、工作环境幽雅、单位在大城市，这些项目与工资收入、福利待遇及生活水准有关，故称为保健因素；第三个因素包括单位知名度高、单位规模大、单位级别高、有较高社会地位，这些项目与声望地位有关，因而称为声望因素。

就业价值观并非一日形成，它是教育、家庭和环境影响的结果。就业价值观决定着人们对工作的满意度，人们都在寻求那种能够满足自己就业价值观的工作。如果一个人的就业价值观得到满足，那他的工作就会变得有意义、有目的，工作就会是一种乐趣；如果一个人的就业价值观没有得到满足，工作就会变得乏味和枯燥。在就业过程中，职业选择这一环节所选的职业要能体现求职者大部分的核心就业价值观，那些不能体现自身价值观的职业则不应该选择，这便是心理调适的主要目的。

不同的职业能满足人的不同需求，有的职业满足人的愿望多，有的职业满足人的愿望少。不同的职业在满足人的价值愿望时，效果是不一样的。比如，科学家可以满足人的社会声望、成就、稳定、自主、挑战性等需求，但不能满足权力、经济、休闲等需求；自由撰稿人能满足人的审美、成就、自主等需求，但可能对经济、安定、升迁等需求则难于满足；清洁工除了能满足人的利他、稳定的需求外，经济、社会地位、成就、物质环境、升迁、休闲等需求都很难得到满足。对于刚踏上职业道路的大学生，因就业与个人价值观的冲突而引起的心理障碍尤其需要调适。

(二) 心理调适牵系大学生从业

就业心理问题的良好解决与顺利从业息息相关。故而，心理调适不仅仅关乎就业，也牵系着大学生的从业问题。这一问题上的心理调适主要集中在个性和气质两个方面。

1. 个性

不同个性的人适合于不同的工作，不同的工作也需要不同个性的人。一个人的个性会影响其与职业的适宜度，具有某些个性的人更适合在某一行业发展。当一个人从事的职业与其个性相吻合时，就可能发挥其能力，也容易出成绩；反之，则可能导致其原有才能的浪费，或者必须付出更大的努力才能成功。

大学生需要更全面把握自身个性，调适从业环境与个性的冲突和矛盾，更快适应职场生活。而从业心理的调适目标就是形成健全的个性，即个性结构中各方面得到平衡协调发展的完整个性。健全的个性具体表现在四个方面：一是能较好地适应不断变化的职场环境；二是能广泛地与人交往，及时调整和处理好错综复杂的职场人际关系；三是能保持身心的健康发展，保持心理平衡；四是能在事业上不断取得进步，有所成就，为社会做出较大的贡献。

心理学家对健全、成熟的个性定义得更加具体化，列出了以下10条基本标准：

(1) 做事有主见，有原则。表现出不人云亦云，不盲从，不以别人的喜恶作为自己为人处世的标准，也不凭哥们儿意气行事。

(2) 承认个性中的长处和短处，即承认自己个性中的方方面面既有所长也有所短，并能严格要求自己，自觉磨炼自己，扬长避短。

(3) 胸怀博大，正确对待他人。对人有宽厚、容忍、谅解的博大胸怀，能够正确对待他人的一切优点和缺点，并懂得怎样与他人和谐相处、搞好团结，而不是斤斤计较、耿耿于怀，与他人水火不相容。

(4) 自尊、自爱、自立、自强。充分明白"人必先自爱而人爱之，人必先自助而后人助之"的道理，能处处事事做到自尊、自爱、自立、自强。同时，也充分明白"良好的动机未必会带来良好的效果，手段与目的不可分割"的道理，行事考虑得比较周全，注意方式方法，凡事三思而后行，不急躁、不冲动、不莽撞，以达到愿望与效果的一致。

(5) 思考问题有两点论。尽量全面，不偏激，不走"非此即彼"、"非黑即白"、"非好即坏"的两个极端。

(6) 面对现实，实事求是。凡事能从实际出发，用积极的态度正确处理日常生活中的各种矛盾，既不抱非现实的幻想和奢望，也不好高骛远，勉强去做自己力所不能及的事情。

(7) 性格开朗豁达，情绪乐观稳定。高兴时，不忘乎所以；遇到不快甚至不幸时，不过于忧伤、焦虑和悲观。

(8) 顽强拼搏，意志坚强。热爱生活、努力学习、勤奋工作；做事有恒心、有毅力，善始善终；遇到困难和挫折，能勇于克服、勇于拼搏、意志坚强、不灰心、不气馁。

(9) 爱集体，讲文明，有道德，守纪律。能尊老爱幼、助人为乐，遇事先公后私、先人后己，多为国家、集体和别人着想，不患得患失，不处处打个人的小算盘。

(10) 有远大、高尚的理想和信念。能朝着正确的目标，脚踏实地地不断前进，不停步后退，更不迷失方向、误入歧途。

2. 气质

我们经常发现这样的现象：有人选择了教师的职业，可是性情暴躁、缺乏耐心；有人选择了记者的职业，但生性沉稳、反应迟缓。于是，原以为的理想职业失去了原有的色彩。究其原因，并不是这些人能力低下，而是因为他们的气质与所从事的职业不相适应。可见，气质不同不仅会影响一个人对职业的选择，而且可能直接影响具体工作的成绩。所以，大学毕业生需要洞悉自己的气质类型，以便更好地协调工作与气质。

气质是人的个性心理特征之一，是在生理素质的基础上，通过生活实践，在后天条件影响下形成的，并受世界观和性格等的影响。气质的特点一般是通过人们处理问题、人与人之间的相互交往显示出来的，并表现出个人典型的、稳定的心理特点。根据心理学的观点，人的气质分为以下四种类型：

(1) 多血质。多血质气质类型的人，有朝气，灵活，亲切，易与人相处，但缺乏一贯性，不够细致。他们感受性低，耐受性较高，速度快，比较灵活，有可塑性，外向，情绪兴奋性高，愉快，机敏而不稳定。

多血质的心理特征属于敏捷好动的类型。由于神经过程平衡且灵活性强，这类人更易于适应环境的变化，性情开朗、热情，喜闻乐道，善于交际，相处于群体中精神愉快、自然，常能机智地摆脱困境；在工作和学习上肯动脑筋，常表现出较强的工作能力和较高的办事效率；对外界事物有广泛的兴趣，充满自信，不安于循规蹈矩的工作，情绪多变，富于幻想，易于浮躁，时有轻诺寡信、见异思迁的表现，缺乏忍耐力和毅力。

具有多血质气质类型的人适合从事与外界打交道、灵活多变、富有刺激性的工作，如政治家、外交家、商人、记者、律师、驾驶员、运动员等。在商业活动中，多血质人比其他气质类型的人能钻研得更深入，他们能使工作向前推进，因而可以胜任管理工作，要是再有一个好助手就可以成为一个成功的管理者。多血质人对于新环境的适应能力较强，对谁都能坦诚相待，能够适应社会的进步，以发展的眼光进行谋划设计，所以他们对经商、计划、广告一类职业的适应性很强。精力充沛、意志坚强、不达目的不罢休的多血质人，往往能在那些缺乏适应性就无法立足的领域内大显身手。而对于简单、细致和琐碎的工作，以及缺乏竞争和刺激、只求细致的工作，多血质人一般不感兴趣。

(2) 胆汁质。具有胆汁质的人，生机勃勃，动作迅速，热情开朗；缺点是任性、暴躁，易感情用事。他们感受性低，耐受性较高，可塑性小，外向，情绪兴奋性高，容易被激怒。

胆汁质的心理特征属于兴奋而热烈的类型，表现为有理想、抱负和独立见解，相信实实在在的实业，不相信虚无的东西。胆汁质的气质特征是外向性、行动性和直觉性，具有这种气质的人精力旺盛，行动迅速，行为果敢，表里如一，在语言、面部表情和体态上都给人以热情直爽、善于交际的印象，不愿受人指挥而愿意指挥别人。胆汁质的人一旦认准目标，就希望尽快实现，遇到困难也不屈不挠，有魄力，敢负责；但往往比较粗心，容易感情用事，自制力差，性情急躁，主观任性，有时刚愎自用。由于神经过程的不平衡，此类特质的人工作带有明显的周期性，能以较大的热情投身于事业，一旦筋疲力尽，情绪顿时转为沮丧而心灰意冷。

胆汁质的人喜欢从事与人打交道、工作内容不断变化、环境不断转换且热闹的职业，比较适宜从事记者、作家、图案设计师、实业家、护士、企业中外勤工作、业务员、营销员、节目主持人、公共关系人员等外向型职业。

胆汁质的人一般来讲与细致性工作无缘，当然，他们中的一部分人不甘于眼前的胜负，而专注于行动，热情地向自己的权限挑战，这就是他们的特征。胆汁质的人一旦就业，往往对本职工作不那么专注，喜欢跳槽，经常更换工作单位，渴望成为自由职业者。

(3) 黏液质。具有黏液质的人，稳重，踏实，冷静，自制；缺点是死板，缺乏生机，冷淡，固执。他们感受性低，耐受性高，个性稳定，内向，兴奋性低，冷漠。

黏液质的心理特征属于缄默而安静的类型。黏液质的人灵活性低，反应较迟缓，无论环境如何变化，都能基本保持心理平衡；凡事力求稳妥，深思熟虑，一般不做无把握的事，具有很强的自我克制能力；外柔内刚，沉静多思，很少露出内心的真情实感；与人交往时，态度持中适度，不卑不亢，不爱抛头露面；行动缓慢而沉着，有板有眼，严格恪守既定的生活秩序和工作制度，心境平和，沉默寡言。因此，黏液质的人能够高质量地完成那些要求长时间集中注意力、有条不紊的工作；其不足之处是过于拘谨，不善于随机应变，常常墨守成规，故步自封。

黏液质的人，其出色之处在于，他们大多数都能很好地利用协调性、积极性、社会性及情感稳定性，冷静而出色地表现自己的才能，发挥卓越的能力。而且，无论地位高低，都能在自己的行业中占有重要位置。他们不仅能从事学术、教育、研究、技术、医生等内向职业，而且可以活跃在政治家、外交官、商人、律师等外向型职业领域，他们中以其独特才能驰骋在艺术、广告宣传、新闻报道领域的也不少。在实际工作岗位上，黏液质的人多数精明强干，如出色的公务员、有才气的作家、头脑精明的银行家等。

(4) 抑郁质。具有抑郁质的人，敏锐，细致，稳重，情绪体验深刻；缺点是缺乏热情，多疑。他们感受性高，耐受性低，刻板，内向，体验深刻，容易悲观。

抑郁质的人内心有孤独倾向，遇事不是单凭聪明去处理，而是把自己所掌握的工作内容在头脑中组合、计算，再确定方针，然后在这个范围内一个一个的去做，把问题处理好。在团体中遇事积极认真，努力向上，毫不懈怠，喜欢与团体在一起，富有协作精神，无论置身于怎样的岗位，只要肩负了责任，就以所从事的工作为荣，努力解决不太适应而造成的困难，凡事都努力去做好，这是抑郁质人的长处。

抑郁质的心理特征属于呆板而羞涩的类型，抑郁质的人对事物敏感，精神上难以承受过大的压力，常为微不足道的小事而情绪波动；情绪体验的方式比较少，极少在表面流露自己的情感，但内心体验却相当深刻；沉静含蓄，感情专一，喜欢独处，交往拘束，性格孤僻；在友爱的集体里，可能是一个很容易相处的人，对力所能及的工作认真完成，遇事三思而后行，求稳不求快，因而显得迟缓刻板；学习工作易疲倦，在困难面前怯懦、自卑、优柔寡断；遇事多疑，往往缺乏果断和信心。抑郁质的人在相对不怎么需要人际交往的学术、教育、研究、医学等内在要求慎重、细致、周密思考的职业领域往往有较好发展，校对、打字、排版、检验员、化验员、登记员、保管员等工作也比较适合他们。

在现实生活中，只有少数人属于上述某一种典型的纯粹的气质类型，大多数人介于各种气质类型之间的中间类型，因而大多数人所具有的特征是各种特征的重新组合。

(三) 心理调适帮助毕业生创业

人们从事某种职业最基本的目的或最初的出发点是为了养家糊口和自己的生存发展。因为从事某种具体的职业能给自己带来劳动报酬，这样他就可以生存下去，养活家人，进而可以追求个人各方面的发展，满足精神生活的需要。创业相对就业和从业而言，更需要适当的心理调适。

关于这套理论，心理学家马斯洛在他的需求层次理论中有相近的阐述。马斯洛的动机理论又称需求层次论，该理论认为，人类动机的发展与需求的满足有密切的关系，需求的层次有高低的不同，低层次的需求是生理需求，向上依次是安全、爱与归属、尊重和自我实现的需求。自我实现指创造潜能的充分发挥，追求自我实现是人的最高动机，它的特征是对某一事业的忘我献身。高层次的自我实现具有超越自我的特征，具有很高的社会价值。健全社会的职能在于促进普遍的自我实现。马斯洛相信，生物进化所赋予人的本性基本上是好的，邪恶是由环境所造成的。越是成熟的人，越富有创作的能力。

由此可见，职业是一个人在社会生存和发展的需要，它能给人带来物质和精神两方面的满足；而创业则是更高层次上的需求，是当代大学生经过知识文化洗礼后的进一步需求，这种需求可带动大学生不断追求职业的发展。

第六章　大学生就业心理咨询

第一节　大学生就业心理咨询概述

一、大学生就业心理咨询的特点

职业生活占据人一生中最宝贵的一段光阴，职业岗位给大学生提供施展才华的舞台，职业生活中的创造体现大学生一生的主要创造，大学生能从职业生活中体验到生命力最长久、最有意义的幸福感。因此，职业决定着未来，选择职业就是选择未来的自己。

近年来，我国很多地方本科院校为适应社会经济的发展，不断转型发展为应用型本科院校。在高等教育"大众化"背景下，有不少毕业生就业观念陈旧，特别是某些应用型本科院校的毕业生，仍然抱着"精英"观念，在就业取向上讲求"面子"，追求体面，对工作薪酬、环境等追求高标准，对应聘岗位及社会知识缺乏相应的了解，注重短期利益，对工作岗位的发展空间和个人职业生涯发展等考虑不足，导致很多大学生出现心理障碍，大学生就业心理咨询由此应运而生。

大学生就业心理咨询主要包括以下特点：

(一) 咨询过程的沟通方式以语言为主

大学生就业心理咨询过程多以语言方式进行，通过回答问题、解释疑虑、提供建议、讨论商议和适当的心理治疗手段，为大学生提供帮助。咨询的主要对象是具有与就业相关的心理或行为问题的学生，而不是精神患者，因此，不能合作者及有严重语言或心理障碍者不能作为就业心理咨询的直接对象。

(二) 心理咨询师与求助者间具有能动的交互作用关系

心理咨询师与求助者双方之间以平等的立场，共同参与咨询过程。若由心理咨询师单方面唱主角，则咨询过程不过是提供意见或劝告的单向沟通。因此，应强调双方平等的参与，共同负起责任，同时双方应培养良好的咨询关系。良好的咨询关系在心理咨询中具有非常重要的意义。

1. 良好的咨询关系是开展心理咨询的前提条件

心理咨询师和求助者是两个不同的人，双方的人生观、价值观、生活态度、生活方式等都可能存在巨大的差异；双方关系如何，是否能够相互接纳、理解和信任等，决定了咨询关系是否能够存在。很难想象，在双方互相排斥、敌对的情况下，咨询关系还能存在。

2. 良好的咨询关系是咨询达到理想效果的先决条件

心理咨询要帮助求助者解决心理问题，但任何心理咨询学派的理论和方法，都必须建立在良好咨询关系的基础上，才能体现出助人的效果。因此，建立良好的咨询关系是心理咨询的核心内容之一。

心理咨询师要通过尊重、热情、真诚、共情、积极关注五个方面与求助者建立自然温暖的咨询关系。

(三) 咨询过程要考虑咨询对象的期望和咨询目标

大学生就业心理咨询的效果以是否解决了求助者所面临的问题为重要标准，因而明确咨询目标很重要。咨询目标就是求助者通过自我探索和改变，努力去实现的目标，它也是咨询师通过心理咨询的理论、方法和技巧，对求助者帮助，最终促使其实现的目标。从这个角度讲，咨询目标既是求助者的目标，也是咨询师的目标，是求助者、咨询师双方共同要实现的目标。咨询目标应具有以下特征：

1. 属于心理学范畴

咨询师需要理解，咨询的任务是帮助求助者解决心理问题，因而咨询目标应该属于心理学的范畴，对于不属于心理问题的求助，一般不属于心理咨询的服务范围。心理咨询主要涉及心理障碍、心理适应、心理发展等方面的问题。例如，某位一直找不到理想工作的求助者提出的目标可能是，希望咨询师能够帮助自己找到理想的工作，这是明确的目标，但因其不属于心理学范畴，因而不能成为心理咨询的目标。某位求助者被一线城市的一家外资企业录用为市场营销员，但其父亲已经为他谋了一份教育局的职业，面临抉择，他希望咨询师能够帮助其做出选择，到底是选择专业对口的企业，还是回家乡做稳定的工作，这是个具体问题，但也不属于心理学范畴，因而也不能成为心理咨询的目标。同样的道理，选什么样的工作岗位，到底工作还是读研等，因为都是具体问题，不属于心理学范畴，所以都不能成为咨询目标。只有属于心理学范畴的认知、行为、情绪、个性等方面的内容才有可能成为咨询目标。

对于某些既存在躯体疾病同时又存在心理问题的求助者，心理咨询的目标不是解决躯体疾病而是应该针对躯体疾病引起的心理不适，或者针对引起躯体疾病的心理因素，此时心理咨询的目标可能和医学的目标有联系，但两者有本质的差异。在医疗部门虽然也会涉及心理咨询的思想和方法，但本质上是医学模式的。在心理咨询中，虽然有时也需要药物或其他医疗手段的辅助，但主要的或首要的是心理学的理论和方法。某些从医师改行过来的咨询师，可能在实际从事心理咨询工作时容易将心理问题药物化，如对存在失眠症状的求助者，或存在焦虑症状的求助者，不是致力于帮助其解决心理问题，而是给求助者以安眠药、抗焦虑药等，这种情况从严格意义上讲已经不属于心理咨询。区别这一点对于目前中国心理咨询行业的发展具有重要意义。

2. 积极的

从心理咨询的性质来看，心理咨询的目标应该是积极的。一般来说，面对问题、解决问题是积极的，而回避问题则是消极的。如某位大学生因大学期间学习成绩不理想，挂了好几个科目，临近毕业，他害怕企业不录用他，所以一直不去找工作，整天上网打游戏。虽然自己也认为不应该这样做，但他并没有通过自己的努力去改变现状。这里，认可、接受学习成绩不理想，退学等都是消极的解决问题，都不应该成为咨询的目标。咨询目标应该是积极的，这一特征容易被某些咨询师所忽视，但其意义很大。咨询目标的有效性在于咨询目标是积极的，是符合人发展需要的。有些目标虽能解决求助者的问题，但如果是消极的，就不适合当作为心理咨询的目标。

3. 具体或量化的

咨询目标是咨询师、求助者共同努力实现的目标。咨询目标若不具体，或没有量化，咨询中双方就难以执行，也难以对咨询效果进行评估。改变认知仅仅是明确了方向，还远远没有达到具体化或量化。某位缺乏自信的求助者，要求咨询师帮助自己提升自信，这也只是有了一个方向，咨询师如果不去将其具体化或量化，则双方可能都不知道应该将自信提升到什么程度，也不知道达到什么样的程度就是实现了咨询目标，这样的咨询，其效果可想而知。某位因求职失败而痛苦的求助者要求咨询师帮助自己摆脱痛苦，若不将之具体化或量化，摆脱痛苦的目标就是模糊的，双方都难以清楚地知道应该努力到什么程度，自然也谈不上满意的咨询效果。咨询目标越具体，越量化，就越容易执行，也方便进行咨询效果评估。如针对求助者强迫洗手的行为，双方商定的目标是从目前每天洗手 300 次左右，减少到每天洗手 107 次左右。针对求助者的人际交往较少，双方商定的目标是从目前人际交往的 20 分钟/日左右，增加到 60 分钟/日左右。这样的目标具体且量化，今后求助者做到了哪一步，双方都一清二楚，是否实现了咨询目标、咨询效果如何都一目了然。

将咨询目标具体化或量化是商定咨询目标中一项非常重要的工作。求助者提出的目标可能比较模糊或抽象，有的仅仅是提出了方向。比如，求助者希望自己更有能力，这时，咨询师就应该和求助者共同讨论希望更有能力具体是指什么，现在哪些方面的能力存在不足，有哪些因素阻碍能力发展，又需要发展哪些能力等。经过双方讨论，使求助者模糊的目标逐渐清晰、具体起来，并能量化，再通过一个个具体的步骤来实施。这也是大目标与小目标的关系，大目标要分解成几个不同层次的小目标，通过达成小目标而累积成大目标。具体目标是受终极目标指引的，而不是孤立的。

4. 可行的

咨询目标是需要双方在咨询中实现的，因而应该商定在可行的范围内。不要让咨询目标超出了求助者的能力水平，如没有音乐天赋的人想成为歌唱明星；或超出了现有的水平，不及格者想一下子达到优秀水平；或超出了咨询师所能提供的条件，等等，这样，咨询目标就没有可行性，双方也就很难实现咨询目标。例如某位强迫洗手的求助者，目前每天洗手 300 次左右，他痛下决心，要将洗手的次数减少到每天 5 次左右。根据知识和经验可知，一般人每天洗手的次数也远远不止 5 次。求助者的个性中存在追求完美的一面，要达到每天洗手 5 次，是不可行的。因此，将咨询目标定为每天洗手 5 次不可行。此外，时间因素、经济条件等也会成为影响咨询目标可行性的因素。对于不可行的目标，咨询师要根据实际情况与求助者协商，将目标限定在可行的范围内，比如调整目标或把目标分解为一个个具体可行的小目标。对于由于咨询师的原因而难以达到目标的，咨询师也要同求助者讲清原因，重新制定目标或中止咨询服务或转介给其他更合适的咨询师。

5. 可以评估的

咨询目标是双方要实现的目标，应该至少有一种评估手段或方法可以对目标的进展情况进行评估。如果咨询目标无法评估，也不能称其为咨询目标。咨询中双方可随时对目标实现情况进行及时的评估，这样有助于双方看到变化，尤其是求助者能看到进步，鼓舞双方的信心。通过评估，也可发现存在的问题及不足，及时调整目标或采取措施促进咨询目标的实现。当然，咨询目标的实现有些直接表现为行动改变，有些则可能是观念的转变、情绪的调节等，既可以用求助者的主观体验、观察，也可用心理测验量表来进行评定。

6. 双方接受的

一般来说，咨询目标是双方要实现的目标，应该由双方共同商定。但无论是求助者主动提出的还是咨询师提出的咨询目标，都应该是双方都接受的。若双方的目标有差异，则应通过双方交流来修正，直到双方都接受为止。若无法协调，应以求助者的要求为主。如某位强迫洗手的求助者提出将咨询目标定在每天洗手 5 次，咨询师认为这不可行，因而没有接受，并引导求助者将咨询目标定在每天洗手 100 次左右。而求助者对每天洗手 100 次左右的目标无法接受，认为既然 5 次不可行，提出每天洗手 10 次左右。咨询师依然没有接受，但根据求助者的意愿，引导求助者定在 90 次左右。就这样一来二去，双方不断讨论、协商，最终双方都接受了每天洗手 50 次为咨询目标。尽管咨询师认为求助者提出的目标依然较高，但本着以求助者为主的思想，咨询师接受了。若咨询师实在无法认可求助者提出的咨询目标，经过讨论协商依然无法改变时，也可中止咨询关系或转介给其他的咨询师。

7. 多层次统一的

咨询目标多层次统一有三方面的含义。第一，如果仅有一个目标，则咨询目标的特征应该是统一的。即使某次咨询中商定的咨询目标是属于心理学范畴的、积极的，但不具体，则不是统一的。第二，如果咨询目标不是单一而是多个的，则目标与目标间应该是协调统一的。如某阶段咨询中商定的咨询目标是改变"别人都看不起我"的错误认知，使自己的痛苦情绪减少到自我感觉的一半左右，那么认知、情绪等咨询目标应该是协调统一的。第三，近期目标与远期目标、具体目标与长远目标应该是统一的。双方商定的咨询目标，既有短期目标，又有长远目标；既有特殊目标，又有一般目标；既有局部目标，又有整体目标。有效的咨询目标应该是多层次目标的协调统一。若只重视眼前局部的目标，虽然也可促进求助者的变化，但其改变可能是个别的、局部的、表面的，甚至是暂时的。只有把这些变化纳入一个更庞大的发展系统中，才能促进求助者发生本质的变化。所以说，咨询目标是多层次统一的。

二、大学生就业心理咨询的类型

大学生就业心理问题具有不同的性质与根源，有的源于缺乏自我了解或缺乏有关工作世界的信息，有的因缺乏决策能力，有的则因不当的就业价值观。针对不同性质的问题，应采取不同形式的咨询方式，因而出现了不同类型的就业心理咨询模式，主要包括以下四种。

(一) 问题解决式咨询

心理咨询师通过提供有关信息并澄清问题，以协助求助者处理特定的问题或做出决定，这种类型的咨询属于问题解决的"即刻治疗式"咨询。这种类型的咨询可以迅速解决问题，适应于处理求职者因缺乏有关个人的或环境的信息而产生的心理问题，但求助者并不能从中学到处理问题的方法，所以如果再次遇到此类问题，仍需咨询人员的帮助。

(二) 能力培养式咨询

就业心理咨询不仅在于解决求助者的具体问题，而且特别注意培养求助者的决策能力或其他适应能力，以为其将来自行解决问题创造条件。求助者经过某一咨询过程后，不仅面临的问题得以解决，而且学到了解决问题的方法，并可自行运用习得的方法，适应未来的需要。但这种咨询仍是以职业行业的局部问题为主，重视影响个人发展的外在因素，较少触及个人内在的心理过程。

(三) 职业发展式咨询

这种咨询模式视职业发展为一个长期的连续过程，而非局部的单一目标导向的职业选择，咨询的重点是以一连串的决策、适应为主。心理咨询师除注重各种决策技巧或适应能力的培养外，同时增进求助者的自我了解，将职业选择与个人发展结合起来，考虑各种可能的选择机会与发展途径。

(四) 自我发展式咨询

这种咨询模式充分重视个人内在品质的发展与完善，强调通过发展个人完整职业和自我概念来促使个人主动地开创自我发展的前景。就业心理咨询不是告诉求助者应该怎么做，而是在充分尊重当事人个人内在品质的前提下，培养当事人能动的自我价值观，从而主动地对自己的前途负起责任。

上述四种咨询类型并非截然分开，心理咨询师应视求助者的需要与咨询目标选择采用。对大学生而言，就业心理咨询的实施宜以个人的发展为主，但就个人整体发展的观点而言，应把重点放在"自我发展"方面。

三、大学生就业心理咨询的过程

在咨询中，往往反映出个人的风格、信念、认知形态、理论依据以及人际互动的取向。

麦克贝兹观察到：每位咨询者处理问题的方式常会因不同的问题和个人的专业理念、训练背景的不同而有所差异。而且就业心理咨询是一种互动的过程，也是咨询员和咨询对象双向沟通的过程，所以就业心理咨询的过程在不同的案例上是不同的。

一般地说，就业心理咨询的过程大约可分为建立关系、收集和分析资料、寻找可能答案、执行方案、评估结果及结案五个过程。

(一) 建立关系

初步接触和寒暄后，咨询员便会与咨询对象建立起适宜的关系及期望。咨询员必须同咨询对象进行充分的沟通，理清咨询对象的需要，并清楚地表明可提供的资源及可提供的协助。通常情况下，咨询员和咨询对象要建立良好的关系，彼此必须共同设定目标和期望，在这个过程中彼此充分表达开放和弹性的尊重态度。

(二) 收集和分析资料

在这个阶段，重点放在界定问题和了解症结，并且发展出适当的目标、计划和理想中的结果。这个阶段往往使用面谈、心理测量，或者文件档案记录等技术和工具。在这个过程中，除了可以收集到所需信息外，同时还可能接触到更多的人员，所以第一阶段建立关系的技巧在这个阶段要同时采用。

美国麻省理工大学斯隆商学院教授埃德加·沙因指出：收集资料是一种介入的形式，人们常常会因为加入某一团体或离开某一团体而改变态度，并有不同的行为反应。另外，在正式讨论之前，先与个别人员私下讨论，常可发掘出较敏感、较非正式的特殊问题。

(三) 寻找可能答案

此时常使用的方法就是脑力激荡，而且咨询者必须重新审视问题，确立目标，这样咨询员和咨询对象的想法及结论才能切合问题的核心。在决定这些方案的可行性方面，最好也考虑咨询相关的人员或跟方案有直接影响的人，以便于寻找出适合的方案。

(四) 执行方案

在执行方案的阶段，要让所有参与者基本了解自己的责任、职务、资源和时间进度计划。沙因建议在正式实施之前，要提供理念使参与者有完整的心理准备并增加关系性及敏感度，可能的话，将所有目标和进度列成明细表。

实施后的结果报告也是同样重要的，因为评估结果和执行方案并非绝对分离的两件事，不时作一下评估，可以使方案实施得更为完善。如果在反馈信息中显示出方案有欠缺，应及时修正方案，以使方案更加适宜和完整。

(五) 评估结果及结案

评估不一定到结束时才进行，应该在执行方案的过程中随时进行。评估活动可以获得系统的、连续性的反馈资料，使咨询员可确定合适的执行过程，并能很快地认清问题的动向。对于整体结果的评估，则有助于了解目标达成和问题解决的进度。

此外，评估工作开始推行，表示咨询员的工作可以告一段落了。当然，如果评估的结果不理想，那么再一次的设计计划、重新实施是很重要的。在这时，咨询员和咨询对象的接触并非立即终止，而是在彼此协商同意的情况下，逐渐减少互动依赖的关系，可依据结果评估的反馈资料调整退出的速率。如果需要的话，咨询员可以再随时提供协助。

第二节　大学生就业心理咨询技术

和其他类型的咨询一样，就业心理咨询须有良好的咨询关系，即积极倾听、尊重咨询对象、真诚接纳对方及富有同情心。就业心理咨询作为心理咨询的一部分，共享心理咨询的理论和技术，但就业心理咨询又有其特殊性，就业心理咨询中运用的技术较多，咨询人员可以依据咨询对象的问题和需要，选择采取一些特殊的咨询技术。以下介绍一些常被就业心理咨询采用，有实证资料支持，并具有效果的特殊技术。

一、"幻想"技术

咨询员与咨询对象分析所收集的资料之后，会发现资料所能提供的信息有限，所以在就业心理咨询的实际操作上，开始采纳"幻想"技术用于解决就业选择的困扰。

(一) "幻想"的内容

摩根和斯科霍尔特两人列举的"幻想"方法主要有以下几方面：

(1) 荣誉庆典的幻想。幻想自己正参加一场特殊荣誉的庆祝酒会，而这项荣誉是因咨询对象拥有特殊能力而获得。这一类幻想是为了帮助咨询对象将目标具体化，并思考自己的动机。

(2) 异性角色的幻想。幻想自己正承担通常由异性担任的工作。

(3) 异族的幻想。本活动促使封闭的咨询对象放开心态，幻想自己从小到大一直是在异族环境中长大的。

(4) 职业生涯中改变的幻想。幻想自己改变种种职业的可能性，并刺激思考。

(5) 退休的幻想。退休的幻想青年人、老年人均可使用，此活动要求咨询对象回顾性地幻想自己以往的工作生涯、兴趣、能力、价值，以决定就业的安排。

(二) "幻想"技术的实施过程

幻想技术可在个别咨询的情境下进行，也可在团体咨询的情境下进行，幻想的主题基本上由咨询员和咨询对象共同决定。而有效的幻想技术需咨询员做适当的引导，具体过程如下：

(1) 咨询员口头(或放录音)温和柔顺地引导咨询对象调整自己的姿势，放松身体，使咨询对象身心松弛。

(2) 咨询员以低柔的声调、缓慢的语句，引导咨询对象进入想象的世界。在引导的过程中，避免用会限制咨询对象思考的句子，尽可能给咨询对象保留最大的思考活动空间，使其自由扩展思考方向与内容，想象愈广泛愈丰富，愈能产生有价值的幻想体验。

(3) 咨询员引用其他语句引导咨询对象进入不同的情境。

(4) 幻想活动结束后，咨询员与咨询对象或团体成员共同分享整个幻想过程与感受，并讨论幻想经验与个人就业发展间的关联。

"幻想"技术在就业心理咨询上，可用来协助咨询对象探索不同的可能性，并从中预先体验各种选择的可能后果，有助于就业探索和对就业决策的评估。

二、模拟个案研究

在咨询情境中要求咨询对象投入某种情境，认同其中某一角色，了解、体会、思索问题并解决。模拟个案研究要求咨询对象以个案研究方式，针对某一咨询对象的情况，分析其问题背景，并为其考虑各种可能的解决途径，整个过程使咨询对象犹如身临其境，但能从客观的立场学习整个问题解决与作决策的过程，因而效果可能更好。模拟个案研究的过程如下：

(1) 咨询员介绍问题解决与决策技术，让咨询对象或团体成员了解并练习作决定的方法与过程，待有初步基础后，即正式开展活动。

(2) 咨询员向咨询对象或团体成员说明个案的各种情形及活动的目标、内容。

(3) 咨询员准备个案时，应注意提供和引导成员收集下述资料：咨询对象的目标与问题；影响个人就业发展的因素，如家庭、个人的能力倾向、兴趣、经验、身体状况等；环境资料，包括各种相关职业和教育环境；咨询对象的生活型态、发展方向。

(4) 咨询员将个案的所有资料提供给咨询对象或团体成员，由他或他们自行进行个案研究，咨询员可以补充资料，并协助、引导咨询对象或成员寻求正确的研究方向，掌握分析的方法，如果是团体咨询，每位成员均须提出研究报告，说明所作的决定及其理由。

(5) 完成作业后，咨询对象各自分别提出报告，并与其他成员分享作决定的经验，咨询员就咨询对象提出的方法及经验的优缺点和特色提出讨论。

三、情境模拟

情境模拟就是让咨询员营造出一个与工作环境类似，但充满学习与个人发展气氛的环境。这个环境的营造使得咨询对象能适应他所处的组织环境。

情境模拟可以达到如下目的：

(1) 改变个人的行为。给予咨询对象一个与工作相类似的环境，使他可以尝试许多不同的行为来协助自己更好地面对工作。

(2) 提供一个较好的教育与体验的环境。这是为帮助那些在学校、家庭、现实社会中，不能真正得到生涯发展的个体考虑的。

(3) 在情境模拟的过程中，咨询员除了要了解咨询对象的家庭、文化背景外，还要求咨询对象进行自我分析，并且在情境模拟中能有所改变。有时咨询员还要与咨询对象的其他有关人员，如家属、教师、老板等沟通，了解他们对咨询对象的期望，以便安排适宜的环境，协助咨询对象的就业心理咨询，共同促进咨询对象的就业发展。

四、职业家族树

家族成员对个人职业选择乃至生涯发展都有深远的影响，职业家族树即以图画的方式，刺激咨询对象评估家族的影响，促进咨询对象的就业认知。职业家族树的操作步骤如下：

(1) 于树梢处填上个人爱好的职业(可填数种)。

(2) 将家族中各人的职业分别填入树的枝干上(各枝干代表家族成员，标出称谓)。由于各人职业可能有所变动，所以可同时填上目前的职业与先前从事过的主要职业，并将与咨询对象有密切关系的重要人物圈起来。

(3) 将家族人员职业的共同特点填于树根处。

(4) 咨询员与咨询对象共同讨论"职业家族树"，可以从一些问题引申：对家族中各人的职业有何感觉(骄傲、尴尬、羡慕、不屑等)；如何知道他们希望我选择何种职业；在兴趣、能力、体能、外貌等方面，我与家族中谁最相似，他从事的职业与我的偏好有何关联；我的家庭对工作上最感满意的是什么(如休闲时间、生活条件、家庭氛围等)；家族中哪些工作习惯与特质构成满意(或不满意)的因果关系。

(5) 经过上述讨论，咨询员可以进一步引导咨询对象探讨各人各种职业的优点与缺陷(如普通的职业对个人与社会的正面价值，或高层次职业的负面影响等)。

五、价值澄清法

一个人的生涯选择中，其价值观是很重要的决定因素。价值澄清法强调的不是价值观本身，而是获得价值观的过程。所以，必须注意价值观的澄清与确定。

(一) 价值澄清的步骤

价值澄清的方法很多，咨询员应和咨询对象共同讨论并选择一种适当的方法进行。一般而言，价值澄清要经过下述七个步骤：

(1) 自由选择。一个人的价值观必须由个人自由选择，经过自由选择而确立的价值观才能真正起到引导个人行为的作用。

(2) 从各种不同的途径中选择。具体做法是：辨别与问题有关的价值观；辨别其他可能有关的价值观；整理上述每种价值观及其可能对选择产生的后果。

(3) 对各种途径产生的后果三思后作选择。一个人感情冲动时，大脑欠冷静，这样贸然选择的价值观，不能代表他真正的价值观。一个人只有对各种不同途径的后果经过认真考虑和衡量比较后作出的选择，才是有意义的选择，才能具有真正的价值。

(4) 重视和珍惜所做出的选择。一般来说，我们对自己认为有价值的东西都会重视和珍惜，会以它为荣。只有为我们所重视和珍惜的价值观，才有可能成为我们真正价值观的一部分。

(5) 公开表示自己的选择。如果我们的选择是在自由的环境中经过自己的认真思考做出的，而且我们非常重视和珍惜它，那么当有人问起时，我们会很自然地对外公开宣布。

(6) 根据自己的选择采取行动。一个人的价值观能左右他的生活，能对他的日常行为产生举足轻重的影响。如果一个人认为某种东西有价值，他就会非常乐意为之付出自己的时间、精力、金钱以至生命，去尝试、去实践、去完成或者拥有它，百折不挠、锲而不舍。

(7) 重复根据自己的选择所采取的行动。如果一个人的某种观念、态度或兴趣已经上升为他的价值观，那么，他就会在各种不同的时间与场合将其一而再、再而三地表现在行为上。价值观将长久地支配着人们的行动。

(二) 价值澄清的方法

1. 澄清反应

澄清反应是价值澄清法中最基本、最主要的方法。它是指咨询员根据咨询对象的所作所为、所说所感，运用适时、适地、适人的语言，引发咨询对象的行为动机，刺激咨询对象的思想，使其在不知不觉中进行一番慎思明辨的内省，从而澄清其价值观。

2. 价值表决

价值表决就是事先由咨询员拟定并向咨询对象提出一套关心的问题，让咨询对象表明自己的意见并做出选择。

3. 价值排队

价值排队就是让咨询对象针对三四种事物，按其认为的重要性为它们排名次，并说出这样排序的原因。

人们在日常生活中常常遇到这种必须作选择的情境。排队法就是为咨询对象提供这种选择的机会，使咨询对象通过对各种情况的衡量比较，分出优先次序，从而进一步明晰各种事物的价值，并且公开表示自己的选择。

4. 公开提问

公开提问就是由咨询者直接提问，让咨询对象公开回答。

5. 生活馅饼

咨询者画一个大圆圈(馅饼)，然后让咨询对象根据他们自己生活中各项内容所占比例的大小将馅饼进行分割。比如，用大圆圈表示一天二十四个小时，让咨询对象说出，如睡眠、玩、作业、看电视、吃饭、做家务、独自活动、与父母聊天或其他活动所占的时间，并按照各项活动所占时间的多少分割圆圈。生活馅饼的主要作用是帮助咨询对象对自己的生活做客观、具体、系统的分析和检查，使他们的生活朝着更为理想的方向发展。

6. 魔术箱法

咨询员可告诉咨询对象，魔术箱是一个可大可小、伸缩自如的箱子，它装着许多人想要的各种各样的东西，包括肉眼看得到和看不到的东西。然后，向他们提出一些问题，诸如：

(1) 你想从魔术箱中拿出什么送给妈妈?

(2) 你想拿出什么送给爸爸?

(3) 你想拿出什么送给要好的朋友?

(4) 你想拿出什么送给世上的亲人?

(5) 你最想要的东西是什么?

(6) 你最不想要的东西是什么?

(7) 你认为世界上最不好的东西是什么?

……

魔术箱的目的在于帮助咨询对象认真回顾和思考他所珍视和痛恨的东西,从而进一步形成正确的价值观。

7. 展示自我法

展示自我法是提供给咨询对象一个自由发言的机会,让他把和自己有关的事情讲出来给大家听,借此机会公开和珍视自己的价值观。

价值澄清的范围可涵盖个人生活、学习、工作各个层面,诸如生活方式的检讨,过去经验的整理,未来发展的方向与目标等,均可运用价值澄清的技术加以探讨,咨询员可视咨询对象的需要,选择适宜的主题进行此类活动。

第三节　就业心理咨询效果评价

就业心理咨询的效果主要取决于就业心理咨询师的经验、所采用的咨询方法与评测手段,以及咨询双方的契合程度。实践是检验真理的唯一标准,对就业心理咨询也是如此,实践也是评价就业心理咨询过程是否科学有效的唯一途径。因此,优秀的就业心理咨询师不仅要掌握专业的知识技能与科学的技术手段,还要积累丰富的从业经验,才能提高就业心理咨询的最终效果。评价就业心理咨询效果,可以从以下三个方面入手。

一、测评结果的准确适用

咨询的第一步是进行甄别定性,即目标个体的问题是什么、程度如何,这也是就业心理咨询的基础性工作。如果不清楚目标个体的真正问题及其症结所在,那接下来的判断与建议都会偏离方向,不能对症下药。测评的准确适用是两个方面的问题,即测验的“信效度”问题。所谓准确(信度),体现的是测评结论的精确性与可信度,如一个人的实际身高是 170 厘米,测出来的结果也是 170 厘米,就说明测评结果很准确。而适用(效度)指的是,所采用的测评技术和方法能够达到测评的目的,如要测量某人的身高,却使用了体重计,虽然测出的体重可能很准确,但是却得不到所要的身高数据,即测评不适用。在就业心理咨询中,不仅要保证测评的方法和技术能够适用于个体的特点与问题,达到“所得即所要”的目的;还要保证测评结果的准确性,使基于结果的判断不至出现偏差或是模棱两可,无法为咨询判断提供切实依据。

二、咨询过程的科学有效

没有任何咨询过程可以适用于所有个体的情况。每个人的个性特点不同，就业目标不同，所遇到的就业问题更是不同。一个好的咨询过程必须根据不同个体的具体问题进行设计，且方案一定要有针对性、操作性，同时合理有效。首先，咨询过程必须基于对个体及其问题的准确判断，否则咨询会偏离方向，无法达到咨询的效果。其次，设计要具有可操作性，一定要落实到具体问题的处理上，让咨询对象能够理解并落实到行动上，不能说得天花乱坠，做起来却一筹莫展。最后，咨询程序一定要注重咨询师与对象的沟通与契合，如果目标个体对咨询师十分排斥，或是咨询师擅长的就业问题领域与对象的需求不对应，则建议更换咨询师。

三、咨询效果可检验

在很大程度上，咨询效果是评价一个咨询服务好坏的关键。因此，如何评价一个咨询服务的效果，即咨询效果的可检验性是十分重要的。咨询效果的评价和目标相一致，目标可能是分阶段达成的，那效果的评价也要随之匹配。应该说，任何咨询过程都是分层次逐步推进的，从易到难，从简入繁，通过一个个小的阶段性目标达成，最终实现解决对象职业问题的总目标。因此，对咨询效果的评价也要对应到每个阶段、每个目标。将对咨询效果的评价贯穿于整个评测与咨询过程的同时，还要及时增加效果评价的结论，对咨询程序进行适当的调整。如果效果良好，目标达成顺利，则可以继续按既定程序落实执行；如果评价的效果不好，阶段目标未能达成或不够理想，则要找到原因所在，对原先的设计进行调整，并通过后续评价的结果确定所做的调整是否科学有效。总之，在咨询过程中，应该始终坚持"计划—评价—调整—再评价"的程序进行。

结果总是最具说服力的，无论你的测评如何准确适用，也不论你的程序如何科学有效，如果最后达不到所要的咨询效果，解决不了咨询对象的实际问题，那么咨询就是无效的。当然，反过来看，好的咨询一定也具备了前面两个条件，所以影响咨询效果的所有条件是辩证统一的。

第七章　应用型本科大学生职业生涯规划

第一节　应用型本科大学生职业生涯规划概述

一、应用型本科大学生职业生涯规划的内涵

(一) 大学生职业生涯规划的涵义

对大学生而言，职业生涯规划就是在对自我和职业世界认知的基础上，根据自己的专业技能、兴趣、性格、价值观，结合社会环境分析，对将来要从事的职业以及要达到的职业目标做出方向性选择，并制定出实现目标的可行性实施方案。或者说"职业生涯规划＝知己＋知彼＋选择"。对职业生涯进行规划，就是为自己的未来绘制一幅美好的图画。

(二) 应用型本科大学生职业生涯规划的涵义

应用型本科院校旨在培养具有一定理论水平、较强实操能力的应用型人才，这就要求应用型本科院校在人才培养上兼顾理论知识传授和实践能力培养。应用型本科大学生职业生涯规划是指应用型本科大学生在应用型本科人才培养的大背景下，在对个人职业生涯的主客观条件进行测定、分析、总结的基础上，结合自己的兴趣、爱好、能力、特点进行综合分析与权衡，再根据应用型本科发展的时代特点和个人的职业倾向，确定自己最佳的职业奋斗目标，并为实现这一目标做出行之有效的安排。应用型本科大学生职业生涯规划并不是一个单纯的概念，它和个体所处的应用型本科院校的发展特点、个体所处的家庭环境以及社会环境存在着密切的关系。应用型本科大学生职业生涯规划与应用型本科人才培养存在着内在关联性。

1. 目标的共通性

高校人才培养包含教与学两个方面，其中"教"主要体现在师资配套、教学水平等综合方面，而"学"主要表现在大学生的学习意识、学习目标等方面。大学生职业生涯规划是通过科学测评工具，帮助大学生确立职业目标，从而实现大学生全面发展和综合素质提高的一种教学类型。因此，应用型本科大学生职业生涯规划与应用型本科人才培养具有目标上的共通性。

2. 实践的互补性

目前，大部分高校的理论传授比重较大，知识应用能力培养较少，高校人才培养与社

会需求的矛盾不断加剧。大学生职业生涯规划是一个"依据理论—制订计划—实现目标"的循环过程，它是专业知识的结合、消化与应用的过程，因而其促进了理论讲授与知识实践的有效连接，实现了互补。

3. 效果的持久性

知识学习是一个不断重复和加深的过程，大学生职业生涯规划是基于专业知识开展的加深理论学习和实践专业知识的过程，因而它有助于大学生的自我实现，并帮助大学生把握学习过程的本质，突出其效果性。可以说，大学生职业生涯规划是高校人才培养效果在校内的实践平台与检验机制。

4. 本质的一致性

应用型本科人才培养在于提高人才的质量，提升人才的综合能力和素质，为社会、国家输送高质量的应用型人才。大学生职业生涯规划通过一系列指示应用于目标检验，寻找提升大学生综合素质能力的途径和方法，二者在推动人才培养的本质上具有一致性。

(三) 应用型本科大学生职业生涯规划的特点

大学期间是学生成才以及形成稳定性格的关键时期，也是他们职业生涯的开端。高校进行的职业生涯规划教育对学生的成长和发展有着至关重要的作用，而应用型本科院校在培养人才上更加侧重学生与社会的融合性、适应性。因此，应用型本科大学生职业生涯规划体现了以下特点：

1. 应用型本科大学生职业生涯规划要尽早进行

应用型本科专业的培养目标定位为满足社会实践需求，所以大部分学生毕业以后面临走向社会就业的问题。对于应用型本科的人才质量检验，关键一点就是要看其毕业生的就业力和就业率，用人单位对毕业生的欢迎和认可，也是对学校办学质量和效果的肯定。在构建人才培养模式上，既要培养出能够适应现实社会需要的应用型人才，又要能满足毕业生自身良性发展的需要。让学生从入学开始对自己的专业有初步了解后，就要及早指导他们根据各自的专业和爱好进行初步的职业生涯规划，并根据自己以后各个学期学业的发展情况和个体特征适时地调整自己的职业生涯规划，这样不仅能提高学生的就业竞争力，增强学生的就业机会和提升他们的就业质量，同时也可以用社会需要指导学校办学，使学校培养出来的学生符合社会需求，提高人才培养的质量，促进学生全面发展。

2. 应用型本科大学生职业生涯规划要全程开展

应用型本科院校一般实行"3+1"的教学模式，在校时间相对短暂，前后涉及在校学习和校外实习两人阶段。大学生人生观和就业观的形成、职业生涯的发展以及职业技能的准备和完善，都是一个循序渐进的过程，需要长期的教育、培养和积累，所以从大一开始，就要制定全程性的生涯规划教育，分年级、分重点、有计划、有步骤地开展和实施，使生涯教育贯穿于整个大学阶段。在构建应用型本科生的职业生涯教育模式时，需要有专门的课程和内容，使之能够有针对性地解决在大学生职业生涯发展中可能出现的问题。针对应用型本科教育而言，一年级可作为职业生涯的探索期，了解应用型本科人才培养的目的和基本要求；二年级为职业生涯的定向期，找准自己的基本定位；三年级为职业生涯的提升期，确定自己的目标，为即将到来的实习做好充足准备；四年级为职业生涯规划的定型期，在一定的实习摸索基础上，明确自己的职业和就业方向。同时，要根据大学四年不同的特征进行课程和内容的全程设计，建立和完善知识、能力和素质的全面培养，从而形成适合应用型本科大学生职业生涯发展的职业生涯教育模式。

3. 应用型本科大学生职业生涯规划要与实践相结合

应用型本科大学生职业生涯规划就是要让学生根据自身特点，通过实践逐步探索出适合自己的职业，做好工作前的各项准备工作，便于自己较快进入角色，适应岗位，从而得到更多的发展机会。从以往的教学情况看，大学学到的知识往往偏重理论，过于书本化，容易脱离实践，缺少锻炼动手能力的机会和平台，导致学生动手能力不强，毕业后较难快速适应工作岗位。所以，应用型本科大学生职业生涯规划要凸显实践性，切实提高学生的动手能力，这对于他们缩短职业适应期具有重大意义。因此，应用型本科生的职业生涯教育既要"走出去"也要"引进来"。首先，指导学生开展丰富多彩的社会实践活动，根据专业培养目标，积极拓展培养渠道，充分挖掘各种社会资源，丰富实践教育的途径，进而加强大学生的职业技能和实践能力。通过实践活动，既可提高大学生的专业技能，让学生了解职业，增加对社会的感知，又有利于学生了解社会，明确自己的职业发展方向，不断调整自己的职业生涯规划。其次，在"校企"联合教育的基础上，引进社会资源来为广大同学"现身说法"，这样的榜样激励往往会有较为直接的效果，不仅能提高大学生的就业率，同时也可以使学校更多地了解社会需求，从而合理设置专业、科学制定教学任务，更好地树立院校的品牌效应，建立起良好的社会信誉。

职业生涯与人的全面发展密不可分，个人需要实现职业生涯的完美或成功，以追求自身的发展，而只有科学合理的规划才能使我们的职业得到更完美的发展。应用型本科大学生因其人才培养的特殊性，必然要求职业生涯规划更加切合学生成长成才的需要，这样才能真正夯实基础，使大学生的职业生涯开出美丽之花、结出胜利之果。

二、应用型本科大学生职业生涯规划的意义

1. 有助于大学生的个性发展

大学生群体存在不少共性，但是在心态、理念、价值观等心理品质上的差异性更多。因此，大学生职业发展的具体生涯任务、规划内容、发展状况千差万别。虽然高校推出的第二课堂等给大学生的个性化发展提供了外部环境，但并不意味着大学生对自身的学业和职业等人生问题有了深入的认识和理解，这就要求我们的就业辅导工作要尊重大学生的个体差异，明确他们的个性特点和爱好特长，促使每个大学生都能"人尽其才"。

2. 有助于大学生建立良好的学习生态圈

大学生职业生涯规划教育为大学生提供学习、交流和实践的平台，帮助大学生认知专业前景和发展方向，促进大学生个性化的提升，这将有利于大学生建立良好的学习生态圈，

为应用型本科院校提升人才的培养质量提供新的驱动力。

3. 有助于教学体系的完善和教学改革

大学生职业生涯规划基于课堂教学内容，并应用于实践之中，是应用型本科院校教学体系的有效完善，也是补充教学实践的应用平台，它将有助于应用型本科院校在转型过程中实现并继续推进教学改革。

4. 有利于促进学生综合素质的提升

大学生职业生涯规划是高校人才培养体系所涵盖的内容，它可以帮助大学生了解职业特点、类型、性质等，并建立专业与职业之间的联系，自我定位，明确职业方向。开展大学生职业生涯规划教育将有助于实现高校的教学目标，帮助大学生消化和理解教学内容，建立学习自信和兴趣，提升综合素质，最终提升高校人才的培养质量。

5. 有利于学生角色向社会人转变的无缝连接

应用型本科院校人才培养要以服务地方社会经济发展为目标，而且应用型本科人才在培养中要兼顾理论知识和专业技能。大学生职业生涯规划是一个能够有效增强理论知识实践性的实操性课程和提升平台，它不仅仅是认知自我的过程，还是一个认知环境的过程。职业生涯规划通过分析和认知专业发展方向、社会发展等外部情况，增强大学生了解社会、适应社会的能力。大学生职业生涯规划有助于大学生实现学生角色向社会人的转变，将为应用型本科人才走向社会提供无缝连接。

第二节 科学设计大学生职业生涯规划

一、大学生职业生涯规划的原则

毫无疑问，时间的流逝是单向运动，无法追回，人生之旅只发单程车票。任何人都希望自己在有生之年把握机遇，运筹帷幄，走向辉煌。所以，在制定个人职业生涯规划时，既要有挑战性，又要避免好高骛远，注意适时调整，更重要的是掌握制定个人职业生涯规划的重要原则。制定大学生职业生涯规划须遵守人职匹配原则、可操作性原则、时间性原则、动态发展性原则、全面评价原则五项基本原则。

(一) 人职匹配原则

大学生在做职业生涯规划时，首要原则就是人职匹配。一定要认真了解个人与环境的现实情况，并对可能的发展尽量做出切实准备和预判，才能最大限度地达成个体因素与职业特征的最佳匹配。心理学研究告诉我们，世界上不存在完全相同的两个人，不同的个性让我们区别于他人，这种人与人之间的差异还体现在身心条件、生活经历、家庭背景等许多方面。同样，我们面对的职业世界也是纷繁复杂的，不管是职业的数量，还是职业的类型都表现出很大差异。从某种意义上说，职业生涯规划的最终目的就是要在这两个复杂的系统之间寻找具有一定联系的个体因素与职业特征。虽然这个过程十分复杂，甚至需要经历较长时间，并承担一定风险，但是只有最终达成这种因素的关联，才能真正实现人职匹配，个人职业发展也才能走上稳定上升的道路。职业生涯规划是一项因人而异的设计任务，没有适用于全体且统一的模式，必须在科学调研、准确预估的基础上针对个体的具体情况展开。

(二) 可操作性原则

从某种意义上说，任何人或多或少都有关于自己职业发展的计划或设想，但也有很多只是空中楼阁，不切实际，一到具体实施就会出现各种问题，导致人们无法按照自己的设想继续下去，最终不得不放弃。因此，职业生涯规划必须要具备可操作性，要建立在可靠认知和调研的基础上，才能保证按照既定路线去实现目标。所谓职业生涯规划的可操作性应该包含三层内容，即具体性、可行性和可查性。具体性是指计划不能是一个模糊而庞大的梦想，而应该按照一定的标准(如时间)将其分解为许多可以预见的目标，并设定每一个目标完成需要进行的准备和操作；可行性是指计划的目标和路径必须是符合自己能力范围的，在规定的环境中通过自身努力最终能够达成的，且实现目标也能激发自身动机并满足一定需求；可查性，即计划的可检验性，任何计划即便考虑得再仔细也不可能完美无缺，因为现实情况是随时变化的，这就要求我们必须随时监控计划的实施情况，通过对效果的评价及时调整计划，因而计划必须要能够被检验，这样我们才能判断计划执行得好坏以及是否需要做出改进。

(三) 时间性原则

我们的生命是有限的，所以时间性原则非常重要。规划中的每一个目标都要有两个时间，一个是开始时间，即什么时候开始为实现这个目标行动，而另一个是预计实现目标的时间。没有行动就永远达不到预期的目标，因而第一个时间比第二个时间更重要。

(四) 动态发展性原则

人的职业发展经历一生中的大部分时间，跨越成年后的几乎所有年龄阶段，所以谓之职业人生也不为过。人的心理在不同的年龄阶段有着不同的发展和特征，职业心理也同样如此。一般情况下，职业发展的阶段与年龄发展的阶段是相对应的，如职业准备阶段、职业探索阶段、稳定发展阶段、职业退出阶段等。因此，职业生涯规划也必须依据各阶段的特点和需求制定对应的、切实可行的计划和目标，这就是职业生涯规划的动态发展性。常言道计划赶不上变化，对于跨越时间如此之长的职业生涯规划来说，更是体现得淋漓尽致。很多计划初期设计得很不错，但是随着年龄的增长、心理的发展、环境的改变，可能到某阶段时原计划已不再适用，这就需要根据新的情况调整甚至大幅改变原先的计划。从今天的社会现状来看，基本上没有任何职业生涯规划是丝毫不需要调整即可适用终生的。例如，某大学生在高考填志愿时十分想学土木工程专业，但当他工作后，发现预期与实际的差异而无法适应(心理契约违背)后，又通过考研成为了一名教师，结果最后发现曾经十分排斥的教师职业原来如此适合自己。如此的例子应该说在许多大学生身上都发生过，所以认清职业生涯规划的动态发展性，随时监控，做好调整，才是更好地实践计划的关键。

(五) 全面评价原则

全面评价原则是指对职业生涯进行全过程评价和全方位评价。人的发展是分阶段的，人的发展任务也是分阶段完成的，因而要注意对阶段目标成功完成与否的评价，使人在职业生涯发展的过程中不断有自我实现感。

许多人认为诸葛亮的职业生涯是失败的，因为他没有实现恢复汉室、统一中国的心愿，但他却是中国人所推崇的"智慧的化身"。如果用全面评价的观点来考察诸葛亮的职业生涯，很明显，他智慧超人、业绩丰硕、千古流芳。

二、大学生职业生涯规划的具体步骤与内容

大学生职业生涯规划相对于已经参加工作的从业者尤其独特，即具有更多的虚拟性和前瞻性，甚至是纸上谈兵，但这是必要的。大学生职业生涯规划意味着关注和思考，它是一份学业规划，同时也是一种心理投资。职业生涯规划是一个周而复始的连续过程，包括自我认知与评价、职业环境探索、职业生涯目标确立、职业路径决策、制定职业生涯方案、实施方案、评估与调整七个具体步骤。

(一) 自我认知与评价

俗话说，"知己知彼，百战不殆。"对于大学生职业生涯规划来说，"知己"就是通过自我认知与评价达到的，这也是职业生涯规划中的首要工作。自我认知与评价要求大学生必须对自己做到准确、全面、客观、深入的了解，还要对自己将来的发展有一个预估。自我评估的内容很多，如个性、职业兴趣、人际关系状况、家庭背景、优缺点、知识经验丰富程度、技能水平、情绪智力、心理韧性、各种已取得资格的价值等。通过这一步工作，我们应该要解答"我拥有什么""我要什么""我可能达到如何的水平"等问题。

自我认知与评价包含了两个方面的内容。一方面是认知，是对自己和有关职业发展的所有信息的搜集与认识；另一方面是评价，是在搜集与认识的基础上，对自己当前各方面的情况进行优劣判断，并预估未来可能的发展。自我认知与评价工作是职业生涯规划的基础，它为我们的职业决策提供依据。因此，如果搜集的信息不完整，判断与认识不够充分，或是基于信息的预估有偏差，都可能影响职业生涯发展的速度、难度及最终结果。

那么，我们具体该如何来进行自我认知与评价呢？自我评估的方法很多，除了基本的自省法，还可以借助自我评估工具、问卷测评、他人评价等方法。需要注意的是，不管采用何种方法，都要经过多次验证和深入探索，务必做到严谨、求真、仔细，最好是采用不同方法反复验证，不要草率做出评价。如在自我评估的基础上，最好让他人加以评价，这样可以避免评估的主观性和片面性，千万不能犯"以点代面""想当然""伪科学"等错误。

(二) 职业环境探索

个体都是作为社会人而存在的，在任何地点、任何时间都身兼多种社会角色。以大学生为例，他们在学校背景下是同学、学生，在家庭背景下是子女、兄弟姐妹，在某个社会兼

职背景下又是同事、下属，此外他们还可以是朋友、爱人等许多角色。毫不夸张地说，每个人随时随地都受社会背景和关系的影响。因此，要做好职业生涯规划，当然也离不开对个体所处环境各种因素的了解与评估。对于职业发展来说，这些因素中与职业生涯有关的因素更是关注的重点，我们把与这些因素有关的环境称为职业环境。职业环境具体包括(企业)组织环境以及与职业发展有关的社会环境，如经济技术环境、人力资源环境、文化教育环境等。

上文提到，自我认知与评价是职业生涯规划的首要工作之一，另一个工作就是职业环境探索。前者我们称为职业生涯规划中的"知己"，而后者则是"知彼"的工作。虽然关于这两项工作到底先做哪一项存在不同的观点，但从逻辑与实际的角度分析，是不可能完全做好两者中任何一个后才去考虑另一个的。自我探索与职业环境探索应该是相互制约、相互关联、同时并进的两项基础工作。只考虑职业环境，可能最终决策并不能满足个体需要；而只关注个体，后面可能会发现现实环境根本无法适应个体发展。所以，只有将两者同时考虑，相互协调，适当合理地调整，才能达成真正的匹配，所做的职业决策才有可能是既满足个体需要，又能适应环境现实的。

职业环境为我们的职业发展提供了空间、机会、条件和可能性，特别是信息科技迅速发展的当今社会，谁能很好地把控环境，必然有助于其职业生涯的顺利发展。职业环境探索涉及的主要内容包括相关社会环境分析、行业环境分析、企业(组织)环境分析。

1. 社会环境分析

社会环境分析具有很强的时效性。第一，经济环境的分析。分析经济政策的变化、经济的景气度、产业结构的调整、区域状况及经济发展水平等对自己所选职业的影响。第二，社会文化环境的分析。分析社会政策、科技发展、价值观取向、法律状况、人才市场需求等。在良好的社会文化环境中，个人在学习、进修、深造等方面都可以得到更好的教育和熏陶，从而为职业发展打下更好的基础。

2. 行业环境分析

俗话说："女怕嫁错郎，男怕入错行。"选择行业是每个人一生中的重要决定。企业所属的行业环境将直接影响企业发展，进而会影响个人职业发展。行业环境分为行业发展现状和行业发展前景两部分。比如，目标行业是朝阳产业还是夕阳产业？国内外重大事件对其影响如何？国家的相关政策如何？行业自身竞争力怎样？总之，通过分析和了解影响职业生涯的行业因素，有利于个人选择有发展前途的行业和职业，有助于个人职业目标更好地实现。

3. 企业(组织)环境分析

通过对企业内部环境的分析，可以了解企业资本环境和其在新的发展领域中的地位和发展前景，从而做出自己的职业规划。企业环境分析主要涉及组织文化与制度、领导者素质、组织人员状况、组织实力与规模、组织社会声誉等。

(三) 职业生涯目标确立

1. 职业生涯目标的概念

职业生涯目标是指个体渴望获得的与职业相关的结果，是个体所选定的职业领域中未来某个时刻所要达到的具体成就。设定职业生涯目标是职业生涯规划的核心内容，具体表现在：

(1) 有助于激励个体朝向目标努力的坚持度；

(2) 有助于个体选择实现目标的战略战术；

(3) 有助于个体的职业生涯成功，影响和引领个体现实的行为表达方式；

(4) 有助于个体衡量自己行为结果的有效性，提供即时性的积极反馈。

大学生的职业生涯目标是指大学生根据社会期望和自身发展的需要，选择的自我奋斗目标和发展方向，它不仅为大学生的自我发展提供导向作用，而且能够充分调动大学生的积极性、主动性和创造性。

2. 职业生涯目标的类型

(1) 概念性职业生涯目标。概念性职业生涯目标属于哲学层次上的目标，与具体的工作和职位无关，它所表达的是工作任务的性质、场所和全部的生活方式，反映的是个体的价值观、兴趣、才能和生活方式偏好。

(2) 操作性职业生涯目标。操作性职业生涯目标是将概念性职业生涯目标转换为一种具体的工作或岗位，如获得某公司市场调研部经理或市场总监的职位。在设计职业生涯目标时，个体要在概念性和操作性这两个目标层次上进行认真分析和权衡。

(3) 短期与长期的职业生涯目标。从时间纬度看，职业生涯目标可以分为短期目标与长期目标，长期目标的时间跨度是 5～7 年，短期目标的时间跨度是 1～3 年。

3. 职业生涯目标的设定

据调查，大学生群体中有明确职业目标的占 13%，有职业目标但不是很明确的占 25%，没有明确职业目标的达到 62%。这个调查结果反映了当前大学生求职过程中的心理困惑和行为盲目，暴露了大学生职业生涯目标的严重缺失。职业生涯目标设定程序如下：

(1) 选择职业生涯发展路线。职业生涯发展路线是指一个人未来的职业发展方向。不同的生涯发展路线对从业者的素质要求有所不同，影响日后的生涯发展阶梯。生涯发展路线呈现为一个自下而上的职业阶梯，如大学教师的生涯发展路线是助教—讲师—副教授—教授，企业财务人员的职业发展路线是会计员—主管会计师—财务部经理—公司财务总监。

不同素质的个体所适合的职业生涯发展路线有所不同。例如，有人适合从事研究工作，可在科学技术领域获得突破；有人适合管理岗位，可成为一名优秀的管理者或领导者。职业生涯发展路线的类型有以下几种：

① 专业技术型路线。这是一种技术职能取向的专业路线，需要从业者具备特定的知识、能力和技术，尤其是良好的分析与综合能力。

② 行政管理型路线。这是一种管理职能取向的路线，以不同的管理岗位为目标，对一个人的综合素质，尤其是人际交往技能的要求较高，其生涯发展阶梯一般是从基层职能部门开始，然后向中级部门和高级部门逐步提升，管理权限越大，所承担的责任也相应增加。

③ 自我创业型路线。这是一种以自主选择和自由发展为特色的生涯阶梯。自我创业型路线客观上要求具备创业的良好机会和适宜创业的社会土壤，主观上则需要创业人员具

有较高的创造性、强烈的成就动机、较高的心理素质和承担风险的意识与能力，并且善于开拓新领域、新产品和新思维。

(2) 选择职业生涯目标。职业生涯规划需要设立一个有效而可行的目标。职业生涯目标要符合如下要求：① 为每一个行为设定明确的方向；② 反映一个人的真正追求和真实需要，便于科学的管理时间；③ 立足现在和利于未来发展相结合；④ 清晰地评价每一个具体行为的效率、效能和进展状况；⑤ 结果导向重于过程导向；⑥ 结果具有可预见性，以产生持续的信心、热情和动力；⑦ 具体、明确而不空泛；⑧ 高低适度，不宜好高骛远；⑨ 兼顾平衡，与生活目标有机结合。

4. 职业生涯目标的实施

(1) 目标分解。职业生涯目标可分解为一系列易于达成的阶段性目标。所谓目标分解，就是将目标清晰化、具体化的过程，它是将目标量化为可操作的行动方案的有效手段，是根据观念、知识和能力差距将职业生涯远大目标分解为有时间限定的长、中、短期分目标，直至将目标细化为某个具体目标且可以采取的具体行为。目标分解有助于个体在现实环境和自我愿望之间搭建拾阶而上的路径。

(2) 目标组合。目标组合是一种处理不同目标之间相互关系的有效方法。个体如果只关注目标之间的排斥性，就会在不同目标之间做出排他性选择；如果能看到目标之间的因果关系与互补性，就能够进行不同目标之间的组合。目标组合的方法有：

① 时间组合。时间组合有两种类型，一是平行式时间组合法。如果外部环境使个体面临多个机会和选择，个体将会产生两个或多个不同方向的职业生涯目标。此时，如果个体有足够的精力和能力来应对，则倾向于采取"齐头并进"式的时间组合法，即同时着手两个平行的工作目标或简历，实现与目前工作内容不相关的预备性职业生涯目标。二是连续式时间组合法，即用时间坐标为纽结，将各个目标前后连接，实现一个目标后再进行下一个目标。一般来说，较短期的目标是实现较长期目标的前提。目标的期限性是相对的，随着时间的推移，长期目标成为中期目标，中期目标成为短期目标，短期目标成为近期目标。

② 功能组合。功能组合有两种类型，一是因果功能关系。有些职业生涯目标之间存在明显的因果关系，如某职业经理人 10 年的经济目标是年薪 50 万，那么实现此目标的途径要么是业绩突出，要么是职务大幅度晋升，而这两种途径的共同基础是工作能力的提高。二是互补功能关系。有些职业生涯目标之间存在明显的互补关系。例如，一个管理人员在成为一名优秀进口部经理的同时取得 MBA 证书，这两个目标之间存在着直接的互补关系，实践管理工作机会为 MBA 学习过程提供丰富经验，而 MBA 学习内容和过程也为管理实践提供理论支持和科学方法的指导。

③ 全方位组合。全方位组合是指事业与家庭生活质量之间的均衡发展和相互促进关系。全方位组合超越了狭隘的职业范畴，涵盖了人生的全部活动。完美的、完整的职业生涯规划应该涵盖生活内容，寻求职业生涯与人生活动之间的和谐与协调。

5. 职业生涯目标的评价与反馈

职业生涯目标的评价与反馈是指个体依据内外环境因素所做出的一种动态的和适应

性的评估过程。在职业生涯目标实施的进程中，社会文化环境、组织环境、市场机遇、自我都会经常发生某些变化，有些变化还会超出个体的预料，这无不影响一个人的职业生涯发展，有时甚至会令其感到束手无策，直接影响其生涯规划的执行过程，乃至使其生涯目标的实际结果偏离原来的生涯目标，这在客观上需要个体不断有效地调整实施策略和生涯目标，做出动态的科学评价与即时反馈。因此，职业生涯目标的评价与反馈的目的在于：让自己时刻保持一种最佳状态，在生涯道路上克服各种障碍，走得更直、更稳和更快，实现可持续发展。

（四）职业路径决策

职业目标确立以后，接下来就是制定达成目标的路径。就如同解决问题一样，达成目标也可能存在许多不同的路径，正所谓"条条大路通罗马"，就是职业路径决策的真实写照。对于不同的个体来说，在许多可以选择的职业路径中，最佳路径可能会不一样。如何达成最佳，这就需要对备选路径所涉及的行业、企业(组织)、地域背景、时间安排等进行比较和评估。

每个人的具体情况不同，所面临的问题也可能不同，在现实中也有不同的职业发展路径适应不同的个体。职业生涯路径规划了一个人从什么方向、如何发展、如何实现职业目标。方向选择不同，所对应的要求也就不同，具体需要解决的问题也不一样。许多学者和管理实践者都对职业路径进行过深入的研究，比较有代表性的路径如表 7-1 所示。

表 7-1　几种典型的职业生涯路径

类型	典 型 特 征	职业愿景	典型职业	职业提升路线举例
技术型	职业的目标主要定位于技术能力的提升，比较关注工作中实际操作层面的内容，以技术水平的高低作为价值评价的标准，不愿意承担社会性或管理性工作	达到本专业技能水平的高峰，得到同行的认、可，成为行业技术专家	工程技术、财务分析、营销、计划、系统分析等	助理工程师—工程师—高级工程师—教授级工程师
仕途型	注重培养自己人际交往、沟通协调、领导管理的能力，具有承担责任和风险的魄力，有一定的决策能力，以权位或威信作为评价职业成功的标准	承担更多责任，获取更大权力，管理更多人才和资源，获得人们的尊重与追捧	政府机构、企业组织及其各部门的主要负责人	销售员—销售主管—销售经理—总经理
安稳型	从众，依赖组织，力求职业安稳，不愿意转换工作岗位，做事认真，兢兢业业，担心失去工作，职业发展按部就班，没有太多苛求，有回避风险与责任的倾向	稳定长期的工作环境，融洽的组织氛围，良好的生活状态，平稳的工作提升	教师、医生、研究人员、勤杂人员	助教—讲师—副教授—教授
创造型	喜欢有自主和创造的空间，愿意承担有挑战性的任务，爱冒险和创新，总是对新事物充满好奇，常常更换工作环境，以是否能接触和完成新的目标为职业发展的方向	能拥有自己的发明、创造或是观点，有属于自己的而不同于任何人的职业成就	发明家、风险性投资者、产品开发人员、作家	因为经常性地变化职业或工作内容，所以没有明显的职业上升轨道，一般以新成果的数量和影响力来评价职业水平的提升

除了表 7-1 所列的职业路径外，还有很多职业发展的路径类型。例如，以学术水平提升为职业发展导向的学术型路径，如教师和科研人员在工作同时，以学位提升为职业愿景(本科—硕士—博士—更多学位和多种形式的进修)；以追求自由、宽松、可控的工作状态为目标的自由型路径等。

(五) 制定职业生涯方案

职业生涯方案的制定主要包括三个部分：确定自我条件与职业要求之间的差距、寻找消除差距的具体路径和方法、确定实施方案的具体步骤与所需时间。

另外，在制定职业生涯方案时，还需照顾到经验获取、人际关系培养、心理素质提升等方面。总之，职业生涯规划方案的制定是仔细考量、反复验证、不断调整的过程。

(六) 实施方案

职业目标确立、具体方案制定后，接下来就是按照方案进行实践了。"实践是检验真理的唯一标准"，当然实践也是检验方案可行性和效果的唯一有效的途径。也只有通过方案的实施才能发现可能存在的问题，并加以调整，使之更加合理，并逐步向职业目标靠近。职业生涯规划的实施过程包含了个体的各种工作经历和体验，如实际操作、参加培训、学习深造、人际交流等。再好的方案，如果不去落实，一切都只是纸上谈兵。爱迪生在 75 岁时还坚持每天准时去实验室上班，当被问及什么时候退休时，他十分风趣地回应说，自己活到这个年纪却一直没顾上考虑这个问题。在爱迪生 84 年的人生中，一共有 1100 多项发明，他这样归纳自己成功的原因："有人认为我成功是因为所谓的天赋，但其实这并不是原因所在。只要是思维正常的人，都可以通过努力行动获得与我一样的成就"。正如爱迪生的名言——"天才是百分之一的灵感加上百分之九十九的汗水"所说明的道理一样，职业生涯规划的重点在于执行，也只有通过具体的行动才能实现哪怕最小的目标。

(七) 评估与调整

俗话说，"计划赶不上变化。"职业生涯经历的时间较长，几乎涵盖了人一生三分之二的时间，涉及的影响因素又复杂众多，具有一定的偶然性，且人与人之间还存在较大差异，因而对职业生涯规划的评估与调整也就必然涉及职业发展的全部过程。通过适时合理的评估与调整，可以不断修正我们的生涯规划，使之更加适应当时、当地的现实情况，规划也会变得更加行之有效。个体对计划的调整和修订，既可以是针对某个阶段性目标或其实施方案的，也可以是针对总目标的，甚至在极端情况下，可以是对整个职业目标和方案的重新制定，但这一切都必须遵循符合个体实际情况与客观现实的需要。职业生涯的过程，也是需要用科学发展观来指导的。与职业发展有关的诸多因素都处于发展变化之中，因而职业生涯规划也必然要随着时间的推移而变化，才能适应社会发展的现实。正如 20 年前我们无法想象今天社会的发展状况一样，在当时制定的职业生涯规划也必然难以适应今天社会的需要，为了能保持职业的继续提升，我们就必须对当初的规划做出调整。其实，在现实的工作中，对职业生涯规划的调整每时每刻都在发生着，只是有些影响较大，甚至是方向性的改变；有些则很微小，只是一个具体内容或行为的适当调整。总之，在实施职业生涯规划的过程中，大学生必须时刻自觉地总结经验和教训，评估职业生涯规划，不断搜集与评价信息和各种因素，修正自我认知，通过实践的反馈，对规划做出合理适当的修正，缩小乃至消除各种理想与现实的偏差，保证职业生涯规划的行之有效。概括而言，职业生涯规划的评估与调整主要包含了职业生涯路线的修正、职业生涯目标的调整、计划实施的变更，乃至职业的重新选择等内容。

三、改善职业生涯素质

(一) 树立良好的择业心态

大学生一些不合时宜的择业心态在很大程度上限制了他们的就业。这些不良心态有：

(1) 城市心态。该心态表现为一些城市学生不愿离开繁华都市，农村学生想跳出农村到城市工作，这导致了城市人才竞争激烈和人才的浪费。

(2) 功利心态。大学生择业主导思想上的商品意识和功利色彩日益浓厚，过去那种"到基层去，到边疆去，到祖国最需要的地方去"的"老三到"转为"到外资企业去，到国外去，到挣钱最多的地方去"的"新三到"。

(3) 求稳心态。大学生总想一步到位，找一个既有发展前途，又适合自己兴趣爱好，并赚钱还多的职业。

(4) 悲观心态。大学毕业生求职受挫后悲观失望，削弱谋职信心。

(5) 急躁恐慌心态。这类心态的大学生表现出情绪难以自制的亢奋、思想飘浮、注意力不集中、草率行事、没有明确的择业目标、喜欢与人攀比、为就业四处盲目奔波、对前途焦虑烦躁。

(6) 临阵怯场心态。这类心理状态是一到正式场合如面试、在众人面前尤其是在重要人物及陌生人面前，就神情紧张，心神不安或面红耳赤，谈吐失常，举止拘谨，失去控制。

大学毕业生有必要对择业不良心态进行自我调适，具体策略包括：

(1) 客观地认识自我和评价自我。从"我想干什么"的一厢情愿转变到"我能干什么"的现实定位。例如，就读学校的声望如何？所学专业属于长线还是短线？气质属于何种类型？自己适合干什么工作？自己的性格和能力怎么样？想从事的职业和自己所能从事的职业之间有无矛盾，怎样协调解决？

(2) 建构"我能行"的信心。自信心是一个人潜能释放的精神源泉，是克服困难取得成功的重要保证。大学生择业时要鼓足勇气，迎接挑战，参与竞争。

(3) 主动适应社会而非幻想社会适应自己。

(4) 以平常心看待失败。求职过程中一帆风顺的人很少，大部分人都是在跌跌撞撞中前进。一次尝试就是一次锻炼，也是一次收获。

(二) 学会管理压力

当今社会，大学生所承载的来自社会、家长的高期望导致他们自我定位较高且成才欲望强烈，高等教育大众化的趋势使得大学毕业生数量急剧增加，而社会能够提供的就业岗位增速有限。就业竞争激烈，薪金起点逐渐下降，以及无从业经验、专业不对口等求职中的各种问题无情地拷打着大学生的心理承受力，使他们产生很多心理问题，甚至出现过激行为。例如，湖南托普信息教育学院学生吴某参加了一次人才交流会后跳楼自杀；浙江大学农业与生物技术学院学生周某因公务员考试失败而持刀杀人；广州某高校毕业生因没有通过全国公共英语等级考试而不能获取学位，选择喝敌敌畏后跳楼自杀。因此，大学生要学会管理压力，提高心理抗挫能力，要做到：自我评价正确和期望值适宜；勇敢承受压力，保持积极心态；建立良好的人际关系网络，寻求社会心理支持；增强心理保健意识，掌握心理调适方法。

(三) 开发情商

卡耐基说："一个人事业成功，15%靠他的专业技术，85%是靠人际关系和处世技巧。"可见，情商对一个人的成功极为重要。研究发现，在人生事业成功要素中，智商占 20%，情商占 80%。情商高的人，春风得意，步步高升；情商低的人，怀才不遇，难获提升。

大学生要实现职业生涯目标，获得事业的成功，就必须持续地开发自己的情商。情商开发主要包括：

(1) 自我情绪认识能力。对自己的悲、喜、忧、乐等积极、消极情绪的觉察能力，对自己的情感、情绪的自我反省、自我认识的能力。

(2) 自我情绪控制能力。根据自身情况、环境状况、人际交往状况，把握、控制、适当表现、发泄自己情绪的能力。

(3) 了解他人情绪的能力。通过别人的姿态、语气、表情、动作等了解、体察其情绪的能力，做到有真正的同理心。

(4) 预见未来的能力。对事情发展动态趋势的把握及认识的能力，即能否预见未来，并采取及时行动或耐心等待。

(5) 人际关系协调能力。善于调节和控制他人情绪反应，并能够使他人产生自己所期待的反应的能力。一般来说，能否处理好人际关系是一个人是否被社会接纳与受欢迎的基础。

(6) 自我激励能力。个体具有不需要外界奖励和惩罚作为激励手段，能自觉为设定的目标努力工作的能力。充分利用各种手段激发自己能动性、创造性的能力。充分认识自我、激发自我的潜力是成功的内在动力。自我激励能力强的人善于度过困境，也能在顺境中把握自己。

(四) 提高时间管理能力

席勒说："时间的步伐有三种：未来姗姗来迟，现在像箭一般飞逝，过去永远静立不动。"美国管理学会主席吉姆·海斯说："一个人可以学会更有效地使用多种管理工具，以便在同样多的时间里使自己更加富有成效。"大学生作为时间的消费主体(见表 7-2)，要善于分析自己对时间的使用效率，提高时间管理意识和能力。

表 7-2　大学生时间消费主体分类

类别	消费主体	存在问题	具体症状举例
第一类	一般大学生	不能合理利用	无目的地上网、逛街、看书、听音乐
第二类	学生干部	被别人消耗掉	制定、实施计划，开会

大学生的时间浪费可分为显性的时间浪费和隐性的时间浪费。造成显性时间浪费的原因有缺乏时间观念、缺乏计划性、缺少主动意识。隐性的时间浪费往往会给人形成一个似乎我们正在专心从事工作的假象，而实际上并非如此，它有时比什么都不干还要糟糕。

大学生提高时间管理能力需要做到：

(1) 牢固树立时间是第一资源的观念；

(2) 加强在时间消费中的计划性；

(3) 一次做完一件事情，过多的目标只能让人变得平庸；

(4) 选择最重要的事情去做；

(5) 充分挖掘身边的资源并加以利用；

(6) 充分利用碎片时间。

(五) 提高学习创新能力

学习是创新的基础，是将前人和他人的经验与知识同自身的经验结合起来转化为自身的内在素质，形成能力的活动过程。面对知识更新速度快、信息量呈几何级数上升的信息社会，大学生要适应这种变化，不断培养自己的创新意识和创新能力。科学的学习方式是充分发挥学习功效和培育大学生创新能力的保证。这种学习方式会使大学生感到学习不是静止的，不是与枯燥、冰冷的文字打交道，而是与前人对话，与权威探讨，与书本交流，与作者交谈。在对话、探讨、交流和交谈中，他们的精神得到升华，情感变得丰富，智能受到启迪，思想产生震动，在接受知识的过程中进行质疑、思考和探索。提高学习能力的具体做法有：

(1) 学习方式多样化。课堂学习与课外学习、书本学习与实践学习、个人学习与合作学习、接受学习与探究学习相结合。

(2) 善于反思性学习。善于通过对学习过程的反思来进行再学习。反思是对自己思维过程、思维结果进行再认识的检验过程，它是学习中不可缺少的环节。

(3) 善于个性化学习。能够根据自身的特点，为自己制定不同于别人的学习策略和学习方法，让自己高效地学习。

(六) 加强团队合作意识及能力

经济全球化和交流国际化的社会强调分工合作和团队建设。企业招聘员工时，都会将是否具有团队合作精神作为一个重要指标，这意味着大学生在应聘工作时要具备这项素质。大学生在校期间要有意识地强化团队合作意识，具体做法有：

(1) 重视自我表达和沟通能力的培养。一个具有良好自我表达和沟通能力的人，可以充分发挥自己所拥有的专业知识及专业能力，并能给对方留下"我最棒""我能行"的深刻印象。例如，在 10 分钟的面试时间里，如果不能很好地推销自我，就可能与一个好机会擦肩而过。

(2) 培养主动做事的品格。大学生应主动了解社会需要我们做什么、自己想做什么，然后再进行周密规划，并全力以赴地完成。

(3) 培养敬业精神和品质。所谓敬业精神，就是一种奉献、一种立足实际和脚踏实地工作的精神。敬业必须精业，大学生应从学好专业知识做起，加强社会实践，培养动手能力；参加工作后，充分发挥自己的聪明才智，在学识和业务上才能与时俱进。

(4) 培养宽容与合作的品质。实际上，集体中的每个人各有各的优缺点，关键在于以怎样的态度去看待，要能够在平常中发现对方的美，而不是挑对方的毛病，培养自己宽容与合作的品质。

(5) 培养全局观念。团体合作不反对个性张扬，但个性必须与团队的行动一致，要有整体意识、全局观念，时刻考虑团队的需要。

(七) 客观评价择业动机

大学生在同一时间内往往存在几种不同的，甚至是彼此冲突的择业动机，这些动机构成择业动机体系，而那种最强烈而稳定的择业动机被称为优势择业动机或主导择业动机。择业动机有不同水平，会影响职业选择和实现职业目标的方式和途径。大学生探索职业生涯定位时，要客观地评价择业动机的类型，其类型包括社会贡献型、自我实现型、追求经济型、生活理想型。同时，大学生要树立职业选择的理性态度，避免价值观念的模糊性和行为方式的非理性，选择符合社会主义市场经济内在要求的积极先进的价值取向和价值观念，在多元选择中明辨是非，理清方向，增强社会责任感，规避短期行为、个人主义和实用主义。

第三节　学业规划与职业生涯规划目标

一、应用型本科大学生的准确定位

(一) 应用型本科大学生应具备的素质

根据教育部关于加强应用型本科人才培养工作的意见，应用型本科院校人才培养目标可以概括为：面向生产、经营、管理和服务第一线，培养与我国社会主义现代化建设要求相适应的，掌握本专业必备的基础理论和专门知识，具有从事本专业实际工作的全面素质和综合职业能力的应用型人才。这一人才培养目标明确了应用型人才的服务领域和对象，也明确指出了应用型人才应具备理论知识、技能、职业能力和全面素质。应用型本科大学生应具备的素质具体表现在：

1. 知识

应用型本科的大学生应具备深厚的基础理论知识和扎实的专业知识。应用型本科院校强调培养学生的技能和职业能力，但并不代表理论基础不重要，如果忽视理论知识和专业知识的学习，那么会导致学生能力的发展空间不大，后续竞争力不强。

随着社会的发展，对人才的要求越来越高，而现代社会对人才宽基础的要求，使得毕业生必须具备较广的知识面和较多的科技知识，具备一定的理论基础。这里所说的理论并不是指某一学科，而是针对某一岗位群的所有相关学科的理论知识。理论功底深厚，不仅容易掌握现代化的生产技术，因为科学和技术有着不可分割的内在联系，而且也为终生教育打下了坚实的基础，具有了发展的潜能，适应较快。

对于专业知识来讲，专业理论是根据专业需要精选和提炼出来的，这一理论知识将直接关系到社会和用人单位对毕业生的接纳和毕业生的岗位适应能力。同时，专业理论知识是学习和发展多种相近职业的基础，具有足够的稳定性；深厚的专业知识能使学生很快适应岗位，也有利于以后的转岗。

2. 技能

应用型本科的大学生应具有较强的基础技能和岗位职业技能。应用型本科院校的特色在于培养大量实用型、技术应用型的高技能人才。这类人才，既不是白领，也不是蓝领，而是应用型白领，既要动脑，更要能动手，经过实践的锻炼，能够迅速成长为高技能人才，成为国家建设不可或缺的重要力量。

首先，应具备较强的基础技能，这些技能并非一般动作技能，也不是仅仅掌握某种具体的工艺知识和技能，而是具有创新倾向的智力型操作，即具备创造性地综合运用知识和解决现场工艺问题的能力，是新知识、新技术在实践中的灵活性与变通性的运用能力。这种基础技能不仅能满足现有职业岗位的实践需要，而且还能适应今后转岗及广泛就业的需要。同时，应用型本科的大学生还要具有一定的岗位职业技能，必须具有某一岗位群所需要的生产操作和组织能力，到企业生产单位后能很快地独立开展工作，从事独立的职业活动。

3. 能力

应用型本科的大学生应不断培养自己的求知能力、应用能力和创新能力。能力是指保证个人顺利进行实践活动的稳固的心理特征的综合。能力与心理活动特征有关。在知识经济时代，各种知识、信息日新月异，层出不穷。前华中科技大学校长、著名教育家杨叔子院士曾经说过："大学生在校期间应学会怎样求知。"应用型本科大学生在校期间所获取的科学文化知识是有限的，远远跟不上时代发展的需要，所以他们必须培养自身获取知识的能力，依靠自身的知识基础，凭借自身具有的理解力、分析力、思辨力，以自学的方式，不断猎取新知识，完善知识结构，才不会成为时代的落伍者。

应用能力是指人在社会实践活动中运用所学到的知识去分析问题、解决问题的能力，即能把知识创造性地转化为生产力，并取得最高效益值的能力。这就要求学生参加实践活动，针对专业特点、职业特点、技术特点、岗位特点开展活动，运用基础理论、基础知识指导实践，从实践中深化对知识的理解，实现知识与能力的融合。同时，还要具备高超的动手能力，这种动手能力绝非在实践中按部就班的一般操作，而是包含着极为重大的技术革新和技术革命，即依靠自己的力量，做"自由、自觉"的二次创造发明。

创新能力是指对已有技术、经验、观点、理论的发展，没有创新，自身不可能得到发展，社会也不可能向前推进。对人来说，拘泥于现状、墨守成规是谈不上发展的，大学生要具有敢于挑战、不畏权威、独立探索的创新精神。在求学和实践活动中，要注重培养自身流畅性、变通性、独特性的发散式思维方式；在实践中，要灵活运用知识，积极开拓思维，使自己的创造能力在实践中得到发展。

4. 素质

人的素质不是单一的成分或因素，而是多方面成分构成的综合体。按照不同的方法，也可把素质划分为不同的单元。应用型本科大学生的综合素质包括以下方面：

(1) 基本素质，包括良好的身体素质、心理素质和社会性素质。身体是革命的本钱，健康的身体和强健的体魄是从事工作、做出贡献的根本保障。心理素质包括认知素质、管理情感与情绪的素质、控制意志的素质与健全自己人格的素质，这几方面中任何一个出问题都会导致学生的心理危机与心理问题的产生。社会性素质属于后天素质，它在素质结构中起调节作用。社会性素质一方面要以生理素质、心理素质为基础，另一方面又给这两种素质以社会烙印；它既引导学生在社会上怎样做一个合格的人，也引导学生走上成才的道路。

(2) 一般专业素质，是指不论什么专业的学生必须具备的一般职业素质，如勇往直前、敢担风险、吃苦耐劳、不畏挫折的竞争素质，勤于思考、刻意创新、崇尚科技、实事求是的科学素质，敬业乐业、准确守时、团结协作的职业精神等。

(3) 专业素质，是由各行各业的特殊要求所决定的，是由每个行业的特点决定的。如文秘与办公室自动化专业的学生应具备较强的文字能力、计算机操作能力；机电维修专业的学生应具备较强的机器操作能力、维修能力等。

对照应用型本科院校人才培养目标，应用型本科大学生应找出自己与培养目标之间的差距，按照培养目标的要求进行职业思考和职业定位。

(二) 应用型本科大学生的职业定位

从近几年的毕业生就业情况来看，用人单位的招聘观念逐渐趋于务实，不再像前些年那样只追逐高学历，而对学生的实践经验十分看重，并且更加重视对拥有应用型文凭的一线人才的引进。因此，只要学生对自己的职业定位比较明确和实际，那么就业就容易成功。

应用型本科大学生应怎样给自己制定合理的职业定位呢？

首先，应用型本科大学生应该对国内甚至国际与自己专业相关的工作领域进行充分的调查，以确定自己应该找寻什么样的工作。在互联网高速发展的今天，各项职业统计数据、行业发展前景预测都已经越来越真实可信。在认真分析所收集来的资料后，对行业发展背景要有充分的了解，并根据自己的喜好，确定自己将要从事的职业方向。

其次，应用型本科大学生在制定好自己的职业发展方向后，应该进行职业发展的初步规划。所找寻的工作岗位不应偏离自己的航道，不应受到外部环境的干扰，同时应该充分地肯定自己的职业规划定位。

最后，应用型本科大学生在具体的应聘环节中，应充分介绍自己的职业规划与定位，并与用人单位进行探讨，以确定自己的职业定位在该单位的可行性，同时判断该单位是否满足自己的职业发展需求。一旦确定将要服务的单位后，应该认真按照自己的职业规划进行工作和学习，不断地提高自己的能力。

当今社会，竞争越来越激烈，制定一个适合自己的职业规划，给自己一个合理的职业定位，越来越为人们所重视。

二、建立与职业目标相一致的学业规划

所有的美好愿望都必须在实践中实现。在确定了自我的职业生涯目标、职业定位后，我们应思考在求学阶段如何围绕职业生涯目标开展学业规划，为将来的职业生涯发展奠定坚实的基础。

(一) 学业规划的涵义

学业规划，是指求学者对与其职业(事业)目标相关的学业所进行的筹划和安排。具体来讲，学业规划是指学生通过对其自身特点(性格特点、能力特点)和社会未来需要的深入分析和正确认识，确定自己的事业(职业)目标，进而确定学业目标，然后结合自己的实际情况(经济条件、生活现状、家庭情况等)制定学业发展计划的过程。换言之，就是学生通过解决学什么、什么时候学、怎么学等问题，以确保顺利完成学业，成功实现就业或开辟事业。

学业规划的目的是通过对学业的筹划与安排，实现以最小的求学成本(包括时间、精力、金钱等的投入)来取得职业理想，也就是为了最大限度地提高个人的人生发展效率。学业规划是个人发展规划的一种，个人发展规划包括学业规划与职业规划。现在学什么，将来就干什么，也就是我们常说的学以致用，就是最为经济和高效的个人发展方式。从这个意义来讲，现在学什么其实也就决定了将来干什么。因此，学业的规划与决策是对个人最大限度地开发自身事业(职业)潜能具有战略意义的重要坏节。只有学其所爱、学其所长、学以致用，才能避免走人生事业(职业)发展的弯路，从而最大限度地提高事业(职业)的发展效率。也正是从这个意义上讲，学业规划乃是职业的战略规划。

(二) 学业规划的意义

"凡事预则立，不预则废。"站在大学的起点上，刚入学的新生该如何规划自己的大学生活，为今后的就业、成才做积极的准备呢？大一新生普遍存在一个目标的"间歇期"，这种"无目标状态"产生的原因是什么？确立目标对大学生成长有什么重要意义呢？

进入大学，面对新的环境，我们很容易"迷失自我"。从心理学上分析，"迷失自我"

即行为上没有方向，生活学习上没有理想与目标，价值观念上缺乏独立判断是非的标准。产生这种现象的原因是多方面的：第一是传统教育的影响，在小学、初中、高中这三段旅程中，家长、老师为我们买好了船票、车票，而进入大学后有了更多的选择，就很容易迷失方向；第二是对大学重要性的认识不够；第三，从发展心理学看，大学正处于青春期后期，正是从自我追寻到自我统一和自我认知最终形成的时候，很容易"迷失自我"；第四，进入大学，现实生活与理想之间的落差会给我们带来迷茫与无助。刚进大学的我们很容易产生一种陌生感和未知感，继而形成恐惧和焦虑心态；开放的学习环境、复杂的人际关系等给我们的心理带来了极大的冲击。就个人而言，学习方法的转变及毕业就业压力等因素也困扰着我们。如何走出这种困惑迷茫，找准自己的发展方向很关键。刚入学大家都在同一起跑线上，谁先确立目标，谁就先赢得起跑时间。

在四年的大学生活中，至少要完成如下三件事：

(1) 自我人格的统合。首先要了解自己，这就要求我们积极参加各种活动，在活动中了解自己；其次是接纳自己，包括不可改变的一些缺陷，如高矮胖瘦等；再次，要实现自我。

(2) 求知展才。多方面、多角度地自主学习，同时抓住机遇发展自己的才能，"人是寻路者，路是人走出来的"。而要做好求知展才，制定符合自身实际情况且与职业目标相一致的学业规划就势在必行了。

(3) 情感世界的建立。大学阶段远离家人，同学之间的关系成了人际关系的重要部分，是接近，是接纳，还是其他？自己要把握好。

(三) 学业规划的制定

关于怎样确立目标，更好地度过大学生活？以吃一串葡萄为例，一种方法是从最好的葡萄开始吃起；另一种方法是从最差的开始。前者越吃越乏味，后者越吃越甜蜜。你会怎样选择？有关学业规划，专家给出了切实可行的建议。

1. 明确学业目标

大学学业目标的确定，是在整个职业生涯规划所确定的职业生涯目标的基础上进行的，是职业生涯目标分解后的一部分，即职业准备期的目标，属于职业生涯目标的分目标，是中短期目标。它包括大学期间总体目标的确定、学年度目标的确定、学期目标的确定。我们应当尽快确定自己的学业目标，如希望成为哪方面的人才，希望在哪个领域成才等。对这些问题的不同答案，不仅会影响个人学业生涯的设计，也会影响个人成功的机会。当然，在制定学业规划之前，应先做好以下事情。

(1) 正确分析自我和学业。自我分析，即通过科学认知的方法和手段，对自己的兴趣、气质、性格、能力等进行全面认识，清楚自己的优势与特长、劣势与不足。自我分析要客观、冷静，不能以点带面，既要看到自己的优点，又要面对自己的缺点，避免学业规则的盲目性。

学业生涯设计时，要对自己的专业所在的行业现状和发展前景有比较深入的了解，比如人才供给情况、平均工资状况等。不同职业岗位对求职者的自身素质和能力有着不同的要求，在学业生涯设计时，还要了解职业所需要的相关素质要求。除了解职业所需要的一般能力外，还要了解其所需要的特殊职业能力。

(2) 构建合理的知识结构。在学业生涯设计时，我们要能够根据职业和社会不断发展的具体要求，将已有的知识进行科学重组，构建合理的知识结构，最大限度地发挥知识的整体效能。如今的社会对未来人才的知识综合性结构提出了更高的要求，要求大学生既能很好地适应社会需要，又能充分体现个人特色；既能满足专业要求，又有良好的人文修养；既能发挥群体优势，又能展现个人专长。构建合理的知识结构没有捷径可走，只能通过学习和积累，采取适合自己的科学方法，持续不断地付出艰辛的劳动，辛勤耕耘。

2. 制定行动方案

行动方案的制定就是在阶段性发展规划确定之后，制定具体的学期行动计划，甚至可以细化到每天的时间安排。这里要特别强调以下几点：

(1) 培养职业需要的实践能力。综合能力强、知识面广是用人单位选择毕业生的最主要依据。我们应重点培养满足社会需要的决策能力、创造能力、社交能力、实际操作能力、组织管理能力和自我发展的终生学习能力、心理调适能力、随机应变能力等。

(2) 参加有益的学业训练。当前，大学生进行的学业训练较少，即使是学业测评，也只有少部分人开始运用它为自己的学业设计作参考。目前，高校组织大学生参与的暑期"三下乡"活动、青年志愿者活动、毕业实习、校园创业活动等都是很好的学业训练形式。在这方面，有条件的人应积极利用假期实习，从事社会兼职，开展模拟性的学业实践活动，进行学业意向测评以及学业兴趣分析测评等。

3. 实施方案

行动方案制定后，关键在于落实，即监督和管理。在监督和管理的过程中，应采取个人目标管理和他人监控相结合的方法，以确保规划的有效落实。

(1) 个人目标管理。概括地说，个人目标管理是以个人成才为中心的系统管理过程，是我们在确定个人大学期间的总体奋斗目标后，把目标进行分解，明确每一学年、每一学期的奋斗目标，并制定相应的行动方案以及方案落实、结果反馈等过程。要做好个人目标管理应注意三点：将计划贯穿于行动；学会自律、自控；积极主动地争取外界的帮助。

(2) 他人监控。人都有惰性的一面，倘若让惰性占了上风，所做的规划及其实施方案就如同一张废纸。在这种情况下，就需要外界的干预。对我们来说，能做好这种干预工作的最佳人选就是学校辅导员或班主任。因此，在做好规划和实施方案后，应尽量交一份给辅导员或班主任，请他们帮助监督。

4. 反馈与修订

应将学年小结与学年度目标完成情况的检查结合起来进行，并侧重于对学年度目标完成情况进行小结。如果全部完成了，还需进一步确定是不是自己的目标定得太低；如果只完成了部分或都没有完成，就要分析原因。总之，要及时对目标进行修订或采取弥补措施。

第八章　从适应社会到成就事业

第一节　角　色　转　换

威廉·莎士比亚曾经说过：世界是个大舞台，所有的男男女女不过是舞台上的演员，他们都有上场的时候，也有下场的时候，一个人一生中会扮演许多角色。

作为一个刚入职场的大学毕业生，要从学生角色转变为职业角色，这在人生经历中占有十分重要的位置。在这关键时刻，每个大学毕业生都应当以积极、正确的态度认知新的角色，扮演新的角色，促使角色转换顺利进行。

一、角色的内涵

(一) 角色、社会角色、职业角色与学生角色的概念

1. 角色

角色是指与人们的某种社会地位、身份相一致的一整套权利、义务的规范与行为模式，它是对具有特定身份的人的行为期望，是构成社会群体或组织的基础。人们常常把社会比作"舞台"，在这个"舞台"上，每个人都有自己的角色，客观上承担多种社会角色。社会中的"人"，是个体所扮演的各种角色的总和。随着年龄的增长和社会环境的变化，每个人承担的社会角色由少到多，内涵由简单走向复杂，始终面临着不同角色的转换。

2. 社会角色

社会角色是指社会人在社会情境中拥有的，为大家所共同承认的，并有着为他人所期望确定的任务与行为方式、权利与义务的各种地位和身份。一般把以角色作为理解个人社会行为的理论称为角色理论，其中包括角色的学习、角色的期望、角色的认知以及角色的冲突等。

3. 职业角色

职业角色是指在某一职位上以特定的身份，依靠自身的知识和能力，并按照一定的规范具体地开展工作，在行使职权、履行义务、为社会做出贡献的同时，取得相应的劳动报酬。职业角色的个性表现得非常具体，但是千差万别的职业角色却有其共性。职业角色扮演者具有自己的社会职位和一定的职权，具有相应的职业规范、一定的基础知识和业务能力，并履行一定的义务，且经济独立。

4. 学生角色

学生角色则是指学生在校园这一特定场景中所具有的"身份"，并因为具有这样的身份而承担一定的任务，同时也享受一定的权利。大学生在校园里的主要任务是读书学习，因而主要角色即为学生角色。

(二) 学生角色与职业角色的差异

在校读书与进入社会工作，所处的环境、扮演的角色、承担的主要任务都有很大的不同，对社会的认识和感受也有较大的差异。充分认识这些差别，对于尽快实现角色转换有很大的帮助。学生角色与职业角色的差异主要体现在如下几个方面：

1. 社会责任差异

从大学生到职业人的角色转换，使得毕业生的社会责任得到增强，社会评价的要求也就更加严格，角色的任务以学习为主转换为以工作为主。在大学里，学生是"能量输入体"，接受经济供给和资助，在老师的教导下完成学业；在单位里，职工是"能量输出体"，用人单位需要考虑对人才的投入产出，要为职工付出薪资和福利，承担选择职工的机会成本和"投资风险"。从学生身份转换为社会就业人员，原有的权利和义务也都随之变化。学生角色责任履行得如何，主要关系到本人知识掌握的多少以及能力培养的程度。而人们在评判职业人角色时总是和工作联系在一起，总是将其看成身负重任的工作人员。职业人作为一个成熟、完备的社会人，角色要求其独当一面，并与同事密切合作，充分履行职业责任。

2. 角色规范差异

社会赋予角色的规范，就是社会提供的角色行为模式。学生的规范多是从培养、教育角度出发，促使其以后能顺利成长为合格人才，社会赋予职业角色的规范则更为严格、具体，违背了就要承担一定的责任。在大学里，学生犯了错误或者出现了失误，比如迟到、旷课、重修课程等，大都可以通过承认错误或者通过自己的努力来补救；而在职场，强调的是对工作结果的负责，一时的疏忽可能会引起不可估量的损失，同样的错误若犯两次，就很可能会失去大家的信任。竞争激烈的职场里可能不会有太多机会让人总是"失误"，一次小的意外都会导致用人单位发出"逐客令"。

3. 评价标准差异

我国大学对人才的评价主要强调综合素质，通行的标准是考查在校表现、学习成绩和社会活动等，但总体上来说一个学生在这三者中间有一两样突出，其他的表现一般，也可以算是"优秀学生"了；而在职场，一名好员工，不仅要业务素质过硬，工作善于创新，还要有团队意识，要善于与周围同事交流、沟通、合作，处埋好各种关系，这样才能获得职业的顺利发展。

4. 人际关系差异

在强调团队意识和协作精神的今天，和谐的人际环境对职业适应举足轻重。有些大学毕业生虽然能力很强，但因为与领导、同事相处不好而陷于困境，成为职业适应的绊脚石。相对于学校中的师生关系、同学关系，职场中涉及的关系更为复杂，行业之间有竞争，单位里的同事、上下级之间也会有直接、间接的利益冲突，牵扯到业绩好坏、薪水增减、职务升降等具体问题，往往表现得纷繁复杂，此时学会如何处理各种人际关系就显得尤为重要。

5. 活动方式差异

从学生到职业人的角色转换，产生了活动方式上的变化。学生以学习书本知识、应对各种考试为主要活动内容。长期以来，学生的角色处在一种习惯于接受外界给予的状态，习惯于输入，而职业人角色则要求运用所学的知识和能力，向外界提供自己的劳动。这种从接受到运用、从输入到输出的转换，要求毕业生结合实际创造性地发挥才干。学生长期养成了一种应付心理，只对考试范围之内的知识采取突击记忆的方式，考试范围之外的则大多不去认真对待。因此，有些学生把这种应付心理习惯性地带入到工作中，就会一时难以适应。即使是一些在学校里比较出色的学生，也经常在这样的变化中感到手足无措。

(三) 深入了解职业角色

步入职场，毕业生扮演的角色发生了变化，生活环境、人际关系趋于复杂化，面对的是崭新的工作条件、现实化的专业内容，谁能尽快实现角色转换，谁就能掌握主动权。对于职业角色的了解和理解能帮助毕业生更好地进行角色转换，因而毕业生需要学习社会角色，明晰社会角色的期望和冲突。

1. 职业角色的学习

角色社会化的过程不是一个简单的学习过程，而是一个综合性的、整体性的学习过程。职业角色的学习包含三个方面：一是学习角色的义务和权利；二是进一步学习角色应该掌握的专业知识和技能；三是学习角色的态度与情感。职业角色的学习可包括下述三个阶段：

第一阶段，职业角色认知。这是指角色扮演者对一定职业角色有关的权利和义务的认知了解，也就是对一定社会期望的了解。个体通过耳濡目染，进行有关章法的学习，通过与周围人的接触，了解到一定职业角色的什么行为是适当的，什么行为是不适当的，应该怎样，等等。比如，一个人要成为教师，那么他必须知道教师的职责、教师的荣誉，也要学习如何关心与热爱学生，学习教师的教学方法、教学艺术，培养做教师的才能。

第二阶段，职业角色移情。这是指角色扮演者不仅要从认知上了解角色，而且要从情感上进入角色，也就是个体不仅知道了某种行为规范和表现方式，而且在内心深处对这一整套的行为方式有了认同的体验，这时个体融入了角色情感中，也就是进入了所谓的角色境界，而不再有逢场作戏的感觉。比如，大学生要成为教师，应不断地体验他人的心理反应，包括积极与消极的反应，从而巩固被肯定的行为方式与态度，改变被否定的行为方式与态度，使自己更加符合教师这一社会角色。

第三阶段，职业角色行为。这是指角色扮演者以合适的言行举止出现在众人面前。角色行为不仅随着个体的角色认知、角色移情的变化而变化，而且也与个体的内在素质密切相关。一个人的语言能力、模仿能力、对环境的适应能力等都会影响个体能否成功地扮演某一职业角色。比如，教师的风度是教师在教育职业活动中通过言谈举止、衣着仪容等表现出来的一种外在行为方式和特征，它在教育学生中起到重要作用。如果一个教师讲课和谈话语言优美、声音动听，待人和蔼可亲，那么学生听他的课或与他谈话时就会心情愉快，有利于提高教师的威信。反之，如果一个教师上课或谈话时言语粗俗、声嘶力竭、肆无忌惮，就会引起学生的反感和厌恶情绪，就会降低教师的教学威信。职业角色的学习是在人与人相互作用的社会关系中进行的。由于社会之间的相互联系，角色形成和扮演是在人际互动中完成的，因而角色的社会化也必须在人际交往中完成。比如，教师角色是与学生角色密不可分的，没有学生就无所谓教师。在教学实践中，常常有这样的情况，如果任课老师不善于处理与学生的关系，学生对教师的敌意有时也会转移到这个教师所教的学科上，使学生的学习情绪不佳，影响教学质量；反之，如果任课教师热爱学生，受到学生的信任和爱戴，学生会"爱屋及乌"，把对教师的喜爱之情，转移到这个教师所教的课程上。教师能从自己学生的进步中，在学生对自己的爱戴中，得到深刻的职业情感体验，充分认识教育工作的神圣性，于是教师会更加热爱教育工作，呕心沥血地教好学生。

2. 职业角色的期望

职业角色的期望是他人对自己提出符合自己身份的希望，同时，本人也必须领会他人对自己怀有的希望。如果自己不知道他人对自己的期望，则不可能产生很大的期望效果。可以说，一个人为了完成一个角色，必须知道自己所充当的社会角色有一套什么样的行为模式，这种认识是根据周围人的期望而定的。

比如说，交通警察是一种身份，具有此种身份的人在执勤时，他的行为表现就具有异于常人的很多特征，如穿什么服装、使用什么用语、管理什么事情、负什么责任等，他自己不仅必须知道这些行为特征，而且在他周围的人也同样注意着他，认为他应该具备这些行为特征。又如，教师是一种身份，必须"为人师表，以身作则"，必须思想进步，道德高尚，遵纪守法，言行一致，以身立教，严于律己，在思想、道德、学习、生活等各个方面成为学生的表率，这是教师作为社会角色的特定要求。

社会总是期望具有某种身份的人扮演符合其身份的社会角色，具有符合其自身身份特征的行为。为了使个人实现角色转换，角色的期望是必不可少的，因为期望是实现角色的有效手段。角色期望是角色扮演者的行为指南。教师对学生的期望也是一种信任、鼓励和爱。日积月累之后，学生也会被感动，对教师更加信赖，对学习付出更大努力，从而使师生之间相互信任，进而取得期望的效果。反之，如果一个学生不被教师重视，认为其学习成绩不可能提高，学生也就会自暴自弃，不求上进；如果教师有偏心，厚此薄彼，学生则会更加丧失信心。

心理学上把角色期望的正效果称为皮革马利翁效应，又称罗森塔尔效应，但角色期望不等于角色行为。角色行为与角色期望的相符程度取决于角色扮演者对自己期望的内化程度。也就是说，角色扮演者必须通过对角色期望的内化将其纳入自己的认知结构，使之成为角色自我的一部分。一般来讲，只有当角色真正内化为角色扮演者自身的需要时，个体才会以"完全投入"的状态来扮演好自己所担当的社会角色。

3. 社会角色的冲突

当一个人扮演一个社会角色或同时扮演几个不同的社会角色时，往往会发生内心的矛盾与冲突，这称为社会角色的冲突。我们一般将角色冲突分为两种，即角色间冲突和角色内冲突。

角色间冲突指个体同时扮演多个不同的社会角色，由于种种原因，无法满足这些角色所提出的期望而产生的冲突。例如，一个执法者的孩子犯了法，作为执法者，社会规范要求他履行自己的职责，而不容许利用职权徇私情；而作为父亲，他又会因为爱而不忍心，这就在这位执法者内心产生了一种冲突。又如，知识女性经常会体验到的那种既要当事业上的强者又要当贤妻良母的冲突，这也是一种角色间的冲突，这种冲突常常使她们处在一种十分尴尬的"二选一"境地，要么事业，要么家庭。事实上，那种既有事业又不损家庭幸福的女性在现实生活中是很难找到的。一个人身兼几个角色，各方面对他提出不同的期望，他感到无法满足各方面的要求时，往往就会产生内心的矛盾和冲突。

角色内冲突是指同一角色由于社会上人们对这个角色期望与要求发生矛盾时所引起的冲突。例如，对于教师角色，好学生希望教师对他们严格要求，而差学生则希望教师对他们放任自流。这种互为矛盾的角色期望，常常会使教师感到力不从心。又如，处于青少年时期的中学生，一方面，社会、家庭期望他成为一个听话的孩子；另一方面，他的同伴则期望他要像成人那样能独立地带领大家干一番轰轰烈烈的"事业"，这时他内心会感到十分烦恼从而产生角色内冲突。除此之外，当一个人的社会角色改变时，新旧角色之间也会发生冲突。一个人的角色不是一成不变的，当一个人新旧角色发生变化时，周围人对他的角色期望就会发生相应的变化，他的自我角色期望也将发生相应的变化，这样新旧角色之间就会发生矛盾。例如，一个有违法犯罪前科的人接受了教育，愿意重新做人，争取成为一个守法公民，但他原有的坏习惯、旧习气还会时时冒出来，对他产生干扰作用。又如，一个老工人、老干部退休之后对新的生活规律往往不能一下子适应，这是新旧角色之间产生的矛盾。刚从大学毕业的学生，由于在离开学校之前主要具有子女与学生两种身份，离开学校之后角色改变了，如果对未来所担任的角色抱着不切实际的想法，一旦踏上新的工作岗位，就会感到不适应，这也是新旧角色之间产生的矛盾。

总之，我们希望通过上述对角色理论的分析，能够帮助大学毕业生正确认识角色涉及的一系列问题，同时找到解决问题的有效途径。

二、学生角色与职业角色的转换

(一) 学生角色与职业角色的关系

在整个社会角色分类及发展演变中，有两种角色显得尤为突出，因为它们将对角色主体产生巨大而深远的影响。它们就是学生角色与职业角色。从两者在发展历程上看，具有紧密的联系，但从年龄、中心任务、人际关系等方面看，又有着巨大差别。

作为学生，在经济上主要是依靠家庭供应或社会资助，大多没有社会负担和家务负担。在校园里，学生以学习为主，上课、实验、自习、考试，自由地参加课外兴趣项目、体育锻炼和文化娱乐活动，彼此之间的关系比较单纯，没有什么利害冲突，偶有小的矛盾或摩擦也会很快化解。而作为职员，有固定的合法收入，经济上相对独立，有能力对社会、工作、家庭承担相应的责任。从事任何职业的员工，都有特定的权利、义务和行为方式，都有自身的价值。在单位里，每一位职员都有自己确定的工作岗位，职员要在这个岗位上进行脑力劳动和体力劳动，创造一定的劳动成果。各种方式的劳动成果为本单位积累了经济效益或社会效益。职员依靠个人的劳动从单位领取定额的薪金，作为独立生活的经济基础，个人在从业过程中感受到这一社会角色的成就和价值。在单位里，一名职员的职业前途固然依赖于其工作态度、劳动纪律和业绩好坏，但在一定程度上还依赖于自己能否处理好人际关系。周围那些不同身份、地位、年龄、性别、道德和文化素质的领导和同事，他们都在既定的一种"文化氛围"内各行其是，维持和推动着本单位的运作和发展。因此，作为职员，还要注重掌握一些为人处世的技巧和方法，建立良好的人际关系，营造融洽的工作氛围，并为个人进一步发展打下坚实的基础。

由于身份和社会地位存在的差异，学生角色和职业角色的最大不同体现在所承担的社会责任上。在学校里，学生如果不认真学习，考试成绩较差，或违反了学校或班级纪律，只对自己有影响，并不会产生什么社会后果。但在工作单位里，如果职员因违反单位规章制度，导致生产事故的发生，或生产出的产品不合格，或由于工程设计的失误造成了重大损失，或由于疏忽大意造成了医疗事故，这就不仅仅与个人有关系，还会产生不良的社会影响。这时，他则有可能承担纪律、民事、行政甚至刑事责任了。

(二) 从学生角色到职业角色的转换

1. 角色转换的必要性

社会角色由角色权利、角色义务和角色规范三个要素组成。学生角色与职业角色的根本不同在于以下三点：

(1) 社会责任不同。社会角色的角色义务就是社会责任。学生角色的主要责任是努力学习知识、掌握本领。学生角色的整个角色过程是一个接受教育、学习知识、锻炼能力的过程。而职业角色的责任，是以特定身份去履行自己的职责，依靠所学知识为社会服务。

(2) 社会规范不同。学生规范多是从培养、教育的角度出发，使其能顺利成长为社会需要的合格人才，如遵守学校的规章制度，学会待人接物，学会做人等。社会赋予职业角色的规范，则因职业的不同而不同，这些规范既具体又严格，违背了就要承担一定的责任。比如，国家工作人员必须严于律己、克己奉公，如果玩忽职守、收受贿赂就要受到纪律甚至法律的处罚。

(3) 社会权利不同。社会赋予角色的权利，就是角色依法应享受的权益，或者是应取得的精神或物质报酬。学生角色的权利主要是依法接受教育，并取得经济生活的保障。职业角色则是依法行使职权，开展工作，并在履行义务的同时取得报酬。

2. 角色转换过程

毕业生就业后从学生角色向职业角色的转换，不是瞬间发生和完成的，而是需要一个转换过程，它包括取得角色和进入角色两个环节。

毕业前夕，大家开始总结自己的学习成果，收集社会人才需求信息，进行就业准备，这就是角色转换的准备。

通过各种求职形式，学生与用人单位达成就业协议，再经过办理手续，到工作单位报到，这时毕业生取得了职业角色，角色转换正式开始。

进入角色是获得某个角色后表现出承担这一角色所必需的品质和才能，并积极地投入这一角色。毕业生初到单位，对新的工作岗位还比较陌生，只有在熟悉了本单位的工作制度，了解了本职工作的业务规范，形成称职工作人员的行为模式和道德规范，基本能独立开展工作之后，毕业生就业后的社会角色转换才算完成。一般说来，这个过程到见习期结束时就应基本完成。至此，毕业生才基本进入了一个新的角色——职业角色。

从学生角色向职业角色的转换需要毕业生作出一番努力才能实现。大学生在校时，接触书本知识比较多，实践经验少，认识问题、分析问题的能力相对较强，解决实际问题的能力则相对较差，对社会现象的理解理想化的多，具体化、现实化的少，因而刚走上工作岗位时不可避免地会遇到一些困难。毕业生要树立克服困难的信心，表现自己的实际工作能力、品质和才华。首先，要从思想意识上确定一个长远的发展目标，要有主人翁的责任感；其次，要在工作中全身心地投入，吃苦耐劳、乐于奉献，只有在社会中用自己的行动去承担这个角色的义务和责任，才能胜任这个角色，顺利度过适应期，完成角色转换。

(三) 角色转换过程中出现的矛盾和问题

毕业生对角色转换的认识，有的比较明确，有的比较模糊。有些毕业生由于受种种因素的影响，还不能清楚、合理、科学地认识和实现角色转换，由此会产生一些矛盾和问题，主要表现在以下几个方面：

1. 大学生自身与社会存在的矛盾

身居高等学府的大学毕业生，习惯了十几年的校园生活，投身社会后，常常会感觉自身与社会之间存在一些矛盾。

(1) 主观愿望和社会现实的矛盾。大学生毕业之前接受的都是健康、正面的教育，常以理想的思维方式看待社会、规划人生。刚刚毕业，往往踌躇满志、一腔热血，带着个人的计划、想法，准备到岗位上大显身手，但一接触到社会的消极面，如复杂的人际关系、落后的管理方式、低下的办事效率，等等，就会从理想的巅峰一下跌入谷底，难以使自己的思维与社会现实相协调，反映出对社会现实的不适应。

(2) 习惯行为与社会角色要求的矛盾。十余年的寒窗苦读使每个学生都形成了一些习惯行为，都有自己特有的学习、生活习惯和思维方式，步入职场后一时还难以适应角色转换的要求，常常在扮演角色时习惯性地表现出与职业人角色不相符合的、带有明显学生气的习惯行为。

(3) 社会需要与自我完善的矛盾。当今社会是改革的社会、竞争的社会、高速发展的社会，不仅需要基础知识扎实、动手能力强、综合素质较高的大学生，更需要具有开拓精神、勇于创造的大学生。大多数学生工作一段时间后便会发现，自己或是知识结构不完善、思维死板、信息不灵，或是理论与实际脱节，在某些方面的能力还比较欠缺。

2. 大学生在角色转换中容易出现的心理问题

大学阶段是职业角色的准备期，所学专业只对应某一职业群，具体职业岗位还有待选择，因而大学阶段的职业角色准备往往具有一定的模糊性。毕业生在走向工作岗位之初对职业角色难免会有些不适应，从近年社会反馈的信息来看，这些不适应主要表现在以下几个方面。

(1) 怀旧性。毕业生刚走上工作岗位，在角色转换中易出现怀旧心态。多年的学生生活所养成的学习、生活和思维方式一时不容易改变，常常会自觉或不自觉地将自己置身于学生角色，表现出对学生角色的依恋，以学生角色来要求自己和对待工作，以学生角色的习惯方式观察事物、分析事物。面对新的与同事、领导复杂的人际关系及职业责任的压力，不禁留恋相对单纯的学生时代。

(2) 畏惧性。面对新的环境、新的工作，有的毕业生不知该如何入手，缺乏自信心，缩手缩脚，担心犯错误和承担责任，在工作中放不开手脚。

(3) 自傲性。有些毕业生常以文凭、学位或毕业于名牌学校而自居，自我评价过高、不尊重他人、不虚心的情况时有发生。有些毕业生自以为接受了正规教育，已经学到了不少知识，已经是人才了，因而轻视实践，放不下架子，看不起基层工作和基层工作人员，甚至认为一个堂堂的大学毕业生干一些不起眼的事是大材小用，有失身份，实际上却是眼高手低，大事做不了，小事又不做。

(4) 浮躁性。一些毕业生在角色转换中表现出不踏实、不稳定的特点，对本职工作坚持不下去，缺乏敬业精神，不能深入到具体工作中，就职较长时间仍然未能以稳定的心态进入新的角色。

(5) 被动性。很多毕业生在校期间都忙着应付考试、应付作业，形成了草草应付就万事大吉的做事习惯，工作以后也将这种习惯带到工作中，只想应付工作，不去主动思考，工作缺乏主动性。

第二节 顺利度过适应期

一、职业适应的概念

职业适应是指个休在职业认知和职业实践的基础上，不断调整和改善自己的观念、态度、习惯、行为和智能结构，以适应职业生活的发展和变化。

一个人从走进职业生涯到完全适应职业生活，要经过对职业实践、职业规范、职业环境、职业文化等的观察、认知、领悟、模仿、认同、内化等一系列学习和实践过程，才能达到对职业生活的能动适应。初入职场的大学毕业生，最易发生角色偏差或角色错位，甚至是角色混同或角色冲突，这是由于对社会角色的认知和理解不深而造成的。为了避免这种情况的发生，也为了缩短职业适应的时间，学习社会角色的权利和义务、掌握社会角色规范、遵守社会角色的行为模式、增强对社会角色的认同感和归宿感是十分必要的。

二、职业适应的影响因素

毕业生在就业初期能否适应职业生活和职业环境，将直接影响工作效率和个人信心。因此，毕业生了解并掌握影响职业适应的因素，既有助于顺利开展工作，又有助于个人成长和成才，实现自己的理想。

(一) 角色因素

由于社会角色的改变，毕业生在就业初期都会受到角色因素的影响，有的人不能及时转换校园角色的思想观念，对自己和社会过于理想化，不能根据角色的变化和社会的实际情况及时调整自己的理想和目标，不能用新的职业规范要求自己，甚至不会运用自己所掌握的知识开展工作，自己的才能也得不到很好的发挥。因此，尽快完成从事职业的地位、性质、职责等角色转换，实现角色适应，是进一步实现职业适应的前提和基础。

(二) 心理因素

心理因素对毕业生职业适应的影响主要表现在职业的各种信息对毕业生引起的各种心理反应，如感觉、知觉、注意、情绪、意志、性格等，其中心理的情感因素尤为重要。情感是人对外界事物的心理反应，环境的变化促使毕业生必须调节自己的情感与之相适应。如果他们对所从事的职业缺乏正确的认识和必要的情感，不仅不会热爱自己所从事的职业，而且会产生失望心理。部分毕业生在就业初期会不同程度地出现依附、从众、恋旧、畏怯、浮躁、空虚、迷茫、苦闷、失落等不良心理，如果不及时调整和矫正，这些不良心理必然会影响工作和个人的成才与发展。

(三) 生理因素

毕业生就业后环境的变化主要表现为时空概念和工作方式、生活方式的变化。初期明显地表现出对工作节奏的不适应，感到时间紧、劳动强度大、生活紧张，可能会出现身体疲倦、头晕脑胀的感觉。要消除这些生理因素对职业适应造成的影响，应注意科学安排时间，注意劳逸结合，适当加强身体锻炼，工作、生活要有规律。

(四) 智能因素

在知识经济时代，知识的更新速度日益加快。学校教育是一种特定的获取知识的方式，从时间上看，人在学校度过的时间只占人生的20%，而从事工作的时间及退休之后的晚年占70%以上。这个生命时间分布的简单数字说明了在工作、生活中学习的重要性。从内容上讲，学校教育传授的知识主要是基础性的，而且是非常有限的，无论从广度还是深度都不可能满足现代科学技术的发展和现代社会所要求的知识能力结构。这就要求毕业生在职业适应过程中通过自身主观努力，以持之以恒、脚踏实地、学以致用、善于总结、追求卓越的精神，不断调整、改善自己的知识结构和能力结构，以适应科技发展和职业岗位、职业发展的需要。

(五) 群体因素

毕业生职业适应受群体因素影响的具体表现为：在校期间的群体是以同学关系建立起来的，相对来说比较单纯，很少有利益上的冲突。在进入职业岗位以后，人际交往发生了新的变化，交往对象扩展到有各种经历、各种年龄、各种层次的人，交往方式也与大学时代的交往方式有很大不同，且会出现利益上的冲突，这就需要毕业生协调好各种人际关系，以尽快适应新的群体。

三、顺利度过适应期的方法

(一) 身心的适应

从大学到工作单位，活动的环境与方式都发生了巨大的转变。在校期间，大学生住的是寝室、吃的是食堂，考虑更多的是学习和打发闲余时光，相处最多的是同学和老师，主要的生活来源是家庭；工作后，脱离了集体生活，很多情况和问题都需要独立面对，不仅要考虑生计问题，甚至还要反过来照顾家庭，同时还必须应对复杂的人际关系和工作任务。这种转换让初入社会的大学毕业生感到压力增大，身心疲惫，如果不能很好应对，随之可能会出现不同程度的身心问题，如紧张、失眠、萎靡、消极、倦怠，乃至患上各种生理疾病。

要让自己能够顺利转变，适应新的工作、生活环境与方式。首先，要根据实际情况重新规划每天的作息时间。以前在学校，学习是主要活动内容，作息主要是按照学习的安排确定。现在从事不同的职业，进入不同的单位工作，也有了新的活动内容和作息要求，需要重新规划时间并养成新的习惯。当然，不同的职业和企业(组织)，其工作的形式可能很不一样，不可能找到一个统一的适用于全部职业或具体单位的日程规划。这需要根据自己的特点和具体工作的情况逐步去规划和调整，最终形成适应具体情况的科学、恰当的作息。

不管如何改变作息与习惯，有三点建议对于缓解适应期的身心压力，以及保持主动高效的工作状态与健康积极的生活态度都有所帮助。

其一，要学会应对心理压力。应对压力，直接有效的方法就是合理的宣泄。压力是难以避免的，面对压力，一定要学会合理地释放它，否则就会像吹气球一样，越积越多，最后爆发而不可挽回。只要是在不违反法律和社会道德的前提下，任何宣泄压力的方法都是值得提倡的。每个人有效的宣泄方法可能是不同的，有人喜欢大吃一顿，有人喜欢旅游购物，有人习惯找朋友倾诉，有人会找个枕头来拍打。找到有效且适合自己的减压方法，对任何人来说都是受益终生的。

其二，控制好"不得不做"的新坏习惯。工作后，因为工作的需要可能很多人都会"被"养成一些不好的习惯，如吸烟、喝酒、熬夜等。前面我们说过，要规划好作息时间，当遇到无法推辞的情况，我们也应该做到尽量控制，如果没有原则随意放纵，就会给自己和他人错误的信息，即"认为是可以做到如此的"。例如，饮酒的问题，如果第一次你拒绝了，并且坚持这一原则，慢慢地大家也都能接受这个事实了；反过来，如果有时不喝，有时喝，会让别人错误地认为你是愿意喝的，只是在选择饮酒的对象和环境，这就会给人际交往带来不必要的麻烦。总之，坚持一定的原则，保持一致的作风，尽可能维持既定的计划，有益于我们在新环境中健康、平稳地发展。

其三，坚持适当的运动。运动不仅可以帮助我们锻炼身体，保持健康，远离疾病，还能起到缓解压力，帮助睡眠，维持良好精神状态等作用。有人说工作很忙，没有时间，其实运动不需要占用太多时间，也不提倡耗费大量精力，一般来说以每周3次，每次半小时至一小时为宜。运动不宜太过剧烈，不能感到精力耗竭，呼吸困难，全身酸软。因此，进行短时间的球类运动或小运动量的有氧运动最好，如羽毛球、慢跑，甚至快步走等。始终坚持一定的运动量，保持良好的生活作息，可以预防很多身心问题，如长期坐班带来的发胖、心肺功能减弱等。

(二) 形象的塑造

毕业生到新工作单位，往往是同事们关注的焦点，因为其他人对新同事还缺乏足够的了解，即使是已经接触过的人事部门和个别领导，其了解和认识多半也是浅层次的。因此，同事会试图通过观察、接触，更多地了解、认识新来者。在大多数情况下，同事不会直截了当地询问打听，一切都有赖于毕业生的自我表现。

1. 不可忽视的"第一印象"

通常，凭着丰富的社会阅历和敏锐的洞察力，领导和同事通过一定接触，甚至仅仅是旁观，就会形成先入为主、轻易拂之不去的"第一印象"。心理学研究表明，第一印象在人与人相互认识和交往过程中的作用十分重要，主要可以用以下理论解释。

(1) 光环作用(亦称晕轮效应)。人们在交往过程中，有时只看到一个人某一方面的特点比较突出，从而掩盖了他的其他特点和本质。第一印象容易产生"晕轮效应"，因而要充分重视第一印象，为以后顺利地开展工作创造条件。同时，在初次与人打交道时，也要注意自己的言行，争取给人留下好的第一印象。

(2) 定式作用(亦称定式效应)。第一印象如何，会对以后的发展形成一个固定的趋势——别人可以据此来决定以后对新人的态度。由于第一印象是直接输入、直接处理外界信息的过程，非理性成分很大，因而职场新人需要从步入职场开始就努力树立好的第一印象。

刚刚奔赴工作岗位的毕业生，要想树立良好的第一印象，自身良好的道德品质和文化素养是前提和基础。除此之外，还要注意运用一些实用性技巧，这些技巧有的看似细节，但不可缺少。

服饰整洁，注重仪表。一个单位里人们都会比较关注新来的同事，有些人还喜欢评头论足。所以，毕业生一定要注意衣着整洁、大方，并与自己的身份相符，与单位的一贯风格相协调。服装不一定要高档，但一定要保持整洁，而且不能过于怪异。一般说来，着装应考虑工作性质和环境的不同，女性衣着不要过于华丽或浓妆艳抹，以干练、庄重为好；男性应注意定期理发刮须，不宜蓬头垢面，着装一般以整洁、朴实为好。

举止得体，言谈亲切。初到工作单位，一个人的言谈举止极为重要。对于大学毕业生来说，骄傲、自卑、拘束、较真儿都是刚上班时容易犯的错误，所以一定要注意举止文明、彬彬有礼、落落大方、言谈亲切。到了单位后，要礼貌地向大家作简要的自我介绍，然后态度真诚地请教有关工作方面的问题，注意细心观察，区别对待，不要冒失莽撞地大发议论。

虚心好学，不耻下问。新到一个单位，能不能给周围的同事留下良好的第一印象，还得看是否虚心好学。虽然是大学毕业生，掌握了不少基础理论和专业知识，可能比一些同事的学历高，但走上工作岗位，必须树立"从零开始"的思想，从一点一滴做起，从小事干起，不能眼高手低，好高骛远。如果在办公室工作，对于接电话、打开水之类的小事也要认真对待；如果在车间工作，也不能轻视擦机器、拖地之类的体力活。要放下架子，不耻下问，不怕吃苦，虚心向前辈和同事学习，向周围有经验的师傅、技术人员和工人学习，因为他们在实践中积累了许多经验，这些都是在课本上学不到的。

遵章守纪，诚实守信。遵守单位的规章制度和纪律，遵守时间，讲求信用，这既是工作中的要求，又是人际交往中的一种美德，同时也是每个职场人必须具备的基本素质。初到工作单位，要严格遵守单位的规章制度，积极主动地做好自己力所能及的工作，切忌在工作时间懒散、闲谈、长时间电话聊天、上网玩游戏、干私活。在与人交往中，一定要诚实、守信、不失约、不失信。如果没有时间观念，大大咧咧，不遵守纪律，懒散懈怠，消极被动地对待工作，则不可能赢得别人的信赖和尊敬。

尽管第一印象具有暂时性、表面性等特征，但是良好的第一印象有助于毕业生与同事融为一体，有助于职业生涯的起步与发展。建立良好的第一印象不是最终目的，这只是第一步，还需要坚持不懈地努力下去，以良好的品质、正直的为人、出色的工作去建立更深层次的长期印象。

2. 自我形象塑造

国家有国家的形象，单位有单位的形象，个人有个人的形象。大学毕业生刚到一个新的工作环境，同事们总是会以一种好奇，甚至挑剔的眼光扫量新人，他们会观察新人的一言一行、一举一动，并在他们的心中或私下评头论足。自我形象决定了某个主体在其他主体心目中的位置和印象。毕业生在群体中的形象决定了他在单位中的位置。因此，一定要注意自我形象的塑造。

自我形象主要指毕业生在与他人交往中，他人心目中对毕业生的印象，这个印象与毕业生的外表、气质、思想和言行表现是相关联的。反过来，所有这一切又决定毕业生是否塑造了一个不错的自我形象。在职业适应期中，毕业生都会有意或无意地塑造着自己的形象，尤其需要注意树立良好的第一印象。因为先入为主的印象通常最鲜明、最深刻，使人拂之不去、经久难忘，它能形成一种定式，长期影响着周围人对自己的评价。

一个人若没有好的形象，会永远得不到领导的重用。大学刚毕业进入单位工作，这是从毕业生到职业者的转换，如果不注意塑造良好的自我形象，把大学中的血气方刚、固执己见和一些"懒"、"散"、"狂"的坏习惯带到单位里去，必将会尝尽苦头。某名牌大学研究生李某，毕业后分配到某工科大学教政治理论课，讲课时无所顾忌，还时常乱发牢骚。学生反映到教务处，教务处长找李某谈话，把学生的意见转达给李某，希望李某改进方法，改正态度。这一下可把李某惹恼了，他竟拍案而起道："老子在××大学时就想怎么讲就怎么讲，用得着你教我？××大学的研究生讲课都不行，还有谁能行？"不久，李某就被学校解聘了。李某的教训在于不注意自我形象，仍旧以大学时代的行为方式来界定自己做教师以后的行为，显然不能适应新的环境。

但凡有抱负的青年学子都希望能实现自己的目标，展现自己的才能。只有保持积极的自我形象，调整好自己的心态，主动适应新的环境，才会走向成功。为此，必须做到以下三方面。

一是要克服自负的心理，虚心向周围的同事学习。自负一词在心理学上是指过高地估计自己的能力，失去了自知之明。自负心理在一些刚刚迈出校门的毕业生身上表现比较突出。有的毕业生自视甚高，认为自己年轻，有知识，读书多，身价自然高，不愿从事基层工作，认为那是大材小用，实际上往往是大事做不好，小事又不做。其实，书本的知识总是要付诸实践的。

二是克服封闭戒备的心理，将自己尽快融入环境，被环境所接纳。面对新的环境，有的毕业生出于自我保护的意识，把自己"包裹"起来，置于群体之外，无疑使自己陷于冷漠、孤独、失意中。

三是克服懒惰的心理，不断顽强拼搏，奋发向上。人生需要奋斗，生活需要追求，未来需要创造。

毕业生刚刚走上工作岗位，暂时还只能处在较低的职位层次上。职位低，相应地便会带来活动环境有限、生活待遇不高、施展才华的机会较少等问题。这个时候更要多磨炼、多学习、多做贡献，要培养自己雷厉风行的作风。雷厉风行在工作中表现为：思维敏锐，对新事物、新思想的捕捉能力强；对经济生活和社会生活信息的获得和消化迅捷；对事物本质的认识和对具体问题的综合分析客观实际；在行动中体现为办事效率高，工作频率快，不拖泥带水，有胆识，有魄力，敢想敢干，有创造能力，遇事不犹豫，不回避；目标明确，意志坚定，敢于承担义务和责任。"懒"、"散"、"狂"是社会上经常批评大学生的坏毛病，拖沓、懒散是大学生的通病。毕业生到工作单位之后要树立一种充满朝气、快节奏、高效率、洋溢着生命活力的当代青年知识分子形象。

(三) 和谐人际关系的建立

和谐的人际关系是职业发展的重要社会基础，对职业生活具有重要影响。从一定程度上说，能否建立和谐的人际关系，将直接决定着事业的成败。建立和谐的人际关系既是一门科学，更是一门艺术，要充分考虑以下一些要素。

1. 尊重

在人们的心灵深处,最渴望得到的是他人的爱戴与尊重。共同的事业机会,使不同背景的人结为一个共同的群体,在新的合作群体里,尽管每个人的秉性、爱好、气质、年龄、社会关系和教育成长背景不同,但"三人行,必有我师",何况他们有的已具备了丰富的工作经验,拥有熟练的业务技能,要以学生的心态尊重他们的劳动,尊重他们的人格,虚心向他们求教,不要自视清高,不要妄自尊大,更不能摆架子。同时,在交往中既要尊重他人,也要自尊、自重和自爱,这样方能赢得他人的尊重。

2. 平等

平等对待身边的每一个人是做人的原则。在工作单位中,应当以平等的态度对待每一个同事。不要以职务的高低、工资的多少来决定对待他人的态度;不要亲近一部分人,而故意疏远另一部分人;不要认为某人对自己有用就打得火热,某人暂时用不上就疏远不理;不要见了领导就点头哈腰、满脸堆笑,见到群众就置之不理,甚至冷若冰霜;不要卷入是非矛盾、拉帮结派、搞小团体,而应该尽力与所有同事发展平等互助的友好关系。

3. 诚信

待人以诚,就是真心实意,不口是心非;不当面一套,背后一套。诚实是做人的基本要求,也是建立良好人际关系的重要条件。言而有信,就是说话算数;言行一致,说到做到,不做言语的巨人、行动的矮子;只有诚实守信,才能在交往时肝胆相照,互相信任。在交往中,即使发生一些误会,只要诚实守信,误解也会冰消雪融;有了矛盾,彼此真诚,也能互相谅解,互相宽容。

4. 宽容

俗话说:"严于律己,宽以待人。"同事之间相处,宽容很重要。由于人与人之间的差异,在一起工作时,难免会有不和谐的地方,甚至产生矛盾,引来忌恨,这个时候就需要有宽容的心胸。宽容是以宽宏大度的态度和宽厚的心态对待别人,但宽容不等于忍让。宽容是以理解的心态,站在他人的角度看问题,然后用真诚去感化他人,建立和谐的人际关系。所以,大学生要学会理解、学会宽容,不同他人斤斤计较,避免和他人形成对立的局面,为自己营造一个和谐的工作氛围。

5. 技巧

人际交往中处处充满技巧,掌握处理人际关系的技巧,并灵活地加以应用,对和谐人际关系的建立有极大的帮助。

(1) 怎样获得同事的认同。所谓认同,实际上就是同事们从思想、感情方面真正地接纳你作为这个集体中的一员,这需要一定的条件和过程。要获得同事的认同,首先要从主观方面多做努力,也就是要培养自己的"归属感"。培养归属感,就要把整个集体当作自己的家,在思想上、感情上、行动上均属于这个"家",认识它、忠于它、效力于它,与这个"家"的每个同事甘苦与共、风雨同舟,而不是只考虑个人利益;培养归属感,就需要忧集体之所忧,想集体之所想,主动热情地为同事排忧解难,而不是"事不关己，高高挂起"，或者"今说东家长，明道西家短"，牢骚满腹，阴阳怪气，否则同事们只会对你"敬而远之，畏而远之，厌而远之"；培养归属感，还要尽快地熟悉和适应环境，通过参加一些集体活动使自己更自然地与同事们融为一体，促进相互之间的协作与友谊。

要获得同事的认同，还要因时制宜，因地制宜。校有校风，厂有厂风，不同的单位有其各自不相同的工作作风、观念、传统与职业气氛，要学着适应单位的文化环境，融入单位的文化环境。

(2) 怎样获得领导的信任。对一个想在事业上有所作为的大学生来说，取得领导的信任和器重，无疑是非常重要的。一个人能否受到领导的信任与器重，往往受到主观努力与客观条件的制约与影响，如你对领导的了解与领导对你的认识、你给领导留下的第一印象与你真正的自我形象等，但起决定作用的因素仍然是你自己。毫无疑问，成功的钥匙就握在你自己的手中。

适时地展示你的敬业精神和才干，抓住机会表现你的才能，是获得领导器重的关键。单位领导都需要工作上的得力助手与干将，所以你必须设法"显山露水"，证明你的才华。这时，你应该记住工作才华往往是从一般性的事务里逐渐显露出来的，所以即使领导交给你的工作很一般、很琐碎，你也要认认真真做好，争取"一枪打响"。

诚实、守信是获得领导信任的前提。可以试想，如果你操作失误弄坏了仪器却不承认，等事情水落石出之后会产生什么样的后果。弄虚作假、言而无信之人，不论在哪个单位都不会有立足之地。应该坦率诚恳地承认自己的失误，不用担心这会损害你的形象，因为勇于认错并承担责任之人往往能赢得领导的信任。同时，要坚持"言必信，行必果"，这会使领导认为你是个值得信赖的人。

知己知彼，为获得信任创造条件。俗话说，"知己知彼，百战不殆。"要取得领导的信任与重视，不"知己知彼"显然是不行的。所谓"知己"，就是要对自己的水平、能力及缺点都有所认识，"知彼"就是要对领导的性格、特点有所了解，扬己之长、避己之短，投其所好、避其所恶，只有这样才能从感性上接近领导，使领导对你产生好感。

(3) 怎样面对冷遇。大学生想得到社会的承认，仅有一张大学文凭是远远不够的，因为大学毕业生不等于人才。在工作中受到冷遇时，应进行清醒的分析，正确对待。大学生到了工作岗位以后，除了要虚心学习外，还要有实干精神，要解决工作、生产、科研中的实际问题。只要苦干、实干，做出一番成绩来，领导、同事一定会向你投以赞许的目光，冷遇自然会消失得无影无踪。

(4) 怎样面对挫折。不论从事何种工作，遭受挫折总是难免。心理学家认为，挫折是一个人从事有目的的活动时，由于受到障碍和干扰，其需求不能得到满足而产生的一种消极的情绪状态。受挫后往往会出现紧张、焦虑、苦闷的心理状态，心理失去平衡。

作为大学毕业生，应该用正确的态度对待职场上的挫折，即采取积极的心理自我防卫，谋求心理平衡。比如，将内心愤懑的消极情绪转化为发奋图强、力争上进的积极情绪，"化悲痛为力量"，使心理得到升华；或者"重振雄风"，加倍努力工作，去实现目标；或改换工作方法，另行尝试；或进行工作补偿，以期达到"失之东隅，收之桑榆"

的效果。

(5) 怎样面对批评。怎样面对批评，不同的人有着截然不同的态度。有的人勇于承认自己的错误，并诚恳地接受批评，总结教训并及时加以改正；有的人受到批评则丧失信心，精神不振，甚至自暴自弃；还有的人"老虎的屁股摸不得"，一遇批评便火冒三丈，使领导和同志们"敬而远之"。无疑，后两种态度是不可取的。"有则改之，无则加勉"，"只要你说得对，我们就照你的办"，应该成为我们对待批评的基本态度。

(6) 怎样处理隔阂。每个人在日常与人交往中，都可能同他人产生隔阂，所以如何清除隔阂，促进人际关系的良性发展，是每个大学生都应掌握的。人与人之间产生隔阂的原因是多种多样的，隔阂产生的原因不同，消除隔阂的方法也应有所不同。当你与他人有隔阂的时候，应冷静分析，找出原因，然后对症下药。

(四) 岗位的适应

虽然我们已经确定了职业目标，并做出了详细的规划，但是理论和实践还是存在差别的。踏上工作岗位开始职业生涯后，很多人可能会发现现实中的目标职业和具体工作与自己在校时所想象的有很大出入。例如，某医科的大学生毕业后踏上工作岗位很不适应，因为他在学校时从来没有想过做一个医生有这么大的责任，工作是如此的重复，每天查病房、写病历，周而复始，又苦又累，使得他的意志和热情被慢慢消磨。然而他又不能及时调整自己的心态，适时建立新的期望激励自己，使得他最终放弃了一直以来"做一名医生"的梦想。再如一位学建筑学的大学生，毕业后进入一家施工单位，发现原本以为如艺术家般凭借灵感设计各种建筑，创造百年奇迹的建筑师，其实更多的是在天天风吹日晒且充满钢筋水泥的工地工作。于是他颓废了，慢慢陷入职业倦怠，失去了兴趣与目标。

要保证在参加工作后不被现实击垮，首先必须重视专业实习，专业实习不仅是获得毕业证书的一项要求，也是在校期间将理论运用于实际，体验工作，积累经验的平台。前面例子中的同学，因为不重视实习，甚至在校期间没有参加过任何形式的实践，自然不可能对未来职业有真切的感受，只能凭空想象或是道听途说。这样，理想与现实出现偏差的可能性就会更高，偏差的程度也会更大，到头来只会让自己的认知严重失衡，无法面对，难以调整。其次，面对可能的意外，一定要有充分的心理准备。理想毕竟是理想，现实是动态的，是发展的，是难以完全掌握的。大学生一定要有加强培养自己面对问题的韧性和应付改变的能力，坚持有原则地处理问题的态度，不钻牛角尖、不牢骚抱怨，做更多实际的应变行动。最后，我们要始终保持积极乐观的态度去面对可能发生的一切变化，要能随时调整自己的心态和期望去应对问题。这样，我们的职业发展就不会失去目标与动力，通过转变与适应，最终必然能获得所期望的职业成就。

第三节 立足岗位成就事业

人生在世，事业为本。每一个有远大抱负的大学生在踏上工作岗位时，都有立志成才的愿望，都有宏伟的事业蓝图。岗位是成才的舞台，是一个人奉献社会、施展才华、取得成就的条件。一个人只有确定自己的职业发展方向，踏实肯干，提高竞争力，抓住机遇，才能尽快实现自己的人生价值。

一、确定职业发展方向

在我国工业化和现代化的进程中，许多技术含量低的旧职业岗位不断消失，高技术含量的新产业、新职业岗位不断出现。新岗位所需的职业知识和技能以越来越短的周期在更新，要求就业者的综合素质越来越高。"一次择业定终身"的时代已经一去不复还了，对此，我们应有清醒的认识。就业后，一定要立足现有的职业岗位，主动地适应社会变革，摸索、调整和确定自己的职业发展方向，谋求更长远的发展。

一个人的职业发展方向是根据个人志向、自身条件，结合社会发展对职业的需要来确定的。一定要清楚了解个人爱好、性格特点、身心素质，知道自己的长处和短处，再根据自身条件，在当前社会现实需要的职业中寻找比较"对口"的岗位，由此选定自己职业的切入点。在初选职业的磨炼中，坚定信心，发挥和扩展个人才干。要分析当前所选职业在目前和未来社会中的地位，考虑单位在本行业未来发展中的前景，分析本人在本单位是否具备利于成才的工作条件与和谐的人际关系，考虑是否需要为转向另一种职业而创造条件。经过此番深思熟虑后，职业发展方向便不难确定了。

二、踏实肯干，岗位成才

确定了职业发展方向，要想在新的工作岗位上一展身手，还必须踏实肯干，通过刻苦学习，不断提高自己。初次上岗就业，要努力钻研业务，认真履行职责，一丝不苟地完成任务，千万不能以"工资太低"、"工作单调乏味"或者"工作没啥前途"为借口而不安心工作。应当注意培养良好的职业品德，树立正确的职业理想和职业价值观，具有忠于职守、敬业乐业、献身事业的精神，坚持严肃认真、实事求是的劳动态度，保持不断进取、精益求精的工作作风，尊重他人，注重协作，牢记为人民服务的宗旨。这些品德不仅是做好工作、为自己开拓未来道路的需要，而且是能够处理好各种人际关系的必要条件，是取得同事认可和领导赏识的基本依据。

艰苦奋斗是中华民族的优良传统，也是新时期现代化建设所需要的敬业精神。一个人只有立足岗位、踏实肯干，才能获得好成绩。"马云的阿里巴巴"、"刘强东的京东商城"，许多杰出人物的事例都说明，不平凡的成绩往往源自在平凡岗位上的艰苦奋斗。

事业之路充满艰辛，要取得事业成功，必须要有顽强的毅力和埋头苦干的精神，不懈地努力，付出辛勤的劳动。为此，刚刚步入社会的毕业生应努力做到热爱本职工作，踏实肯干，敬业奉献。

三、提高竞争力，奋斗成才

当今社会发展迅速，竞争非常激烈。要牢记人才优胜劣汰的原则，强化竞争意识，围绕本职工作和期望的职业方向自觉地"充电"，不断补充新知识、新技能，通过各种方式提高个人的综合素质，培养和强化职业兴趣。要做到"干一行，爱一行"。一个劳动者，一旦对自己的职业有了兴趣，就会产生勇往直前的动力，孜孜不倦地去追求工作的尽善尽美；有了兴趣，就会敬业乐业，在职业岗位的深度和广度上刻苦钻研，扩展职业适应面，具备获取更加理想的新职业的能力。如果对自己并未从事的某种职业产生了兴趣，那么就应主动钻研该种职业所需的有关知识和技能，使自己具备胜任该种职业的条件，并为以后的长远发展打下坚实的基础。

四、抓住机遇，成就事业

当今社会，充满各种成功的好机遇。良好的机遇稍纵即逝，它是事业取得成功的重要条件，但它不会凭空而来，也不会必然把人带向成功的巅峰，因为机遇只垂青那些有准备的人。如果自己不注重平时的积累和准备，不具备符合机遇要求的主客观条件，那么当机遇来临时，也只能看着它悄悄溜走。即使侥幸抓到机遇，也会因为自己准备不足、能力有限而错失良机。因此，在社会发展过程中，机遇在不同的人面前有着截然不同的结果，有的人与它擦肩而过，痛失个人发展良机；有的人抓住机遇，奋力拼搏，获得了事业成功。

虽然机遇对一个人的职业发展具有非常重要的作用，但也不能把希望完全寄托在机遇上。"天下之事，必作于细；合抱之木，生于毫末；九层之台，起于垒土。"任何工作都必须从小处起步，从细节着手，勤勤恳恳，一旦出现了发展机遇，通过充分发挥个人的聪明才智，就一定能够获得优异的成绩，成就精彩的人生。

参 考 文 献

[1]　孔繁敏. 应用型本科人才培养的实证研究：做强地方本科院校. 北京：北京师范大学出版社，2010.

[2]　钱国英，徐立清，应雄. 高等教育转型与应用型本科人才培养. 杭州：浙江大学出版社，2007.

[3]　曹旭华，孙泽生，王楠，南仲信. 地方本科高校办学定位于发展战略研究. 北京：经济科学出版社，2010.

[4]　李克军. 在服务地方中凸显特色：新建本科院校发展战略研究. 北京：清华大学出版社，2015.

[5]　刘远我. 职业心理健康：自测与调节. 北京：经济管理出版社，2004.

[6]　刘克俭，顾瑜琦. 职业心理学. 北京：中国医药科技出版社，2005.

[7]　周炳全，谢彩英. 职业生涯规划与就业辅导. 广州：华南理工大学出版社，2007.

[8]　沈之菲. 生涯心理辅导. 上海：上海教育出版社，2000.

[9]　陈社育. 大学生职业心理辅导. 北京：北京出版社，2003.

[10]　陈龙春. 大学生职业生涯规划与发展. 杭州：浙江人民出版社，2015.

[11]　袁方舟. 大学生职业心理与生涯规划. 北京：北京师范大学出版社，2014.

[12]　龚平，黄平. 新编大学生职业发展与就业指导. 成都：西南交通大学出版社，2011.

[13]　雷国营，陈旭清. 毕业生就业指导. 天津：天津大学出版社，2010.

[14]　浦榕，李德林. 从体验中完善自我，应对挑战：大学生职业发展与就业指导教程. 昆明：云南大学出版社，2009.

[15]　章周道. 大学生职业生涯规划、就业与创业指导. 厦门：厦门大学出版社，2015.

[16]　唐和祥. 赢在起点：大学生职业生涯规划与就业创业指导. 上海：上海交通大学出版社，2014.

[17]　宋专茂. 大学生就业心理辅导. 北京：高等教育出版社，2008.

[18]　刘勇. 大学生生涯管理与辅导. 北京：科学出版社，2008.